HEYNE
BUSINESS

Jon Friedman & John Meehan

DER KARTEN TRICK

Die unsauberen Machenschaften von American Express

Aus dem Amerikanischen von Heike Rosbach,
Florian F. Marzin und Netti van Dok

Wilhelm Heyne Verlag
München

HEYNE BUSINESS
Nr. 22/1012

Titel der amerikanischen Originalausgabe:
HOUSE OF CARDS
Erschienen 1992 bei G. P. Putnam's Sons, New York

Ungekürzte Taschenbuchausgabe
im Wilhelm Heyne Verlag GmbH & Co. KG, München

Printed in Germany 1995
Umschlagillustration: Elmar Kohn, Landshut
Umschlaggestaltung: Atelier Adolf Bachmann, Reischach
Druck und Verarbeitung: Presse-Druck, Augsburg

ISBN 3-453-08800-X

Für meine Mutter und meinen Vater,
Pat und Phil Friedman – JPF

Für meine Frau Victoria Meehan
und meine Söhne
John, Jeremy und James – JTM

Inhalt

Vorwort

Dieses Buch basiert auf den Artikeln, die die beiden Autoren 1989 und 1990 für *Business Week* über American Express verfaßt haben. Bis zu diesem Zeitpunkt war das Unternehmen American Express und sein Chairman und Chief Executive Officer (CEO)* James D. Robinson III den Nachforschungen seitens der Medien entgangen. Während der achtziger Jahre haben die Journalisten bei der Untersuchung von Kreditunternehmen zumeist nur darauf geachtet, was unter dem Strich stand. American Express bildete da keine Ausnahme. Die alles in den Schatten stellenden Gewinne von AmEx, wie das Unternehmen auch kurz genannt wird, vor allem die unglaublich hohen Profite, die es in seinem Kreditkartengeschäft erzielte, kaschierten einen Großteil der Managementfehler, die in dieser Zeit begangen wurden. 1990 waren die Fehlentscheidungen dann nicht mehr zu übersehen.

Wir fühlten uns verpflichtet, die Geschichte von American Express so umfassend und detailliert wie nur möglich zu schildern. Denn in vielerlei Hinsicht war der Erfolg von AmEx symptomatisch für die Zeit. Kein anderes Unternehmen schien so stark die Ansprüche der wilden Achtziger zu symbolisieren. Und kein anderes Unternehmen schien vor derart schmerzlichen Kurskorrekturen zu stehen wie AmEx zu Beginn der neunziger Jahre.

American Express und Jim Robinson weigerten sich, mit uns zusammenzuarbeiten. Dennoch konnten wir im Laufe unserer

* Die Aktien- oder Kapitalgesellschaften in den USA haben eine andere Organisationsstruktur als in Deutschland. An der Spitze steht der Verwaltungsrat, quasi eine Kombination aus Aufsichtsrat und Vorstand. Der Chairman ist vergleichbar dem deutschen Aufsichtsratsvorsitzenden; der Chief Executive Officer oder CEO entspricht dem deutschen Vorstandsvorsitzenden, dem die Geschäftsführung der gesamten Firmengruppe obliegt. (A. d. Ü.)

Nachforschungen mehr als einhundert Gespräche führen. Wir sprachen auch ausführlich mit den Konkurrenten von American Express, sowohl aus der Bankbranche als auch aus der Wirtschaft. Viele legten Wert darauf, anonym zu bleiben.

Wir bemühten uns, so viele Beteiligte wie möglich zu interviewen. Trotzdem kann mit der Zeit die Erinnerung täuschen. Wir wissen, daß Journalisten nur so gut wie ihre Quellen sind, und deshalb setzten wir alles daran, unsere Informationen im Gespräch mit so vielen Personen wie nur möglich zu überprüfen und abzusichern.

Bei unseren Nachforschungen zu diesem Buch erwiesen sich mehrere bereits veröffentlichte Quellen als unschätzbare Hilfe. Dazu zählen *Promises to Pay*, eine von American Express in Auftrag gegebene und 1977 veröffentlichte Firmengeschichte, und *American Express: The Unofficial History of the People Who Built the Great Financial Empire* von Peter Z. Grossman (Crown Publishers, 1987). Hilfreich war ferner das Buch *The Year They Sold Wall Street* von Tim Carrington (Houghton Mifflin, 1985).

Wir möchten uns bei Andrea Chambers bedanken, unserer Lektorin bei G. P. Putnam's Sons, für die kenntnisreiche Bearbeitung und die guten Ratschläge und auch für ihre Ermutigung während unseres ersten Versuchs, ein Buch zu schreiben; bei ihrer fähigen Assistentin Dolores McMullan; bei der Redakteurin Katherine Pradt, unserem Bildrechercheur Randy Matusow; und unserer Agentin Jane Dystel, die den Weitblick besaß zu erkennen, daß die Ereignisse um American Express eine Untersuchung in Buchform wert waren.

Wir möchten ferner Victoria Meehan für ihre Hilfe und Unterstützung danken. In den meisten Fällen war sie unsere erste Leserin, Manuskriptbearbeiterin und häufig unsere schärfste Kritikerin. Ihre Ratschläge waren hilfreich und unbezahlbar, und ihre Vorschläge fanden Eingang in das Buch.

Jon Friedman möchte sich insbesondere bedanken bei: Larry und Barbara Friedman, Carla Karen, Michael Dinhofer, Mark Diamond, Jackie Coyne, Philip Bashe, Patty Romanowski, Susan Panisch, Daniel Small, Stuart Cohn und Jude McNeela.

1

Das Imperium des Bösen

Jim Robinson bebte vor Zorn. Seine Hand strich von der Stirn zum Nacken, eine Geste, die seinen Untergebenen sagte, daß Ärger ins Haus stand. Er starrte auf das grobkörnige Schwarzweißfoto eines Restaurantbesitzers, der eine American-Express-Karte mit einem wohl dreißig Zentimeter langen Fleischermesser aufgespießt hatte. Die Klinge war genau durch den Hals des helmbewehrten Centurio, des allgegenwärtigen Erkennungszeichens der Kreditkarte, gefahren. Auf dem Gesicht des Übeltäters lag ein triumphierendes Grinsen. Unter dem Foto aus dem *Boston Herald* stand zu lesen: »Scharfer Protest«.

Normalerweise war der Chairman und Chief Executive Officer der American Express Company nicht aus der Ruhe zu bringen und von mustergültiger Selbstbeherrschung, doch jetzt tobte er. Das Foto war nicht nur ein Affront, sondern eine bodenlose Unverschämtheit.

Robinson starrte auf den Zeitungsausschnitt, der vor ihm auf dem Schreibtisch lag. Das Bild faszinierte ihn und stieß ihn zugleich ab.

Es ging hier um mehr als das Erscheinungsbild oder Empfindlichkeiten des Unternehmens. Für Robinson war Image das Wichtigste und bildete den Grundpfeiler von American Express. Von Kreditkarten bis zu Reiseschecks bot die Konkurrenz ähnliche Produkte an. Manche Konkurrenten waren sogar besser. Doch keiner von ihnen war AmEx jemals in bezug auf das Image gefährlich geworden. Das quadratische blaue Logo des Unternehmens war ein Symbol für Prestige, die Kreditkarte das Zeichen für den Reichtum von American Express.

Während der vierzehn Jahre, in denen Robinson nun AmEx leitete, hatte für ihn nur eines gezählt, die Frage, wie er und sein Unternehmen nach außen hin dastanden. Das Image war ein

Glorienschein, der American Express zu etwas Besonderem machte. »Das ist unser wertvollstes Kapital«, paukte er seinen Mitarbeitern ein.

Dieser Satz war nicht nur ein griffiger Slogan, er entsprang auch tiefer persönlicher Überzeugung. Robinsons Eitelkeit, im Beruf wie im Privatleben, war legendär. Er besuchte die richtigen Partys und schloß Freundschaft mit den richtigen Leuten. Robinson achtete zudem geradezu fanatisch auf sein Äußeres.

Von seinen mit Monogramm versehenen Hemden vom britischen Hofschneider Turnball & Asser bis zu seiner sklavischen Begeisterung für körperliche Fitneß kultivierte James Dixon Robinson III korrektes Aussehen. Sein Tagesablauf begann allmorgendlich mit 300 sit-ups. An den Wochenenden ließ er noch dreißig Minuten Gewichtheben folgen. Selbst jetzt, da er fünfundfünfzig Jahre alt war, deutete nichts darauf hin, daß er etwas kürzer treten wolle. Von guter Kondition und athletisch gebaut, trug er stolz seine gestählten Muskeln zur Schau. Er besaß volles, gewelltes, braunes Haar mit grauen Strähnen und sah zehn Jahre jünger aus.

»Jim ist der Typ Mann, der den Marathonlauf von New York gewinnen könnte, sich aber sorgen würde, daß ihm hinten das Hemd heraushängen könnte«, erinnerte sich ein Freund zynisch.

Dieser Angriff gegen das Kreditkartenunternehmen war kein Einzelfall. Der Artikel im *Boston Herald* war nur einer von einem Dutzend, die Robinson an diesem kühlen Aprilmorgen des Jahres 1991 durchlas. Sie alle beschrieben lang und breit, was die Mitarbeiter von AmEx die »Boston Fee Party« zu nennen begannen. Da sie von den ungeheuer hohen Gebühren die Nase voll hatten, drohten rund einhundert Restaurantbesitzer in Boston, von nun an das Plastikgeld von AmEx nicht mehr zu akzeptieren. »Es ist verdammt noch mal einfach zu kostspielig«, sagte ein Organisator des Protests.

Jahrelang hatte American Express den Vertragsunternehmen einen Abschlag oder ein Disagio, wie diese Gebühr in Deutschland genannt wird, von 3 bis 5 Prozent abverlangt, wenn ein Kunde mit der grünen oder der goldenen Karte bezahlte. Ein Disagio war in der Kartenbranche üblich. Firmen, die Kreditkarten ausgaben, verdienten hauptsächlich mit diesen Zahlungseingängen ihr Geld. Doch die Gebühr von AmEx war die höchste der Branche. Visa, die führende Marke der Bankkreditkarten und der stärkste Konkurrent von AmEx, berechnete nur 2 Prozent.

Das vielgepriesene Image von AmEx rechtfertige die höhere Gebühr, behaupteten Sprecher des Unternehmens. Die Kunden von AmEx gehörten der Oberschicht an und hatten eine höhere Ausbildung. Mehr noch, sie besaßen einen teuren Geschmack. Im Durchschnitt gab der typische American-Express-Kunde zweimal mehr Geld aus als die Nutzer anderer Karten. »Wir haben den Yuppie erfunden«, prahlten die Führungsleute von AmEx.

In den achtziger Jahren hatten die Vertragspartner von AmEx dieses Argument geschluckt. Die Zeiten waren gut, und die Wirtschaft boomte. Man konnte American Express einen gewissen Grad an Übermäßigkeit nachsehen. Doch in den vernünftigen, nüchternen neunziger Jahren verfluchten sie die Gier von American Express.

Als zum Jahresende 1990 die Rezession einsetzte, stürzte der Umsatz ab, und die Vertragsunternehmen stöhnten auf. Am größten war die Empörung in Neuengland, der am stärksten von der Rezession betroffenen Region. Bei steigenden Arbeitslosenzahlen wurden Luxusausgaben aus dem Familienetat gestrichen. In zahlreichen Haushalten stand hierbei das Essen in Restaurants ganz oben auf der Liste der Einsparungen.

1991 breitete sich unter den Restaurantbesitzern im Gebiet von Boston Verzweiflung aus. Sie hatten ihr Personal so weit es ging abgespeckt und mußten nahezu täglich Inkassobüros abwehren. Vielen wurden von seiten ihrer Lieferanten Sonderkonditionen eingeräumt. Selbst Versicherungsgesellschaften waren bereit, die Prämien zu senken.

AmEx war nicht zu erweichen. Die Marketingleute bei American Express stellten ihre Firma nach außen hin als hilfsbereit, ja menschenfreundlich dar. Doch sobald es ums Geschäft ging, war American Express hart, oft rücksichtslos. »Selbst wenn die Wirtschaft in eine Krise gerät, gibt, wenn überhaupt eine, nur eine Kundengruppe weiterhin Geld aus, die Karteninhaber von American Express«, hatte Patricia Duffy, eine Vertriebschefin von AmEx, einem Fragesteller aus Boston gegenüber erklärt und damit die erstaunlich selbstgefällige Argumentation des Unternehmens nur wiederholt.

Von der Arroganz seitens AmEx in Zorn versetzt und bestürzt, packte die Restaurantbesitzer in Neuengland die Wut. Nunmehr nannten sie American Express reuevoll nur noch »Imperium des Bösen«. In stetig größer werdenden Kreisen wurde über einen AmEx-Boykott gesprochen.

Obwohl der Unwille bereits seit mehreren Monaten gebrodelt hatte, hatte Robinson ihm kaum Beachtung geschenkt. Sein Stab hatte ihm versichert, daß dieser Aufruhr sich legen werde. Mit ein bißchen Hilfestellung sei es getan.

Robinson hatte keine Veranlassung gesehen, diese Einschätzung in Frage zu stellen. Wie CEOs nun einmal sind, war Robinson stärker dem Laissez-faire zugeneigt, denn daß er selbst eingriff; er wollte nicht führen, sondern legte in erster Linie Wert auf allgemeinen Konsens. Der Chef von AmEx sah sich selbst zum einen als Stratege und zum anderen als Staatsmann. Robinson hielt viel von beratenden Gremien, Memoranden und dem innerbetrieblichen »Dienstweg«. Er war zum Delegieren geradezu geboren. Nur wenn er das Gefühl hatte, daß eine Sache außer Kontrolle geriet, griff er selbst ein.

Doch als er die Zeitungsausschnitte durchblätterte, bereute Robinson vermutlich seine Nachlässigkeit. Es häuften sich die abschätzigen Bemerkungen über AmEx. Wieder und wieder stieß er auf das Wort »Boykott«. Robinson befürchtete, daß die Unzufriedenheit der Vertragspartner sich über die Grenzen Neuenglands hinweg ausbreiten könnte. Es mußte etwas geschehen. Um 8.00 Uhr morgens griff er zum Hörer und rief Aldo Papone an.

Papone war ein loyaler Gefolgsmann von Robinson und leitete bis Ende 1990, als ihn Herzprobleme in den Ruhestand zwangen, die Kreditkartenfirma. Doch er war noch Mitglied des Verwaltungsrats von AmEx und ein enger Freund und Berater von Robinson. Dieser hatte einst, als er noch Chef des Kartengeschäfts gewesen war, Papone selbst eingestellt.

Papone stammte aus Mailand, war warmherzig, umgänglich und ausgesprochen liebenswert. Manche meinten, das Management sei nicht seine stärkste Seite; dennoch war er im Unternehmen der einzige, der Robinson zum Lachen bringen konnte. Als er in seinem Haus in Greenwich an diesem Morgen den Telefonhörer abhob, war ihm jedoch sofort klar, daß Belanglosigkeiten nicht angebracht waren.

»Hast du die Zeitung gelesen? Hast du das gesehen? Hast du

mitbekommen, was in Boston los ist?« donnerte Robinson. Panik lag in seiner Stimme. »Was zum Teufel soll das?«

Das Ausmaß von Robinsons Wut verblüffte Papone. Er hatte Robinson noch nie so außer sich erlebt. Er versuchte den AmEx-Chef zu besänftigen.

»Oh, das sind nur ein paar Restaurants, Jim«, sagte Papone und versuchte beiläufig zu klingen.

Robinson fiel ihm ins Wort. Er wollte nicht beschwichtigt werden. »Was? Nur ein paar Restaurants? Keineswegs, Aldo! Keineswegs!« sagte Robinson. »Das muß sofort aufhören.«

In Minutenschnelle berief Robinson die Spitzen von Travel Related Services zu einer Sitzung ein. Als eine von einem halben Dutzend Firmen innerhalb der American-Express-Familie bildete TRS die Lebensader des Konzerns. Die Firma war für die Karte, von der grünen bis zur platinfarbenen Ausführung, zuständig und auch für den für AmEx lukrativen Handel mit Reiseschecks.

TRS wurde von zwei AmEx-Veteranen geleitet, die sich den Posten des Vorsitzenden teilten. Edwin M. Cooperman, vierundsechzig Jahre alt, war mit den Vereinigten Staaten und Kanada betraut. G. Richard Thoman, vierundvierzig, kümmerte sich um den Rest der Welt. In der Kreditkartenbranche wurden sie von manchen als Leichtgewichte eingeschätzt. Visa und MasterCard waren stark auf dem Vormarsch, und Cooperman und Thoman hatten es nicht geschafft, Einbrüche beim Kerngeschäft von AmEx zu verhindern.

Der in Queens geborene Cooperman war von Haus aus Anwalt für Aktienrecht. Nach den konservativen Wertvorstellungen von AmEx galt er als laut und extravagant. Cooperman wiederum ärgerte sich über den starren konventionellen Stil bei AmEx. Cooperman war im Magazin *Forbes* lobend erwähnt worden. Federführend hatte er die Kampagne der Verlegung der Festlichkeiten anläßlich der Verleihung des Grammy Awards von Hollywood nach New York unterstützt. In seinem Büro hing ein Foto von ihm und Kathleen Turner, das kurz nach ihrer Premierenvorstellung in *Die Katze auf dem heißen Blechdach* im Jahr 1989 aufgenommen worden war.

In Thomans Büro hingegen prangte ein signiertes Foto von Prinz Charles. Als einer aus der langen Reihe von Führungsleuten bei AmEx, die bei McKinsey & Company, Inc., der riesigen New Yorker Unternehmensberatungsfirma, eine Ausbildung absolviert hatten, war Thoman reserviert und kosmopolitisch. Er verbrachte einen Großteil seiner Zeit in Europa und besaß in Südfrankreich ein Ferienhaus. Wenn er sich in Paris aufhielt, sprach er auf Pressekonferenzen französisch.

Zwei Stunden nach Robinsons Anruf, pünktlich um 10.00 Uhr morgens, betraten Cooperman und Thoman das Büro des CEO. Wie erwischte Schuljungen, denen ein Donnerwetter seitens des Direktors bevorstand, schlurften sie still herein und nahmen vor Robinsons Schreibtisch Platz.

»Meine Herren, ich glaube, es ist Zeit, der Wahrheit in die Augen zu sehen«, sagte Robinson. Sein Tonfall war hart, seine Wut erkennbar.

Mist! dachte Cooperman.

Das sagte bereits alles. Robinson war nie direkt. Er verabscheute Auseinandersetzungen und Streitigkeiten. Er regierte AmEx mittels Andeutungen. Zu seinem Führungsstil gehörten Schlagworte und Gesten. »Der Wahrheit in die Augen sehen« war eine seiner Lieblingsphrasen. Die beiden Männer wußten, damit wollte Robinson sagen: »Ich habe ein Problem – und das sind Sie.«

»Ich hoffe, Sie haben dies hier schon gesehen«, sagte Robinson, wobei seine Hand den Stapel Zeitungsausschnitte umkrampft hielt.

Er zog das Foto mit dem messerbewehrten Restaurantbesitzer heraus. Erneut starrte er darauf und schüttelte langsam den Kopf.

»In meiner gesamten Laufbahn, meiner gesamten Laufbahn«, begann Robinson, während er beinahe aus seinem Stuhl hochsprang, als er das Gesicht seinen Untergebenen zuwandte, »habe ich nie so etwas Abscheuliches gesehen wie dieses gottverdammte Ding da.«

Beim Sprechen verstärkte sich Robinsons Südstaatenakzent. Sein schleppender Georgia-Dialekt trat im Moment der Anspannung stets hervor.

»Wie konnten Sie es so weit kommen lassen?« fragte er rhetorisch. »Wissen Sie, wie wir nun dastehen?«

Cooperman und Thoman schwiegen und rutschten unruhig hin und her. Das war keine Strategiesitzung, das wurde ein Verhör.

»Ich möchte jetzt sofort wissen, was wir unternehmen werden«, verlangte Robinson zu wissen.

»Wir können nicht zulassen, daß unsere SE-Beziehungen in

den gottverdammten Zeitungen schlechtgemacht werden«, fuhr Robinson fort, wobei er die Abkürzung der Kartenfirma für »Service Establishment« benutzte, was soviel bedeutete wie Vertragsunternehmen. »Meine Geduld ist fast erschöpft.«

Cooperman sah eine Chance und versuchte zu antworten. Als Verantwortlicher für das Inlandsgeschäft wußte Cooperman, daß sich Robinsons Verärgerung stärker gegen ihn denn gegen Thoman richtete.

»Wir werden dem Aufstand ein Ende machen«, gelobte er. »Wir verstärken gerade unsere Werbung. Wir werden ihnen zeigen, daß uns das nicht gleichgültig läßt.«

Robinson zeigte sich unbeeindruckt.

»Wenn das die Lösung ist, Ed, warum haben Sie dann nicht bereits Maßnahmen ergriffen, bevor dieser Mist anfing?« fragte Robinson. »Warum? Sagen Sie es mir.«

Cooperman begann sich zu räuspern, so als ob er antworten wolle. Doch dann verfiel er in Schweigen.

Nachdem Cooperman bezwungen war, wandte sich Robinson Thoman zu.

»Wie sieht es für uns in Europa aus?« fragte der CEO von AmEx.

Die Frage war angebracht. In den Vereinigten Staaten waren Widerstände von seiten der Geschäftswelt noch ziemlich neu, doch in Übersee hatte American Express bereits seit Jahren einen Guerillakrieg gegen Rebellionen geführt.

Während der achtziger Jahre hatten einige Hotels in Asien immer wieder Inhabern von AmEx-Karten höhere Preise abverlangt, um so die stolzen Gebühren aufzufangen. In Frankreich hatten Restaurantbesitzer amerikanische Touristen gebeten, statt der Karte von AmEx die von Visa zu benutzen. Und in Britannien hatte es seit Jahren zwischen den Vertragsunternehmen und AmEx gekriselt. Die Dixon Group PLC, eine Einzelhandelskette für Unterhaltungselektronik, hatte 1989 sogar den Vertrag mit AmEx gekündigt.

»Wir sorgen dafür, daß alle zufrieden sind«, sagte Thoman. »Wir glauben nicht, daß uns die Sache aus dem Ruder läuft.«

Thoman hörte sich zuversichtlich an. Doch Robinson war sich da nicht so sicher.

»Hören Sie, ich möchte keinesfalls im gottverdammten *Economist* lesen müssen, daß sich Ähnliches in Europa ereignet. Oder sonstwo«, knurrte Robinson. »Ist das klar?«

»Wenn ihr Jungs das nicht schafft«, fuhr Robinson fort, »werde ich jemanden finden, der es kann.«

Später am selben Morgen läutete ein Kollege bei Thoman an, um zu hören, wie die Sitzung verlaufen war. »Gut«, antwortete Thoman leichthin. »Keine Probleme.« Cooperman reagierte anders. Er erzählte einem Freund: *»Seit heute stehe ich bei Robinson auf der Abschußliste.«*

Die Auseinandersetzung mit den Bostoner Restaurantbesitzern war nur ein Ereignis in einer Folge zunehmend schwerwiegenderer Probleme, vor die sich American Express gestellt sah. Sechs Monate später sollte sich AmEx durch unvorhergesehene Verluste in seinem Optima-Kreditkarten-Programm von neuem in Verlegenheit gebracht sehen. Das verblüffende Ausmaß an schlechter Zahlungsmoral seitens der Kunden sollte TRS zwingen, erstmals in der Firmengeschichte einen Quartalsverlust verbuchen zu müssen. Außerdem mußte AmEx, zum Ausgleich dieser Außenstände, eine große Umstrukturierung vornehmen und mehr als 1700 Mitarbeiter entlassen. Und als ob das noch nicht genug gewesen wäre, stufte die Rating-Agentur Moody's* die Bonität von AmEx um rund 7 Milliarden Dollar niedriger ein. Auch dies kam in der Geschichte des Unternehmens zum ersten Mal vor. Das Unternehmen sah nicht gut aus. Der Boß noch viel schlechter.

In der ganzen Zeit während der Leitung von American Express durch Jim Robinson waren sein Können und seine Fähigkeiten kaum auf die Probe gestellt worden. Die Rendite war stabil, und die Gewinne waren überdurchschnittlich hoch. Und was noch wichtiger war, Robinson hatte in den achtziger Jahren eine unermüdliche Expansion des Unternehmens betrieben, in deren Verlauf sich American Express zu einem Finanzimperium mauserte. American Express war jedermann vertraut. Was den Bekanntheitsgrad von Markennamen anbelangte, so konnten nur Coca-Cola und McDonald's AmEx den Rang streitig machen.

* Rating ist die Klassifizierung eines Schuldners nach seiner Kreditwürdigkeit. Diese Einstufung nehmen die amerikanischen Firmen Standard & Poors und Moody's für Bonds, also Schuldverschreibungen, festverzinsliche Wertpapiere oder Obligationen, in den USA und Europa vor. (A. d. Ü.)

Auf dem Höhepunkt seines Ruhms hatte man Robinson als Außenminister der amerikanischen Aktiengesellschaften bejubelt. Er galt als einer ihrer besten und klügsten Köpfe. Man hatte Robinson sogar einmal für einen Kabinettsposten in Washington in Betracht gezogen. Ein Bestreben, das von Robinson und seiner Frau, Linda Gosden Robinson, einer ehemaligen Beraterin Reagans und eigenständigen mächtigen Persönlichkeit der Wirtschaft, unterstützt wurde. Nur wenige Ehefrauen von Unternehmensführern hatten so stark im Rampenlicht gestanden oder so viel Einfluß besessen, was die Karrieren ihrer Ehemänner anging, wie Linda, die man die Nancy Reagan von American Express nannte.

Doch 1990 erhielt das makellose Image von American Express und seinem Chef Schrammen und Kratzer. Die Fireman's Fund Insurance Companies und die Trade Development Bank, einst Aushängeschilder des rasanten Wachstums von AmEx, waren verkauft worden. Das zu AmEx gehörende Brokerhaus Shearson Lehman Brothers, das mächtige Symbol für den kühnen Ausflug des Unternehmens an die Wall Street, war ins Taumeln geraten.

Schlimmer noch, Robinson wurde von Skandalen gejagt. 1988 bekannte sich Robinsons enger Freund und Berater Salim B. Lewis schuldig, den Wert der Fireman's Fund-Aktien hochgetrieben zu haben, als AmEx seine Anteile an der früheren Versicherungstochter zu veräußern versuchte. Im darauffolgenden Jahr geriet das unternehmerische Ethos von Robinson erneut ins Zwielicht, als er sich bei dem libanesischen Finanzier Edmond J. Safra wegen der weltweiten Schmutzkampagne, die American Express gegen diesen gestartet hatte, entschuldigen mußte.

Im Zuge einer ungewöhnlichen öffentlichen Strafaktion verlangte Safra, der vom ehemaligen AmEx-Teilhaber zum Konkurrenten geworden war, daß Robinson 8 Millionen Dollar an von Safra bevorzugte Wohltätigkeitseinrichtungen spende. Die Entschuldigung tat weh, der Zahlungsaufforderung nachzukommen war demütigend.

Danach befand sich Robinson im Belagerungszustand. Die Aktionäre waren aufgebracht. Die Presse fing an, seine Strategie in Zweifel zu ziehen. An der Wall Street sprach man spöttisch von ihm als »Teflon-Manager«, eine bissige Umschreibung für Robinsons Fähigkeit, die Verantwortung für die Probleme von AmEx an sich abgleiten zu lassen.

Nichts fürchtete Robinson mehr, denn als Versager dazustehen. Nachdem das Image von AmEx Flecken bekommen hatte und der Druck seitens des Wettbewerbs weiter stieg, war nicht abzusehen, ob American Express seinen alten Glanz wiedererlangen würde. Nach Meinung von Robinson gab es nur eine Möglichkeit. Solle sich doch ein anderer CEO mit AmEx herumschlagen. Robinson könnte huldvoll Platz machen, ohne viel von seiner Reputation einzubüßen.

Anfang 1989 unterbreitete er das Vorhaben dem Verwaltungsrat. Das Thema Firmenfusion war nicht neu. Bereits in der Vergangenheit, als der Aktienkurs von AmEx hoch und die Aktionäre hungrig waren, hatte der Verwaltungsrat sich mit der Möglichkeit eines Verkaufs befaßt. Doch es kam nie etwas dabei heraus.

Dieses Mal lag die Sache anders. Robinson war besorgt. Die Zukunft war ungewiß. Die normalerweise willfährigen Mitglieder des Verwaltungsrates stimmten zu. Es sei an der Zeit, nach einem Käufer Ausschau zu halten.

Geheimhaltung war von höchster Bedeutung. Das Unternehmen zu verkaufen war eine Sache, die Angelegenheit in Gang zu bringen eine ganz andere. Im Laufe der wilden Achtziger hatte Robinson verfolgen können, wie andere CEOs durch die Wirren der Übernahmeschlachten zugrunde gerichtet wurden. Sie wurden häufig von den Kräften des Marktes überwältigt. Viele wurden ohne Vorwarnung in den Ruhestand befördert oder ohne großes Federlesen gefeuert. Der Gedanke an einen unschönen Preispoker, sobald bekannt wurde, daß American Express zum Verkauf stand, ließ ihn zusammenzucken.

Damit von seinen Plänen nichts durchsickerte, umging Robinson seine eigene Investmentbank bei Shearson. Diskretion war nicht deren stärkste Seite. Auch hegte Robinson Zweifel an deren Fähigkeiten. Er schob immer noch CEO Peter Cohen die Schuld zu, den Leveraged Buyout* des Lebensmittel- und Tabakkonzerns RJR Nabisco vermasselt zu haben.

Statt dessen wandte sich Robinson an seinen langjährigen

* Mit Leveraged Buyout wird der Ankauf einer AG durch eine andere AG mittels Krediten bezeichnet; dabei dient das Vermögen der aufgekauften Firma als Sicherheit für die Kredite, die dann mit den Einkünften oder dem Weiterverkauf einzelner Teile der erworbenen Firma getilgt werden. (A. d. Ü.)

Freund und Berater Felix Rohatyn, den legendären und staatsmännisch auftretenden Spezialisten für Kapitalanlagen bei Lazard Frères & Co. Wenn es um Geschäftsabschlüsse ging, war Rohatyn unbeirrbar. Und er war vertrauenswürdig.

Robinson startete also eine Verkaufskampagne, von der die Presse erstaunlicherweise keinen Wind bekam. Ganz oben auf der Liste möglicher Käufer stand die General Electric Company. Jack Welch, der knallharte CEO von General Electric, war sein Freund. Und seine Kreditabteilung hatte alles im Angebot, von Anschaffungsdarlehen für Autos bis zu Kreditkarten. AmEx würde sich bruchlos einfügen. Jack Welch allerdings zeigte sich nicht interessiert. Er hatte noch immer an seinen letzten Erwerbungen, Kidder Peabody und NBC, zu knabbern.

Im Frühjahr 1989 nahm Robinson insgeheim Kontakt mit Robert Allen auf, dem Vorsitzenden von American Telephone & Telegraph. Zu jener Zeit befaßte sich AT & T gerade ernsthaft damit, ein eigenes Kartenunternehmen zu gründen. Zwischen AT & T und AmEx hatten sogar kurze Sondierungen über eine Ausweitung des Einsatzes der Karte für Ferngespräche stattgefunden. Als diese Besprechungen ins Stocken gerieten, unterbreitete Robinson in höchsteigener Person Allen einen Alternativvorschlag.

»Warum machen wir nicht gemeinsame Geschäfte?« schlug er vor.

Allen reagierte überrascht, aber auch fasziniert auf diese Aussichten. Es wäre eine der größten Firmenerwerbungen in der Geschichte geworden. Drei Wochen lang rangelte Morgan Stanley and Company Inc., die Investmentbank von AT & T, mit Rohatyn.

So vielversprechend sie begonnen hatten, führten die Gespräche doch zu keinem Ergebnis. Robinson beharrte auf einem Preis von 25 Milliarden Dollar oder 60 Dollar pro Aktie, dem Doppelten des gerade flauen Aktienkurses von AmEx. Rohatyn führte wiederholt ins Feld, daß American Express einen hohen Aufschlag wert war.

»Der Aktienkurs besagt nicht alles«, behauptete Rohatyn. »Vergessen Sie die Karte nicht!«

Allen und seine Berater bei Morgan Stanley hatten bald genug von Rohatyns sturer Unnachgiebigkeit. Sie bezichtigten Robinson, unrealistisch zu sein. Vor allem der aristokratisch auftretende CEO von Morgan Stanley, S. Parker Gilbert, verlor die Geduld.

»Dieser Schwätzer«, nannte er Robinson während einer Strategiesitzung. Morgan Stanley wollte Allen empfehlen, höchstens 55 Dollar je Aktie oder 23 Milliarden Dollar zu bezahlen. Für AT & T war American Express das viele Geld, das Robinson haben wollte, einfach nicht wert.

Obwohl die beiden Verkaufsversuche fehlschlugen, hatte Robinson dennoch den Gedanken, American Express zu veräußern, nicht aufgegeben. Er war stets überzeugt, daß er es erneut versuchen könne, wenn sich die wirtschaftliche Lage gebessert hätte. Im Augenblick allerdings glaubte er, den Aufstand gegen die Karte in Boston niederschlagen zu müssen, um das Image von AmEx zu retten.

Als Herzstück von American Express war die Kreditkarte eines der erfolgreichsten Verbraucherprodukte, die jemals erfunden wurden. In den siebziger Jahren ein Symbol für privilegierten Status, war die Karte in den Achtzigern zum allgemeinen Zahlungsmittel geworden. »Buchen Sie es ab!« lautete der Schlachtruf einer neuen Generation von bereitwilligen Konsumenten.

Es war die Karte, die den überwiegenden Teil der wahllosen Expansion von Robinson in den achtziger Jahren finanziert hatte. Und es war der lange Zeit ungebrochene Höhenflug der Karte, mit dem Robinsons unternehmerische Fehler kaschiert wurden. Ende der Achtziger gab es rund sechsunddreißig Millionen Menschen, die eine Kreditkarte von American Express besaßen und alljährlich mehr als 100 Milliarden Dollar abbuchen ließen.

Doch bei AmEx befürchtete die Führungsriege insgeheim, die Einführung der Bankkreditkarten habe ihrer eigenen Karte den Schwung genommen. Visa und MasterCard waren nicht mehr länger Billigmarken. Weltweit befanden sich etwa 400 Millionen Bankkreditkarten in Umlauf. Obwohl der Markt für Kreditkarten weiterhin aufgespalten blieb, konnte eine Handvoll Banken viel an Boden gutmachen. Citicorp beispielsweise vermeldete stolz, genauso viele Kartenkunden zu haben wie American Express. Die Gewinne der Citicorp aus dem Kartengeschäft, mehr als 500 Millionen Dollar im Jahr, konkurrierten mit denen von American Express.

Auch andere Wettbewerber befanden sich auf dem Vormarsch. Sears, Roebuck and Co. hatte 1985 die Discover Card eingeführt. JCB International, ein japanisches Bankenkonsortium, versuchte sogar mit einer Karte unter eigenem Namen einen Brückenkopf in den USA zu errichten.

Weitaus bedrohlicher noch war AT & T. Im März 1990 hatte der Gigant der Telekommunikation schließlich damit begonnen, seine eigene Visa- und MasterCard herauszugeben. Sie wurde unter der Bezeichnung Universal Card vertrieben. Noch schlimmer erwies sich für Robinson, daß die Universal Card von AT & T kostenlos war. Selbst die Banken zeigten sich alarmiert und hatten den Versuch unternommen, das Kartenunternehmen von AT & T abzublocken.

Diesen Herausforderungen gegenüber war AmEx besonders verwundbar. Mit einem Jahresbeitrag von 55 Dollar pro Mitglied für die grüne Grundkarte war AmEx das teuerste Plastikgeld weit und breit. Im Frühjahr 1991 besaßen neun Millionen Verbraucher eine Universal Card, womit AT & T zum viertgrößten Vertreiber von Visa und MasterCard aufstieg. Im darauffolgenden Juni sollte American Express einen Verlust von 100 000 Kartenbesitzern im dritten Quartal verzeichnen müssen, der erste Rückgang überhaupt in der Geschichte des Unternehmens.

Selbst die mächtige Marketingmaschine von American Express konnte dagegen nichts ausrichten. In der Branche, die für ihre riesigen Werbebudgets und ihre gewieften Slogans bekannt war, galt American Express als bester im Geschäft. Mit einem Werbebudget, das sich im Durchschnitt jährlich auf 217 Millionen Dollar belief, konnte AmEx einige der besten Kampagnen vorweisen, die jemals an der Madison Avenue erdacht wurden.

»Do You Know Me?« und »Don't Leave Home Without It« waren in den Achtzigern die Knüller gewesen. Doch Ogilvy & Mather, seit siebenundzwanzig Jahren die Werbeagentur von AmEx, war seit »Membership Has Its Privileges« im Jahr 1987 nichts Neues mehr eingefallen, und Robinson drohte ihnen, den AmEx-Etat zu kündigen.

»Wir brauchen neue Ideen. Wir brauchen gute Ideen«, belehrte Robinson Martin Sorrell, den Leiter von O & M. »Wir arbeiten seit langem zusammen, doch nichts muß ewig währen.«

Intern blickten die Marketingfachleute von AmEx voller Neid

auf die Konkurrenz. Sie selbst waren nicht mehr innovativ, übernahmen nur noch Ideen von anderen. In Anlehnung an den Coup von Visa, die 1989 die triumphale Welttournee des Ex-Beatle Paul McCartney gesponsert hatten, schlug Cooperman vor, dem Sänger Paul Simon bei seiner Tour unter die Arme zu greifen. AmEx zahlte 1991 für die »Born at the Right Time«-Tournee von Paul Simon 1,5 Millionen Dollar. Als offizieller Sponsor trat die Gold Card auf.

Doch die Tournee entwickelte sich zu einem PR-Alptraum. Wütende Fans bezichtigten Simon, elitär zu sein, da er sich offen mit dem höchsten Statussymbol von AmEx in Verbindung bringen ließ. Simon war über diesen Ausbruch wie vor den Kopf geschlagen.

In Hartford, einer Station der Tournee, versuchte Simon sein Image zu retten. Er erzählte den Reportern, er bedauere diese Vereinbarung. Ihm sei nicht klar gewesen, daß die Gold Card der einzige Sponsor sein würde. »Ich habe nicht darauf geachtet«, wurde Simon im *Hartford Courant* zitiert. Mehrere andere Zeitungen im Land übernahmen den Artikel.

»Wir zahlten ihm den ganzen Batzen Geld, und er pinkelt uns an«, fluchte einer der Direktoren von AmEx.

Es kam noch schlimmer. Um sein angeknackstes Image aufzubessern, schlug Simon vor, daß seine Plattenfirma Warner Brothers und AmEx mit ihm zusammen für verschiedene karitative Zwecke spenden sollten. Die drei sollten jeweils 50 000 Dollar lockermachen. Doch schließlich kam die Vereinbarung nicht zustande. Der Pressesprecher von Simon behauptete, AmEx sei abgesprungen. Bei AmEx sagten die Führungsleute, Simon habe nicht Wort gehalten.

Nur Monate später erlitt American Express einen weiteren PR-Tiefschlag, als die Schauspielerin Meryl Streep abwertende Bemerkungen über die Firma gegenüber *The New York Times* fallen ließ. AmEx hatte der zweifachen Oscar-Preisträgerin 3 Millionen Dollar für einen einzigen Werbespot bezahlt, der während der Fernsehübertragung von der Verleihung der Grammy Awards im Februar ausgestrahlt wurde. Der einminütige Spot zeigte Streep, wie sie mit einer Gruppe Schulkinder zwanglos über das Leben plauderte. Am Ende erschien ein einziger Satz, der besagte, Streep sei seit 1980 Besitzerin einer AmEx-Karte.

Vier Wochen danach erklärte Streep einem Reporter für die »Sunday Arts & Leisure Section« der *Times*, daß es sich bei diesem Auftritt für AmEx um eine rein geschäftliche Angelegenheit gehandelt habe. Sie wurde mit dem Satz zitiert: »Ich halte nichts von der Firma.« Eine Woche später behauptete Streep, sie sei falsch zitiert worden.

All diese öffentlichen Peinlichkeiten waren jedoch nichts im Vergleich zu dem offenkundigen und lautstarken Protest der Vertragsunternehmen, der sich im Laufe von Jahren langsam aufgebaut hatte. In der Vergangenheit hatte AmEx derartige Revolten, die irgendwo ausbrachen, rasch niedergeschlagen. Die Firma hatte sich dabei manchmal großherzig, manchmal gnadenlos verhalten, je nach den Umständen.

Als in Schweden und Norwegen Vertragspartner 1985 mit einem Kartenboykott drohten, konterte American Express mit einer klassischen PR-Offensive. AmEx machte sich die dort verbreitete Sorge um das Überleben des Papageientauchers zu eigen, eines kleinen, schwarzweiß gefleckten Vogels, der vom Aussterben bedroht war. AmEx steckte 250 000 Dollar in eine eigene »Rettet den Papageientaucher«-Werbekampagne. Nach Ablauf von zwei Wochen war American Express eines der populärsten Großunternehmen in Skandinavien. Der Widerstand der Vertragsunternehmen brach unter der Welle von Sympathiekundgebungen seitens der Verbraucher zusammen, die AmEx ausgelöst hatte.

Vier Jahre später schlug American Express eine härtere Linie ein, als das Touristikunternehmen Carnival Cruise Lines eine Reduzierung des Prozentanteils forderte. Zunächst verhandelte American Express. Zwei Wochen lang stritten beide Seiten miteinander. AmEx bot eine leichte Kürzung von 3,1 auf 2,9 Prozent an. Die Firma kam jedoch nie in die Nähe der 1,15 Prozent, die Visa Carnival gewährte. Im März 1990 ließ Carnival die AmEx-Karte fallen.

Gleich darauf antwortete AmEx mit einem eigenen Boykott. Die Firma wies ihr Netz von 1600 eigenen oder angeschlossenen Reisebüros an, Carnival-Kreuzfahrten nicht mehr zu verkaufen. Doch die Rache von AmEx war damit nicht zu Ende. Bei einem Managertreffen der Reisebüros von AmEx, das kurze Zeit später stattfand, zeigt die Firma eine Diashow, bei der eine Broschüre von Carnival Cruise Lines verbrannt wurde. Nach Darstellung von Carnival wies AmEx im Mai 1991 seine Reisekaufleute an, die Jungfernfahrt des neuesten Schiffes von Carnival, *Ecstasy*, zu boykottieren. Diese Aktionen waren nicht illegal, doch andere Unternehmen der Tourismusbranche verstanden die Botschaft.

Trotz der in der Vergangenheit erzielten Siege reagierte AmEx auf den Aufstand in Boston ohne klare Linie und wenig effektiv. Die Firma bot den Restaurantbesitzern minimale Zugeständnisse, unter anderem eine Erhöhung der Gemeinschaftswerbung. Eine Verringerung der abzuführenden Gebühr jedoch stand nicht zur Debatte. Im Gegensatz zu den Bankkreditkarten, bei denen der Großteil des Gewinns aus den Zinsen erwirtschaftet wurde, war die American-Express-Karte eine normale Kundenkarte. Es gab keine Zinseinnahmen. Die Kunden sollten nach Erhalt der Rechnung den Preis in voller Höhe begleichen. American Express verdiente an den Mitgliedsbeiträgen und den Gebühren der Vertragsunternehmen.

»Wir können nichts machen«, sagte ein Direktor von TRS arrogant. »Die Höhe des Gebührensatzes steht nicht zur Diskussion. Nur der Vorsitzende kann sie senken.«

Doch die Taktik funktionierte nicht. Steve DiFillippo, der Inhaber von Davio's Restaurant in Boston und einer der Anführer der Revolte, rechnete vor, daß er jährlich 40 000 Dollar sparen könne, wenn er AmEx nicht mehr akzeptierte.

»Jesus, ihr Jungs kapiert das einfach nicht«, sagte er zu Führungsleuten von AmEx. »Die achtziger Jahre sind vorbei. Die Zeiten haben sich geändert.«

Es dauerte nur wenige Tage, und der Aufstand der Vertragspartner, mit dem AmEx zu kämpfen hatte, weitete sich aus. Über vierhundert Restaurants drohten damit, die Karte nicht mehr zu akzeptieren. Diese Entwicklung vollzog sich in Wellen, ausgehend vom Kernbereich der Rebellion griff sie auf andere Landesteile über: dreißig aus Indianapolis, vierzig aus Toronto. Restaurants in so entfernten Ecken wie Vail, Colorado, und Sarasota in Florida begannen einen Boykott zu organisieren.

Die überregionalen Medien stürzten sich auf den Ärger, der American Express in Neuengland bereitet wurde. *The Wall Street Journal, The New York Times, USA Today* und die großen Fernsehsender wollten von AmEx eine Stellungnahme erreichen.

Larry Kurlander, der Chef der PR-Abteilung bei TRS, war nicht besonders gut darin, die Gerüchteküche unter Kontrolle zu halten. Kurlander war Staatsanwalt gewesen, bevor er von AmEx als PR-Mann beschäftigt wurde. Intern galt diese Anwerbung als eine politische Entscheidung. Vormals Bezirksstaatsanwalt in Rochester, Connecticut, war Kurlander ein enger politischer Verbündeter von Mario Cuomo, dem Gouverneur des Staates New York. Er stand nicht gerade im Ruf großer Feinfühligkeit. Kurlander hatte einmal die Polizei eingeschaltet und sein gesamtes Büro auf Fingerabdrücke untersuchen lassen, als ein Glas, das mit Kleingeld gefüllt war, aus seinem Büro verschwunden war.

In Boston legte Kurlander den gleichen Mangel an Sensibilität an den Tag.

»Wissen Sie, für diese Restaurantbesitzer ist das ein Publicity-Gag«, erzählte Kurlander Reportern aus Boston. »Sie wollen lediglich ihren Namen in der Zeitung sehen.«

Ende April schlug die Konkurrenz aus der Sache Kapital. Visa bot an, für etwaige Anwalts- und Gerichtskosten aufzukommen, die den aufständischen Bostoner Restaurantbesitzern entstehen könnten. Sogar die Discover Company, der König der Billig-Kreditkarten, versuchte die Situation zum eigenen Vorteil auszunützen. Die Firma hatte einen Werbetrupp mit einem Disagio-Angebot von 1,5 Prozent im Gepäck nach Boston entsandt, einem Gebührensatz, der unter dem von Visa und volle zwei Prozentpunkte unter dem von AmEx lag.

Da das seinen Bereich anging, rief Cooperman seine Leute zusammen, um eine neue Strategie zu entwickeln.

»Dieser Mist muß aufhören. Und zwar sofort!« bellte Cooperman, noch immer betroffen von seinem Gespräch mit Robinson.

»Dieses Bild!« fuhr Cooperman fort. »Das Bild von dem Knaben mit dem Fleischermesser hat Robinson einfach den Rest gegeben. Laßt euch etwas einfallen.«

Kenneth I. Chenault, der Chef der Karten-Division, antwortete als erster. Sanft, sprachgewandt und eine markante Erscheinung, war der neununddreißigjährige Chenault der einzige Afroamerikaner, der jemals in der von WASPs (White Anglo-Saxon Protestants, die alte weiße Führungselite der Ostküste) beherrschten Hierarchie von AmEx ins Spitzenmanagement hatte aufsteigen können. Bei TRS wurde er nur »Der Diplomat« genannt. Er bemühte sich fortwährend um eine Entschärfung des internen Krieges, der bei American Express tobte.

»Wir müssen handeln! Den Restaurantbesitzern zeigen, daß wir auf ihrer Seite stehen«, sagte Chenault.

Am Ende war die Kapitulation beschlossene Sache. American Express versprach, mit jedem Vertragsunternehmen einzeln neu das Disagio auszuhandeln. Dieser Schritt markierte die erste Änderung des Disagios in dreizehn Jahren und zugleich die erste Gebührensenkung, die jemals bei American Express stattfand.

Bei einem Gespräch mit einer Gruppe von Wertpapierhändlern in jenem Sommer versicherte Robinson, das Schlimmste sei überstanden. Eine Woche zuvor hatte American Express einen Ertragsrückgang von 20 Prozent auf 256 Millionen Dollar gemeldet. »Das Problem ist nicht so schwerwiegend, wie es den Anschein hat«, sagte er. »Unser Wachstum entspricht dem der Vergangenheit.«

Das Stöhnen im Raum war nicht zu überhören. Die Händler kauften ihm das nicht ab. Am nächsten Tag riet Michael Lewis von Dean Witter Reynolds Inc. seinen Kunden: »Das Unternehmen wird sich nicht so schnell stabilisieren.«

Gegen Ende des Sommers brach der Aufstand in Boston zusammen. Doch andernorts braute sich ein neuer Aufstand zusammen. Im Mai forderten Versandhausfirmen wie Land's End und Joan Cook Inc. ähnliche Gebührennachlässe. Desgleichen U-Haul. Tatsächlich sprach Tom Standish, der Finanzchef des Ausrüstungsverleihs, die Drohung aus, sich mit Ryder Trucks und Autovermietungen zu verbünden, »um dasselbe wie in Boston zu machen«.

Zum erstenmal in seiner beruflichen Laufbahn bei American Express konnte sich Robinson nicht verstecken. Es gab keine Rekordgewinne zu vermelden. Es fand sich keine brillante PR-Aktion, mit der er seine Fehler hätte verschleiern können. Es boten sich keine Ausreden an. Die Lebensader von AmEx war bedroht, Robinsons Ruf als moderner Industriekapitän stand auf dem Spiel. Robinson, der auf Kontrolle Versessene, verlor die Kontrolle.

2

»Little Jimmy«

Bis zum Ende der achtziger Jahre vollzog sich der Aufstieg von Jim Robinson mit erstaunlicher Geschwindigkeit. Robinson wechselte von einer Position zur nächsten und glitt ohne große Anstrengung durch den Irrgarten in der Welt der Großunternehmer. Seine Arbeitslust war enorm. Vierzehn Stunden pro Tag und am Samstag den ganzen Tag, witzelten seine Kollegen. Seine Detailbesessenheit war legendär. Robinson liebte es, sich in Aktenberge zu vergraben.

Doch nur wenige der anderen Männer in seiner Position würden Robinson als ein Vorbild bezeichnen. Abgesehen vom Ehrgeiz hatte er nur wenig mit so berühmten Zeitgenossen wie Lee Iacocca von Chrysler oder Walter Wriston von der Citicorp gemein. Während seiner ganzen beruflichen Laufbahn hatte Robinson vorrangig nicht geführt, sondern eher überwacht, die Blitze seiner Brillanz wurden überschattet von seinem Hang zur Bürokratie.

Selbst als er zum Chef von American Express erkoren wurde, waren nennenswerte Erfolge bei ihm dünn gesät. Ein im November 1978 in *Fortune* erschienener Artikel beschrieb den neuen Vorsitzenden von AmEx als »einen jungenhaft aussehenden zweiundvierzigjährigen Mann aus Georgia, der schnell mittels vieler, vieler Stunden Arbeit und seiner hervorragenden Familienverbindungen aufstieg«.

Um die rasche Karriere von Robinson verstehen zu können, muß man zu seinen in der Tradition verhafteten Wurzeln in Atlanta zurückgehen, wo einzig Herkunft und Elan zählten. Dem Namen Robinson mag es an der landesweiten Bekanntheit der Rockefellers oder der Astors gemangelt haben, doch nach dem Standard von Atlanta standen die Robinsons an der Spitze der Gesellschaftshierarchie. Die Robinsons hatten Geld. Und noch wichtiger, sie verfügten über eine hochgeschätzte lange Reihe von Vorfahren, die bis auf den Bürgerkrieg und

James Warren English, den Urgroßvater von Jim, zurückreichte.

English war ein Möbelspediteur, der sich in der Armee der Konföderierten auszeichnete. Seine Tapferkeit erregte die Aufmerksamkeit von General Robert E. Lee, an dessen Seite er bei Appamattox mitkämpfte. 1865 wurde English zum Captain ernannt. Mit rascher Auffassungsgabe und Einfallsreichtum ausgestattet, war er entschlossen, auch in Friedenszeiten erfolgreich zu sein. Er ließ sich nach dem Krieg in Atlanta nieder und erkannte bald die Notwendigkeit einer neuen Bank, die der Stadt beim Wiederaufbau hilfreich unter die Arme greifen könnte. English konnte kaum mehr als seine Idee und seine hervorragenden Leistungen im Krieg vorweisen, doch er vermochte eine Gruppe prominenter Persönlichkeiten aus Atlanta zu überreden, die Fourth National Bank of Georgia zu unterstützen, die er 1871 gründete. Als deren Präsident entwickelte sich English zu einem der größten Finanziers und politischen Führer der Stadt. Von 1881 bis 1882 bekleidete er sogar das Bürgermeisteramt in Atlanta.

Auf dem Gipfel seiner Einflußmöglichkeiten heiratete Englishs Tochter Emily den ersten James D. Robinson, den Sohn eines Fabrikanten aus Atlanta. Robinson erkannte schnell die Möglichkeiten, die ihm die Bank seines Schwiegervaters bot, und so arbeitete er für das Familienunternehmen. Er zeigte Begabung fürs Bankgeschäft und bewerkstelligte geschickt einige Fusionen, die Englishs Unternehmen zu einer wichtigen regionalen Bank machten. Das Finanzhaus wurde in First National Bank umbenannt.

Schritt für Schritt übergab English die Leitung des Unternehmens an seinen Schwiegersohn, der wiederum seinen eigenen Sohn an die Führungsaufgaben heranführte. James D. Robinson Jr., 1905 geboren, hieß weithin nur »Big Jim«.

Tatsächlich umgab Big Jim fast so etwas wie die Aura falscher Vorspiegelungen. Von seinem Spitznamen bis zu seiner imposanten Gestalt – er war 1,90 groß und rund 100 Kilo schwer – schien Big Jim eher einem Hollywood-Film entsprungen, denn das Produkt einer konservativen Südstaaten-Erziehung zu sein. Er besaß ein hohes Maß an Charisma und Charme, gekrönt von einem Hauch der in den Südstaaten üblichen Förmlichkeit. Er hatte die Emory University und die Harvard Business School absolviert und war freundlich und redselig, dabei jedoch niemals oberflächlich. Big Jim kannte jedermann in der Bank mit Vornamen und erkundigte sich häufig bei seinen Mitarbeitern nach dem Wohlergehen der Ehepartner und Kinder. Dennoch war nicht zu übersehen, wer der Boß war. Big Jim war ein Verfechter absolutistischer Herrschaft und spielte dementsprechend die Rolle des Patriarchen.

Er hatte eine Vorliebe für gestärkte, abnehmbare Hemdkragen, die seinem runden kessen Gesicht ein bißchen Kontur zu verleihen schienen. Was die Kleidung anbelangte, so trug er am liebsten dunkelgraue Anzüge. Big Jim machte es sich zur Regel, niemals hemdsärmelig zu arbeiten, ein fast aristokratisches Verhalten im Hinblick auf die mörderische Hitze und Schwüle, die jeden Sommer über der Stadt lasteten. Infolgedessen trug er jeden Anzug nie länger als ein dutzendmal und gab von Zeit zu Zeit die aussortierten an weniger Wohlhabende ab.

Big Jim lebte nur für die Arbeit. Kühn und aggressiv, war er stets auf der Suche nach einem guten Geschäft, zuerst als Führungskraft bei der Trust Company of Georgia, ebenfalls einer Bank, und dann als Vorsitzender der First National. Und gute Geschäfte konnte man in Atlanta genug machen.

Im Gegensatz zu anderen Städten des Südens, die ihr Entstehen hauptsächlich der Landwirtschaft verdanken, besaß Atlanta keine derartigen Traditionen. Ehrgeizig und unternehmerisch, respektlos und prahlerisch, zeigten sich die Einwohner von Atlanta vornehmlich am Geschäft interessiert. Sie standen an der Spitze des Neuen Südens. Die Südstaatler selbst hatten diese kulturellen Unterschiede bereits seit langem bemerkt. In Savannah, Atlantas stärkster Konkurrentin in Georgia, sagte man, wenn Atlanta so stark einatmen wie es ausatmen könnte, wäre es ein Seehafen.

Als der Zweite Weltkrieg zu Ende war, erlebte Atlanta einen Boom, der nicht seinesgleichen hatte und der die Stadt in das wirtschaftliche Mekka des Südens verwandelte. Die winzigen Grünanlagen und die eingeschossigen Ladengeschäfte auf der Peachtree Street verschwanden. In Rekordbauzeit schossen Wolkenkratzer aus dem Boden, und Atlantas bis dahin bescheidene Skyline schob sich in die Höhe.

Genau während dieser turbulenten Bauperiode erreichte Big Jim den Gipfel an Wohlstand und Prominenz. 1951 zählte die First National zu den größten Kreditinstituten der Stadt. Die Banker des großen Finanzzentrums New York betrachteten

Atlanta noch immer als provinziellen Außenposten. Es waren Big Jim und eine Handvoll andere örtliche Bankiers, die das Kapital bereitstellten, mit dem die Wirtschaftsmaschine der Stadt gespeist wurde.

Sei es bei ein paar Drinks im Capital City Club in der Harris Street oder bei intimen Abendessen im Haus der Robinsons, Big Jim setzte seinen Einfluß ein wie kaum ein anderer in Atlanta.

»Er wußte, daß regionale Wirtschaftszentren im Entstehen begriffen waren«, erinnerte sich der Städteplaner John Portman. »Er wollte sicherstellen, daß Atlanta die Nase vorn hatte.«

Die Ungeduld von Big Jim war nur zu bekannt. Einmal, er hatte 1952 zur Grundsteinlegung für die neue Zentrale der First National eingeladen, fand er bei seinem Eintreffen den Bauplatz infolge eines schweren Wolkenbruches überflutet und schlammig vor. Anstatt die Feier zu verschieben, schaffte Robinson einen Lkw voll Erde aus seinem Country-Club heran, damit die geladenen Honoratioren auf trockenem Grund stehen konnten.

In dem Maße, wie Big Jims finanzielle Macht wuchs, so vergrößerte sich auch sein politischer Einfluß. Als spendabler Wahlkampfsponsor und mächtiger Lobbyist der Wirtschaftsbosse der Stadt war er ein häufiger Gast im Rathaus und im Capitol of Georgia. Bürgermeister, Stadträte und Mitglieder des Kongresses waren eng mit ihm befreundet. Tatsächlich stand Big Jim an der Spitze der Bürger, die der Stadt halfen, sich dem neuen weltmännischen Bewußtsein anzupassen. Er gehörte zu einer Handvoll Geschäftsleuten, die 1950 die U-Bahn von Atlanta erstanden und deren Service ungemein verbesserten.

Als Mitarbeiter der städtischen Wohnungsbaubehörde zeigte Big Jim eine überraschend liberale Ader. Robinson ist die Vermittlung von Wohnraum für geringverdienende Angehörige von Minderheiten zu einer Zeit zu verdanken, als Rassenvorurteile noch den ganzen Süden beherrschten. In den sechziger Jahren half Robinson auch, auf dem Gebiet des Sports Profimannschaften, wie etwa die Braves (Baseball), Falcons (Football) und die Hawks (Eishockey), attraktiv zu machen.

Trotzdem wich er nicht von seinen bänkerhaften Methoden ab. 1958 half er mit, den Stadtrat zu Maßnahmen zu zwingen, mit denen das Haushaltsbudget von Atlanta auf die Steuereinkünfte des vorhergehenden Jahres begrenzt wurde. Es war ein striktes Finanzlimit, das eine Ausweitung des Defizits verhinderte.

Josephine Crawford Robinson, Big Jims Frau, war aus dem gleichen Holz geschnitzt und genauso bestimmend. Mit vier Jahren war sie von ihrer wohlhabenden Tante und deren Mann adoptiert worden, nachdem ihre Eltern es sich nicht mehr leisten konnten, sie und ihre beiden Schwestern großzuziehen. »Ich habe meine Tante und meinen Onkel häufig besucht, und eines Tages ging ich einfach nicht mehr heim«, sagte Josephine häufig halb im Scherz.

Josephines Adoptivfamilie waren bekannte Kaufleute und Eigentümer des größten Möbelhauses von Atlanta, Rhodes, einem Wahrzeichen im Zentrum. Sie behandelten Josephine, als sei sie ihre eigene Tochter. Dennoch hat die Erinnerung an die Adoption ihr stets zu schaffen gemacht.

In späteren Jahren verhielt sich Josephine gegenüber ihren eigenen Kindern sehr beschützend. Und obwohl sie sanft und vornehm war, jeder Zoll eine Südstaatenlady, besaß Josephine auch Schärfe. Ihre Stimme war wohl sanft und melodisch, doch Josephine war für ihre ätzend spitze Zunge bekannt. Eine Bekannte nannte sie eine »Spinne mit Schokoladenguß«.

James Dixon Robinson III erblickte das Licht der Welt am 19. November 1935. Er war das älteste der drei Robinson-Kinder und wurde im Familien- und Freundeskreis »Little Jimmy« genannt.

Little Jimmys Kindheit war geprägt von allen Vorzügen des Wohlstands – Dienern, Privatschulen und einer Gouvernante, Kate Watson, die sich um Robinson und seine beiden jüngeren Schwestern kümmerte. Kate, die zwei Wochen nach Jimmys Geburt engagiert worden war, wurde für die Robinson-Kinder zur zweiten Mutter. Sie war es, die aufgeschürfte Knie versorgte und bei Alpträumen tröstete. Robinson entwickelte eine so starke Bindung an Kate, daß er sie Jahre später noch jedesmal aufsuchte, wenn er nach Atlanta kam.

Das Robinson-Haus war eine opulent ausgestattete Zehnzimmervilla in italienischem Stil und stand in Buckhead, Atlantas Antwort auf Beverly Hills. Mit einem zweigeschossigen Gebäude auf einem vierzehn Morgen großen Grundstück, war die Residenz der Robinsons unter den Herrensitzen entlang des West Paces Ferry einzigartig.

Das Haus war in mattem Pink gestrichen, der Lieblingsfarbe von Josephine Robinson, und wurde von den Nachbarn mit dem Namen Rosa Burg bedacht. Zu dem pastellfarbenen Gebäude führte eine Auffahrt, die von Hecken gesäumt war, deren rosa Blüten jedes Frühjahr wie bestellt aufsprangen.

Entsprechend der Familientradition hatte Big Jim gehofft, Little Jimmy würde ihm eines Tages in der Bank nachfolgen und daneben auch seine Rolle als politischer Führer der Bürgerschaft übernehmen. Daß unter den Entscheidungsträgern Atlantas einmal kein Robinson vertreten wäre, galt als undenkbar. Die Ausbildung des jungen Robinson verlief anfangs recht ungezwungen. Big Jim legte Wert darauf, seinen Sohn allen Führungspersönlichkeiten aus Wirtschaft und Politik in Atlanta vorzustellen.

Als er acht Jahre alt war, absolvierte Little Jimmy sogar öffentliche Auftritte, bei denen er die Familie bei gesellschaftlichen und städtischen Ereignissen repräsentierte, etwa indem er den Preis des Most Valuable Player dem Football-Team der Georgia Tech überreichte.

Mit dreizehn Jahren wurde Little Jim auf ein Internat geschickt. Big Jim legte großen Wert auf Selbständigkeit, eine Eigenschaft, die seiner Meinung nach am besten in der Jugendzeit erlernt wurde. Die Wahl fiel auf die Woodberry Forest School in der Nähe von Orange in Virginia. Big Jim hatte ebenfalls Woodberry besucht, eine führende sogenannte Prep School (zur Vorbereitung auf den Besuch eines College) für den Nachwuchs der Aufsteigerfamilien aus dem Süden, und sich in der dort verbrachten Zeit zu einem guten Golfspieler entwickelt. Little Jimmy sollte sich ebenfalls auf dem Golfplatz beweisen. In späteren Jahren wurde er ein gestandener Golfspieler.

Big Jim und sein Sohn standen sich sehr nahe, verbrachten stets die Wochenenden und Schulferien zusammen. Zumeist waren sie auf dem Golfplatz zu finden, wo sie mit Eifer herauszufinden versuchten, wer der Bessere von ihnen sei.

»Jimmy verlor immer die Beherrschung und starrte zornig durch die Gegend und fluchte, wenn ihm das Einputten nicht gelang«, erinnerte sich Frances Robinson Huber, Robinsons Schwester. »Mein Vater wollte auf dem Golfplatz keine schlimmen Ausdrücke hören. Er schalt Jimmy, wenn dieser herumschimpfte.«

Das enge Verhältnis konnte allerdings die Beklommenheit nicht überdecken, die anderen auffiel, sobald Little Jimmy mit seinem Vater zusammen war. Der junge Robinson konnte mit der Geselligkeit seines Vaters nicht mithalten. Er besaß nicht die Gabe für rasche Freundschaften und leichte Konversation. Und die bescheidene Körperstatur des jungen Robinson stärkte sein Selbstbewußtsein auch nicht gerade. Mit seinem leichten, schmalen Körperbau folgte Jimmy eher der Familie mütterlicherseits. Selbst als er zum Mann herangewachsen war, war er nur ungefähr 1,70 groß und mußte stets zu seinem ihn überragenden Vater hochblicken.

In späteren Jahren verglichen Kollegen häufig Big Jim mit seinem Sohn, um eine Erklärung für den Elan von Robinson zu finden. Man ging davon aus, daß Robinson seinen Vater übertrumpfen wolle. Nur zu oft hatte er beobachtet, daß die Söhne von den Vätern deren Reichtum erbten und niemals etwas Eigenes auf die Beine stellten.

»Jimmy wollte seinem Daddy beweisen, daß er es auch alleine schaffte«, sagte Huber. »Jimmy wollte nicht, daß irgend jemand meinte, er sei nicht genauso gut wie sein Vater.«

Als er 1953 das Studium an der Georgia Tech antrat, sah alles so aus, als würde Robinson der nächste CEO der First National Bank of Atlanta. Robinson belegte im Hauptfach Ingenieurwesen und war ein überdurchschnittlicher Student. Er absolvierte das College in nur drei Jahren.

Die Geschwindigkeit, mit der er sein Studium abschloß, hatte nur wenig mit treibendem Ehrgeiz zu tun. Robinson ließ nie etwas über seine beruflichen Ambitionen verlauten, und seine Aktivitäten außerhalb des Stundenplanes vermittelten kaum Hinweise auf seine Ziele.

Die einzige Beschäftigung während seiner Collegezeit, die ihn anscheinend wirklich interessierte, war College Football, den er begeistert, doch nicht sehr gut spielte. Wegen seiner kurzen schmalen Statur erhielt er den Spitznamen »Die Rasierklinge«.

Während der ganzen Zeit auf dem College ging Robinson nur mit einem Mädchen aus. Er hatte Bettye Bradley kennengelernt, als er die Sommerferien vor seinem letzten Jahr in Woodberry zu Hause verbrachte. Beide waren siebzehn Jahre alt, und sie trafen sich anläßlich einer Party in der Nachbarschaft, zu der ein beiderseitiger Freund eingeladen hatte. In den früheren Ferien hatte sich Robinson mit einer ganzen Reihe von anderen Mädchen aus Atlanta getroffen, doch das waren einfache Teenagerschwärmereien gewesen, die nur bis zum Beginn des neuen Schuljahres hielten.

Bei Bettye war das anders. Die Tochter eines Vertriebsdirektors von Paramount Pictures sprach mit leiser Stimme, zeigte die übliche kleinstädtische Schüchternheit und war außergewöhnlich hübsch. Rund 1,70 groß und von guter Figur, hatte sie dunkelbraune Augen und langes schwarzes Haar. Ihre Schulkameraden verglichen sie mit Elizabeth Taylor. Bettye war tatsächlich so umwerfend, daß sie schließlich 1955 den Wettbewerb zur Miss Georgia Peach gewann und kurz als Mannequin arbeitete.

Knapp einen Monat nach seinem Abschluß heiratete Jimmy, einundzwanzigjährig, Bettye in der St. Philip's Episcopal Church in Atlanta, sein Vater war Trauzeuge, und seine Schwester Frances Brautjungfer. Noch vor Ablauf einer Woche reisten die Jungvermählten ab zum US-Marinestützpunkt in Athens, Georgia. Als Angehöriger des Reserve Officers' Training Corps (etwa Ausbildungskorps für Offiziere der Reserve) während seiner Collegezeit wurde Robinson zum Leutnant zur See ernannt. Anschließend diente er als Nachschuboffizier in Pearl Harbor auf Hawaii.

Robinson kehrte für kurze Zeit nach Atlanta zurück und arbeitete dort als Wertpapierhändler bei der Trust Company. Doch das war nur eine Zwischenstation. Er fühlte sich in Atlanta nicht wohl. Big Jim war der tonangebende Robinson, und für einen anderen blieb wenig Raum. In den Finanzkreisen von Atlanta hatte man begonnen, Vergleiche zu ziehen. Zu klein, zu ruhig und zu zahm, war Robinson nicht mit seinem Vater zu vergleichen.

Als Jimmy seinem Vater den Wunsch, Atlanta zu verlassen, kundtat, reagierte Big Jim verletzt. Stets hatten Mitglieder der Familie Robinson die Bank geleitet. Doch er verstand das Bedürfnis seines Sohnes, seine Unabhängigkeit zu beweisen.

Innerhalb eines Jahres zog Robinson mit seiner Frau und seiner neugeborenen Tochter Emily auf der Suche nach neuen Möglichkeiten Richtung Norden. Erste Station war die Harvard Business School. Als er im Herbst 1959 sich einschrieb, war Harvard der Fahrschein für die Führungsetage. Keine andere Institution konnte es mit Harvard aufnehmen, was das Hervorbringen von Wirtschaftsführern anging. Zu jener Zeit hatte mindestens ein Drittel der Absolventen von Wirtschaftshochschulen im Land einen Harvard-Abschluß.

Robinson blühte in Harvard auf. Er schien in der Atmosphäre harten Wettbewerbs prächtig aufzuleben und belegte bei seinem Examen einen der Plätze im oberen Drittel seines Jahrgangs. Und ihn packte der leidenschaftliche Ehrgeiz, an dem es ihm so lange gemangelt hatte.

»Er besaß eine Menge Ehrgeiz«, sagt Joel Schiavone, ein Harvard-Kommilitone. »Es war nicht so, daß er ein riesengroßes Ego besessen hätte, er wollte es einfach alleine schaffen.«

Wenn nun ein Charakterzug zum Vorschein kam, so war es Robinsons Talent zur Konsensbildung. Freundlich und auf Ausgleich bedacht, war Robinson in der Lage, zu Freund und Feind gleichermaßen eine Beziehung aufzubauen. Es war eine Gabe, die ihm in seiner späteren Karriere noch nützlich sein sollte, und eine, für die ihn seine Kommilitonen bewunderten.

»Alle vertrauten ihm. Er wußte sehr gut, wie man Leute, die von sich überzeugt waren, anpacken mußte«, erinnerte sich Morris Showet, ein Projektplaner aus Toronto und Kommilitone von Robinson.

Als Robinson 1961 Examen machte, hatte er seine Bestimmung gefunden. Ausgestattet mit dem akademischen Grad des MBA, des Master of Business Administration (Diplombetriebswirt), Entschlossenheit und Familienverbindungen, war Robinson nicht sonderlich darauf erpicht, nach Atlanta zurückzukehren.

»Ich glaube, er hatte Angst, daß er sich bei einer Rückkehr nach Atlanta für den Rest seines Lebens fragen würde, ob er wirklich all das erreicht habe, was ihm möglich war«, sagte Robinsons Schwester Frances. Die Entscheidung bereitete Big Jim eine große Enttäuschung. Doch er akzeptierte sie.

Morgan Guaranty Trust war die erste Station auf der Karriereleiter von Robinson. Bei der ehrwürdigen Morgan herrschte eine aristokratische Atmosphäre. Während andere Großbanken, wie die Chase Manhattan und die First National City, einer Vorläuferin der Citicorp, Kunden aus dem Mittelstand hofierten, konzentrierte sich Morgan weiter auf eine ausgesuchte Gruppe von Großunternehmen und wohlhabenden Einzelpersonen.

Bei Morgan sah man es lieber, wenn die jungen Führungskräfte Nadelstreifenanzüge trugen und Protestanten waren. Der Harvard-Abschluß war hilfreich. Robinson paßte gut in die Bank.

Was noch wichtiger war, Big Jim war bei Morgan gut bekannt. Als einer, der Türen öffnete, sobald es um Geschäftsabschlüsse im Neuen Süden ging, war er mit den Managern aller

New Yorker Banken und vielen Top-Wirtschaftsleuten der Stadt sehr vertraut. Er besaß sogar ein Apartment in den Carlton Towers an der East 64th Street für seine häufigen Geschäftsreisen in die Stadt. Zu den New Yorker Freunden von Big Jim zählten prominente Persönlichkeiten wie der CEO von der Chase Manhattan, David Rockefeller, und der Zeitungsmagnat John Hay »Jock« Whitney, der Besitzer der *New York Herald Tribune*.

Dem CEO von Morgan, Thomas Gates, war sehr daran gelegen, die Bindung zu Big Jim zu festigen. Gates selbst war auf Grund seiner Verbindungen in diese Position gelangt. Er war leitender Direktor bei General Electric gewesen, bevor er als Verteidigungsminister unter Präsident Dwight D. Eisenhower diente. Zu jener Zeit wollte Morgan seine Konzession erweitern.* Die Bank sollte nicht mehr länger als reine Ostküsteninstitution angesehen werden. Man wollte landesweit ins Geschäft kommen. Big Jims Sohn einzustellen war diesem Ziel förderlich.

Robinson wechselte bruchlos von Harvard ins Management-Ausbildungsprogramm von Morgan. Nach zweiwöchigem Dienst in der Poststelle, dem traditionellen Einstieg bei Morgan, übernahm Robinson Aufgaben in der Abteilung für Vermögensverwaltung und in der Abteilung für Kapitalanlagen der Bank. Doch er blieb nie lange auf seinen jeweiligen Posten. Gates wollte, daß Robinson soviel wie nur möglich kennenlernte. Er hatte Pläne mit seiner jungen Neuerwerbung. »Bringen Sie ihm bei, was Sie können, und dann schicken Sie ihn weiter«, sagte er den Abteilungsleitern von Morgan.

Robinson glänzte während seiner Zeit in der Wertpapierabteilung. Hier war er überraschend aggressiv und einfallsreich. Obwohl nur Trainee, organisierte er die Abteilung für Handel neu. Robinson verfaßte ein Handbuch, wie die Bedingungen des Geldmarktes, etwa Schatzbriefe und Certificates of deposit (CDs, Depositenzertifikate) zu nutzen seien. Er ließ außerdem einen Computer installieren, mit dem die Bewegungen des Handels verfolgt und Kauf- und Verkaufsgelegenheiten heraus-

* In den Vereinigten Staaten muß eine Bank, will sie landesweit arbeiten, in jedem Bundesstaat eine Konzession beantragen.

gepickt wurden. Jahre später wurden Computer in der Branche ein vertrautes Hilfsmittel. Doch in den sechziger Jahren waren sie noch selten.

Robinson war erst siebenundzwanzig Jahre alt, doch er beeindruckte seine Vorgesetzten mit seinem Engagement und Eifer, von seinen tadellosen Umgangsformen gar nicht zu reden, die so gut zum Image von Morgan paßten. Tatsächlich tat er anscheinend noch ein übriges, um sich selbst als perfekten Morgan-Mann darzustellen. Er ging sogar so weit, daß er seine Jahre an der Georgia Tech bereute. Er erwähnte seine Alma Mater niemals auch nur mit einem Wort, wenn das Gespräch mit anderen Trainees auf die alten Collegetage kam. Die meisten Trainees bei Morgan hatten ihr Studium in Princeton, Yale oder Harvard absolviert.

Für seine Vorgesetzten bei Morgan war Robinsons stärkste Eigenschaft sein Arbeitsethos. »Jim arbeitet so hart, daß er tot sein wird, noch bevor er vierzig ist«, äußerte Gates des öfteren gegenüber seinen Leuten. Robinson arbeitete unermüdlich bis zu sechzehn Stunden täglich.

Zu Hause in seinem Apartment an der East 86th Street gab es nun zwei kleine Robinsons; James Dixon Robinson IV war im Juni 1961 zur Welt gekommen. Aber Robinson überließ die Erziehung überwiegend Bettye und stellte klar, daß das Wichtigste in seinem Leben seine Arbeit war.

»Er verbrachte nie Zeit mit seiner Familie, und ich war betroffen, wie selten er von ihr sprach«, erinnerte sich später ein anderer Trainee bei Morgan.

Gates war von Robinson angetan. Der CEO von Morgan verwandte niemals den Spitznamen seines Jungstars, »Jimmy-Three-Sticks«, eine wohlwollende Spitze auf die römische Ziffer hinter Robinsons Namen. 1965 ernannte Gates Robinson zum Assistenten der Geschäftsleitung. Das war eine neugeschaffene Position, eine Art Stabschef für den CEO. Und Robinson ging die Aufgabe mit seinem üblichen Eifer an. Er wachte über den Terminplan von Gates, arrangierte Sitzungen und kümmerte sich sogar um Routineangelegenheiten, für die der Vorsitzende kaum Zeit hatte.

Robinson war von Gates geblendet. Der Morgan-CEO war selbstbewußt, ein starker Trinker und ein Frauenheld. Und nur wenige konnten so viele Verbindungen vorweisen wie er. Er verbrachte seinen Urlaub mit den Rockefellers in Bar Harbor und mit den Kennedys in Hyannis Port. Er spielte mit jedem Präsidenten, von Eisenhower bis Lyndon B. Johnson, Golf. Bei Morgan wurde oft hinter vorgehaltener Hand geäußert, der zweite Telefonapparat auf dem Schreibtisch von Gates sei ein direkter Draht zum Weißen Haus.

Gates war auch Mitglied der »Studiengruppe«, die Stephen Bechtel sen. ins Leben rief, der Vorsitzende einer in San Francisco ansässigen Baufirma. Die Gruppe, der Wirtschaftsgrößen wie der Pan-American-Begründer Juan Trippe und der Vorsitzende von Texaco, Augustus Long, angehörten, traf sich in Abständen im Carlyle Hotel in New York, um bei Brandy und Zigarren über wirtschaftliche und politische Themen zu diskutieren.

»Jim war der Schatten von Gates«, sagte Abram Claude, ein ehemaliger leitender Direktor von Morgan Guaranty, später. »Er tat alles, was Gates tat, ging überall hin, wo Gates hinging.«

Robinson war innerhalb der Firma – und außerhalb – nicht mehr länger zu übersehen. Endlich war er nicht mehr nur Big Jims Sohn. Robinsons erstaunliche Begabung fürs Arbeiten, sein sanfter Charakter und seine Fähigkeit, die Wogen zu glätten, halfen ihm dabei, sich eine Reputation aufzubauen. Es dauerte nicht lange, und Robinsons Name war in der Wall Street gut bekannt. Andere Banken, ja selbst Investmenthäuser, begannen im stillen Nachforschungen über Robinson anzustellen, und wenigstens ein halbes Dutzend Firmen hofierten ihn offen. White, Weld & Company war am eifrigsten bestrebt, den ambitionierten jungen Führungsmann von Morgan abzuwerben.

Es war zwar eine Investmentbank, doch bei White Weld herrschte der gleiche Geist wie bei Morgan. Es war eine konservative Firma, die sich derselben Art traditioneller Vornehmheit verschrieben hatte. Und die Geschäfte des Hauses waren viel zu lange schon auf New York beschränkt gewesen. David Weld, der CEO von White Weld, strebte die landesweite Zulassung an. Wie Gates sah auch Weld Robinson als seine Eintrittskarte in den Süden.

Obwohl er sich bei Morgan sehr wohl fühlte, war Robinson doch stets begierig auf der Suche nach neuen Aufgaben. White Weld bot ihm die Chance, aus dem gesetzten Klima der Geschäftsbanken heraus- und in die verrückte Welt der Wall Street einzutreten. White Weld war stark bei Spekulationsgeschäften engagiert und bot Robinson die Möglichkeit, einige große Sachen auszuhandeln. Geschäfte zu machen war für Robinson nach all den Jahren in einer konservativ ausgerichteten Großbank ein berauschender Gedanke.

Er war sicher, ihm würden das Tempo und der Nervenkitzel gefallen, und so nahm er 1968 das Angebot von White Weld ohne langes Zögern an.

»Ich glaubte, Jim wäre der richtige Mann, neue Geschäftsbeziehungen aufzutun«, erinnerte sich Paul Hallingby, der ehemalige Seniorpartner bei White Weld, der Robinson anwarb. »Nur einer von zwanzig Neueinsteigern erwies sich aufgrund seiner Kenntnis der Märkte oder seiner Beziehungen in der Lage, neue Geschäftskontakte zu knüpfen. Doch ich konnte erkennen, daß Jim es schaffen könnte.«

Vor Ablauf eines Jahres war Robinson sehr erfahren in Spekulationsgeschäften und hatte sich erneut den Ruf erworben, arbeitssüchtig zu sein. Im Haus ging die Redewendung um: »Wenn du mit Jimmy zusammenarbeitest, fliegst du am besten Richtung Westen, so daß du ein paar zusätzliche Stunden gewinnst.«

Seine Beziehungen waren ebenfalls hilfreich. Von den Bankiers in San Francisco bis zu den Geldmanagern in Boston hatte er kaum Probleme, Quellen zu finden, mit denen das Kapital für neue Firmen aufzutreiben war. Er bevorzugte High-Tech-Unternehmen. In den späten sechziger Jahren half er beim Aufbringen des Gründungskapitals einer Firma, die später als Digital Electronics bekannt wurde.

Es war während seiner Zeit bei White Weld, daß Robinson ernsthaft darüber nachdachte, ein eigenes Unternehmen zu leiten. Die Idee war nicht sehr weit hergeholt. Robinson besaß solide Kenntnisse im Finanzwesen. Als Fachmann für Spekulationsgeschäfte hatte er auch Erfahrungen in der Zusammenstellung der Geschäftsleitung für neue Unternehmen gesammelt. Und dann waren da noch seine Verbindungen.

Robinson wußte, daß er höchstwahrscheinlich nicht so bald die Topposition in einer Firma erklimmen könnte. Mit vierunddreißig Jahren war er noch zu jung, um dafür von einem Verwaltungsrat ernsthaft in Betracht gezogen zu werden. Sein unmittelbares Ziel war es, eine Firma zu finden, in der er sich selbst gut für die Position des CEOs ins Gespräch bringen könnte. Er brauchte ein Unternehmen mit strahlenden Zukunftsaussichten. Aber er wollte sich auch nicht allzu großer Konkurrenz ausgesetzt sehen.

Bei Morgan sprach man davon, Robinson fahre auf der Überholspur. Doch Gates, der 1968 fünfundfünfzig Jahre alt wurde, stand keineswegs kurz vor dem Rückzug ins Privatleben. Und selbst mit seinen Erfolgen war Robinson bei Morgan nicht der alleinige Lieblingskandidat. Bei White Weld, das im Familienbesitz war und von der Familie geleitet wurde, sah es ähnlich aus. Außenseiter hatten nur geringe Chancen.

Robinson begann sich umzusehen. Schließlich stellte er eine kurze Liste von Firmen auf, die seiner Ansicht nach gut geführt wurden, solide Teilhaber besaßen und ihm eine vielversprechende Zukunft bieten konnten. Dazu zählten Coca-Cola, die Trust Company of Georgia und Union Pacific. Im Mittelfeld der Liste stand die American Express Company.

3

Vom Pony-Expreß zur Platin-Karte

Auf Grund seines tiefverwurzelten Respekts für Image und Tradition schenkte Robinson einem forschen Unternehmensneuling niemals einen zweiten Blick, ganz gleichgültig wie eindrucksvoll auch dessen Rendite aussah. Das Unternehmen, wo er letztlich zu bleiben und seine Laufbahn zu beenden gedachte, mußte vornehm und den Werten, die er so schätzte, verpflichtet sein. American Express erfüllte diese Voraussetzungen. Es war ein nobles und prestigeträchtiges Unternehmen. Die Führungskräfte bei AmEx stammten aus gutem Hause und hatten die richtigen Hochschulen besucht. Sie trugen Anzüge von Brooks Brothers und waren Mitglied in den richtigen Clubs. Am wichtigsten war, sie standen einer sauber geführten Firma mit riesigem Potential vor.

Bis 1970 hatte AmEx dreiundzwanzig Jahre lang Gewinne ausweisen können. Zwar war das Unternehmen vornehmlich durch seine Reiseschecks und Kreditkarten bekannt, doch es engagierte sich zu diesem Zeitpunkt gerade stärker in der noch jungen Branche der Finanzdienstleistungen. Das Unternehmen erweckte den Anschein einer globalen Ausrichtung. Robinson wollte sich um jeden Preis auf einer großen Bühne beweisen. AmEx war eine solche Bühne.

Das Unternehmen, das Robinson schließlich leiten sollte, wurde im neunzehnten Jahrhundert von einer korpulenten Unternehmerpersönlichkeit namens Henry Wells gegründet. Livingston, Wells & Co., wie Wells und sein Hauptinvestor Crawford Livingston die Firma nannten, wurde 1841 auf einer staubigen Straße im Zentrum von Albany ins Leben gerufen. Es gehörte einer Handvoll ums Überleben kämpfender »Express«-Unternehmen.

Sie waren die Neunzehntes-Jahrhundert-Version der United Parcel Post. Während mit der Eisenbahn schwere Frachten befördert wurden und der U.S. Postal Service die Post zustellte, lieferten die Expreßfirmen so ziemlich alles andere aus. Sie garantierten eine sichere und schnelle Zusendung und konnten daher höhere Sätze verlangen als die Eisenbahn. Die Expreß-»Boten« waren zu Pferd, mit der Postkutsche, dem Dampfschiff oder der Eisenbahn unterwegs, eben jenem Transportmittel, das sie am schnellsten zu ihrem Bestimmungsort brachte. Für die Kunden, die genug von der langsamen Zustellung der Post und der begrenzten Reichweite der Eisenbahn hatten, bildeten diese Unternehmen einen großen Anreiz.

Wells war ein etwas seltsamer Mensch, selbst nach den Maßstäben des neunzehnten Jahrhunderts. Groß gewachsen und breitschultrig, trug er am liebsten Rüschenhemden. Im Winter hatte er eine Baskenmütze aus grünem Samt auf dem Kopf, die von einer goldfarbenen Trottel geziert wurde. Und er besaß zwar eine tiefe klangvolle Stimme, mit der er seine Zuhörer in Bann schlagen konnte, doch er war sein Leben lang mit einem Stottern behaftet, das sich mit zunehmendem Alter nur wenig besserte.

Wells erkannte als einer der ersten das Potential des Expreßgeschäfts. Aus Utica im Norden des Staates New York stammend, hatte er als Frachtspediteur und Fahrkartenverkäufer auf dem Erie-Kanal gearbeitet, dem damaligen Zentrum des Warenverkehrs im Nordosten. Wells war über den Strom von Siedlern verblüfft, die die dichtbevölkerte Atlantikküste verließen und nach neuen Möglichkeiten im Westen, vor allem in Ohio, suchten. Als Handel und Industrie nachzogen, stellte sich Wells ein Netz von Zulieferwegen vor, welche die aufstrebenden Wirtschaftszentren miteinander verbinden würden.

Es dauerte nicht lange, dann belieferte Livingston, Wells & Co. alle großen Städte im Staat, von Buffalo bis New York. Die Gewinne stiegen, und so auch die Zahl der Beschäftigten. Einer seiner neuen Mitarbeiter war ein fünfundzwanzigjähriger Frachtdisponent namens William George Fargo. Forsch und ehrgeizig, hatte Fargo innerhalb von kurzer Zeit seine eigene Route nach Chicago.

Der Erfolg von Wells rief bald den hartgesottenen Geschäftsmann John Butterfield aus Utica auf den Plan. Butterfield gehörte der Großteil der Postkutschenrouten im Westen des Staates New York. Ein Expreßgeschäft erschien die logische Ergänzung. 1849 gründete er zusammen mit seinem Partner James Wasson die Firma Butterfield, Wasson & Co., die der stärkste Konkurrent von Wells wurde.

Monatelang tobte ein brutaler Preiskampf, bis irgend jemand einen Waffenstillstand vorschlug. Man kann heute nicht mehr sagen, ob Wells oder Butterfield den ersten Schritt tat. Beide Seiten begannen Gespräche über ein gemeinsames Vorgehen. Nach einigen Wochen der Verhandlung trafen sich Wells und Butterfield im März 1850 in Buffalo und unterzeichneten die »Articles of Association of the American Express«.

Von Anbeginn an kam es zu Unstimmigkeiten. Als Fargo 1852 den Vorschlag äußerte, American Express solle nach Kalifornien expandieren und sich den Goldrausch zunutze machen, sprach sich Butterfield hartnäckig dagegen aus. Ihm war klar, daß eine solche Route höchst gewinnträchtig wäre. Er fürchtete, stets mißtrauisch gegenüber den Ambitionen von Fargo, daß ein derartiges Unternehmen die Machtbasis von Fargo noch mehr stärken würde. Unbeirrt von Butterfields Veto, schloß sich Fargo mit Wells zusammen und gründete Wells, Fargo & Company in San Francisco. Das Unternehmen stieg schnell zur größten Zustellungsfirma in Kalifornien und später zu einer der größten Banken des Bundesstaates auf.

American Express gedieh während der nächsten zwanzig Jahre prächtig. Die Firma kaufte Frachtwagen, genannt Expreßwagen, und beförderte eine wachsende Liste von Frachtgütern, darunter auch frisches Obst und Gemüse. 1883 startete AmEx sogar einen Schnellzugservice, der nonstop von New York nach Buffalo raste und fünf Stunden früher als der schnellste Personenzug ankam.

Nach dem Bürgerkrieg geriet die Expreßbranche durch das U.S. Post Office stark unter Druck. Grund dafür war die Geldanweisung per Post. Ins Leben gerufen, um den Diebstahl von Bargeld aus Briefen durch Postangestellte zu unterbinden, wurden die Geldanweisungen zunehmend beliebter, als sich die amerikanische Grenze nach Westen verschob und Einzelpersonen eine kostengünstige und sichere Methode suchten, Geld zurück gen Osten zu schicken.

American Express erkannte, wie vielversprechend das Geschäft mit Geldanweisungen war, und beschloß, eine konkurrierende Version zu entwickeln. Die Aufgabe, eine Form der MO (Money Order, Geldanweisung), wie die Firma es nannte, zu entwickeln, fiel Marcellus Flemming Berry zu. Kleinwüchsig, mit beginnender Glatze und schmalrandiger Metallbrille, sah Berry haargenau wie ein Buchhalter aus. Doch er sollte schließlich als einer der Heroen in der Geschichte von AmEx dastehen.

Dank seines Einfallsreichtums stellte Berry bald eine Form der Geldanweisung vor, die gleichermaßen machbar und bequem war. Zu Anfang wurde sie nur durch die Büros von American Express angeboten und eingelöst. Schließlich lizensierte die Firma Hotels, Drugstores und Schreibwarenhandlungen für den Handel von MOs. Um Betrügereien zu verhindern, entwarf Berry ein System, das in seiner Einfachheit brillant war. Der mögliche Nennwert der Anweisung wurde entlang des linken Randes in Fünfcentbeträgen von einem bis zehn Dollar aufgedruckt. Die Verkaufsagenten zogen lediglich den Rand herunter bis zum entsprechenden Wert, wodurch es nicht mehr möglich war, einen höheren Betrag zu verlangen.

American Express setzte 1882, dem ersten Verkaufsjahr der MOs, Geldanweisungen im Wert von einer Million Dollar ab. Die Firma berechnete für Anweisungen von 5 Dollar oder weniger fünf Cent und für Sendungen bis zu zehn Dollar acht Cent und nahm so im ersten Jahr 11 000 Dollar brutto ein.

Trotz Verbesserungen bei der MO stand dem Geldtransfergeschäft doch noch eine Menge an Entwicklungsarbeit bevor. Die MOs wurden nicht mit Bargeld gleichgesetzt. Die Akzeptanz war begrenzt. Es war folglich ein Produkt vonnöten, das allgemein anerkannt und dennoch sicher genug wäre, um ohne Angst vor Diebstahl überallhin mitgenommen werden zu können. Vor dem Ende des Jahrhunderts hatte American Express die Antwort, den Reisescheck, das einzige Originalprodukt, das die Firma jemals erfunden hat.

Es überrascht nicht, daß der Mann hinter dem Reisescheck wieder einmal Berry war. Das Zahlungsmittel, das Berry entwickelte, vereinigte in sich zahlreiche Prinzipien der Geldanweisung. Doch es war auf die Bedürfnisse von Reisenden im Ausland zugeschnitten. Man entschied sich für die britische Schreibweise von »check«. Der Reisescheck oder Travellers' Cheque war relativ sicher, da jeder Scheck bei Ausstellung wie bei Einlösung vom Kunden abgezeichnet werden mußte.

1891 verkaufte AmEx Schecks im Wert von 9000 Dollar. 1905 belief sich die Gesamtsumme auf 13 Millionen. Und was noch wichtiger war, es ergab sich ein unvorhergesehener Vorteil. Auf Grund verlorengegangener Schecks und Verzögerungen bei der Einlösung stellte AmEx fest, daß die Firma jeden Monat mehr Anweisungen verkaufte, als sie auszahlte, was ihr zu einer positiven Bilanz verhalf.

Unbeabsichtigt hatte AmEx den »Float« oder das Umlaufvermögen erfunden, womit die Einkünfte verdoppelt und zukünftigen Konkurrenten ein Weg zum wirtschaftlichen Erfolg gezeigt wurde. Zu Anfang nur 750 Dollar betragend, sollte der Float schließlich 1990 mit 4 Milliarden Dollar eine Höchststand erreichen, was einen Gewinn von rund 200 Millionen Dollar bedeutete. Die Firma hatte praktisch eine neue internationale Währung geschaffen.

Das Geschäft brachte für American Express die weltweite Expansion. William Swift Dalliba, ein treuer Firmenangehöriger, wurde bald nach Europa entsandt, wo er das Eilzustellungsgeschäft von AmEx ausbauen sollte. Dalliba errichtete in Paris in der Rue Halevey im November 1895 das erste Büro von American Express. Später verlegte er es zu der besser bekannten Adresse 11 Rue Scribe. In den folgenden Jahrzehnten sollte das dreieckige Gebäude schräg gegenüber der Place de l'Opera ein legendärer Treffpunkt für amerikanische Touristen werden.

Obwohl das Expreßgeschäft weiter expandierte, war Dalliba doch mehr von dem Potential fasziniert, das der Tourismus zu bieten hatte. Die AmEx-Büros wurden fortwährend von amerikanischen Reisenden und im Ausland lebenden Amerikanern überschwemmt, die ihre Reiseschecks zu Bargeld machen wollten oder nach Zug- und Schiffsfahrplänen fragten. Der Publikumsverkehr wurde so umfangreich, daß Dalliba 1899 überzeugt war, daß die Zukunft von American Express im Tourismus läge und nicht im alten Expreßgeschäft.

Er trennte in den AmEx-Büros sogar Bereiche ab, wo die Klienten ihre Post lesen und Briefe nach Hause schreiben konnten. In ganz Europa wurden die Büros von American Express zu einem Zufluchtsort für meist verwirrte Touristen. 1902 eröffnete Dalliba die »Ticket-Abteilungen« in den Büros von AmEx, wo Kojenplätze auf Schiffen verkauft wurden. Doch bald setzte Dalliba die Fahrkartenschalter auch für den Verkauf von europäischen Zugfahrscheinen und Besichtigungstouren ein. 1907 boten die AmEx-Büros erstmals eigene Ausflüge und Reiserouten an.

Das Expreßgeschäft verlor Anfang des zwanzigsten Jahrhunderts seinen Reiz. Verordnungen drückten die Preise. Dann, im Jahre 1913, autorisierte der Kongreß die Post, eine Paketzustellung aufzubauen. Die Gewinne bei American Express purzelten schnell um 50 Prozent, und die Firma hatte kaum eine Wahl, sie mußte ihre Energien auf die noch junge Tourismusbranche und das damit verbundene Finanzgeschäft konzentrieren.

Doch erst nach dem Zweiten Weltkrieg war die Tourismusfirma von American Express wirklich ein Erfolg, dank Ralph Thomas Reed, der 1944 Präsident wurde. Reed förderte stark den Tourismus, doch Unsterblichkeit im Unternehmen beanspruchen darf er mit seiner Entscheidung, ins Kreditkartengeschäft einzusteigen.

Das Produkt, das letztlich gleichbedeutend mit American Express werden sollte, geht auf einen New Yorker Geschäftsmann zurück. Frank McNamara war auf diese Idee 1949 aus einer verzweifelten Situation heraus gekommen, als er merkte, daß er nicht genug Geld bei sich hatte, um in einem New Yorker Restaurant seine Rechnung zu bezahlen.

McNamara stellte sich vor, daß diese peinliche Lage zu vermeiden gewesen wäre, wenn er nur ein einfach zu handhabendes Zahlungsmittel gehabt hätte. Seit Jahren hatten bereits Warenhäuser ihre eigenen Kundenkreditkarten ausgegeben. Doch es gab keine sogenannte Universalkarte, die man in den unterschiedlichsten Geschäften benutzen konnte.

McNamara tat sich bald mit dem Anwalt Ralph Schneider zusammen und versuchte, die Idee einer Kreditkarte mehreren New Yorker Restaurants zu verkaufen. Zunächst verhielten sich die Lokale ablehnend. McNamara und Schneider verlangten von den Restaurantbesitzern eine Gebühr von bis zu 10 Prozent des Rechnungsbetrages, wenn Gäste mit der Karte bezahlten. Das erschien doch ein wenig übertrieben.

Doch die Geschäftspartner machten weiter, und schließlich trafen einige neugierige Restaurantbesitzer mit ihnen eine entsprechende Vereinbarung. Im März 1950 gründeten McNamara und Schneider den Diners Club. Die Geschäftsbedingungen waren klipp und klar. Die Kartenbesitzer sollten so lange zinsfrei Kredit bekommen, wie sie jeden Monat vollständig ihre offenstehende Rechnung beglichen.

Die Anfangszeit der Firma war ein steiniger Weg. Zum Zeitpunkt seines zweiten Jahrestages schrieb das Kreditkarten-Unternehmen jährlich einen Verlust von 60 000 Dollar. Die Restaurantbesitzer beschwerten sich über die langsame Zahlungsweise. Und The Diners Club, zugeschüttet unter einer Lawine von Papier, fiel immer weiter hinter seinen Fakturierungsplan zurück.

Einzig bei der Mitgliederzahl konnte er Erfolge verbuchen. In den fünfziger Jahren begann die Morgendämmerung der Firmenspesen, und Wirtschaftsbosse hatten keine Lust mehr, sich die Brieftaschen jedesmal, wenn sie für ein oder zwei Tage verreisten, mit Bargeld oder Schecks vollzustopfen. Die Karte wurde zu einem bequemen Zahlungsmittel. Tatsächlich sollte der Diners Club als erste »Travel and Entertainment oder T & E Card«, also Reise- und Vergnügungskreditkarte, in die Geschichte eingehen.

Um den Einsatz der Karte noch auszudehnen, erweiterte der Diners Club die Anzahl der Vertragspartner, die die Karte akzeptierten. Hotels, Blumengeschäfte, selbst die Autoverleihfirma Hertz unterschrieben. Im vierten Jahr seines Bestehens führte das Unternehmen einen Jahresbeitrag von 5 Dollar ein, und Diners konnte endlich schwarze Zahlen schreiben. Im achten Jahr erreichte das Kreditvolumen die magische Grenze von 100 Millionen Dollar.

1955 war endgültig das Zeitalter des »Kaufe jetzt und zahle später« angebrochen. Die Magazine *Gourmet* und *Esquire* sponserten Restaurantkarten. Die American Hotel Association brachte eine eigene Karte auf den Markt. Selbst die American Automobile Association (vergleichbar dem ADAC) prüfte die Machbarkeit einer Kreditkarte. Und American Express ließ sich vom Kartengeschäft faszinieren. Es war eine natürliche Ergänzung zu den Geldanweisungen und Reiseschecks.

1956 erfuhren Reed und andere Mitglieder des Verwaltungsrats von AmEx von Investmentbankiers, daß Schneider und Alfred Bloomingdale, einer der größten Aktionäre von Diners, ihren Anteil an dem Kartenunternehmen veräußern wollten. Zwar war Diners Club mit seinen Aktien im Jahr zuvor an die Börse gegangen, doch die beiden Männer kontrollierten noch immer zwei Drittel der Firmenaktien.

Auf Drängen der Verwaltungsratsmitglieder nahm Reed mit Schneider und Bloomingdale Kontakt auf. Die Inhaber des Diners Club teilten mit, sie wären bereit, ihren Aktienbestand gegen Anteile an AmEx zu tauschen. Sie würden sogar eine Tender-Offerte* seitens AmEx für die verbliebenen frei handelbaren Aktien unterstützen. Damit hätte American Express praktisch 100 Prozent des Diners Club besessen.

Der Handel erschien einigen AmEx-Führungsleuten verlockend. Zu jener Zeit zählte der Diners Club 250 000 Karteninhaber, und es wurde davon gesprochen, die Firma werde im darauffolgenden Jahr brutto 60 Millionen Dollar einnehmen. Doch Reed war gegen den Ankauf. Er wollte nicht, daß Schneider und Bloomingdale ein dickes Paket AmEx-Aktien erhielten. Er gab niemals öffentlich eine Erklärung für den Grund seiner Ablehnung ab. Aber viele Führungsleute bei American Express spekulierten, daß sich Reed mit dem Wissen unwohl fühle, daß zwei Juden einen erheblichen Anteil an American Express kontrollieren würden.

Um die Zeit, als die Sache mit dem Diners Club aufkam, hatte American Express in der öffentlichen Kritik gestanden, weil es sein Büro in Tel Aviv geschlossen hatte. Jüdische Politiker bezichtigten die Firma, sich dem arabischen Boykott gegen Israel anzuschließen. Reed verneinte diese Anschuldigung heftig. Er blieb dabei, das Büro schreibe nur rote Zahlen. Tatsächlich eröffnete die Firma das Geschäft in Israel im Jahr 1958 wieder.

Im Laufe der nächsten Monate gedieh der Diners Club. Andere Kreditkartenfirmen schossen aus dem Boden. Die jüngeren Leitenden bei AmEx fingen an, Reed mit Memos über das Kartengeschäft zu bombardieren. Viele hatten das Gefühl, es sei für die Firma an der Zeit, eine eigene Karte auf den Markt zu bringen.

Ende 1957 gab Reed endlich nach: AmEx würde in das Geschäft einsteigen. Das vorgestellte Produkt ähnelte der vom Diners Club offerierten Karte. Die Karteninhaber sollten einmal im Monat eine Gesamtabrechnung bekommen, der eine Abschrift ihrer getätigten Ausgaben beigelegt würde.

* Die Tender-Offerte ist ein Zahlungsangebot, bei dem der Kaufpreis mit verschiedenen Zahlungsmitteln beglichen werden soll. Diese bestehen aus einem bestimmten Bargeldbetrag und dem Tausch von Stammaktien und/oder dem Angebot, die freigehandelten Aktien zu einem guten Kurswert aufzukaufen.

Im Mai 1958 erhielt AmEx unerwartet Auftrieb, als die American Hotel Association beschloß, sich dem AmEx-Kartenprogramm anzuschließen. Die AHA hatte sich bislang nur widerwillig am Kartengeschäft beteiligt. Der einzige Zweck ihrer Karte bestand darin, die Abgabe von Hotelgewinnen an Kartenfirmen zu vermeiden. Die AHA hatte 150 000 Kartenbesitzer und 4500 Hotels, die bereit waren, ihre Karte zu akzeptieren. Doch man gelangte bei der AHA zu dem Schluß, daß es kostengünstiger sei, mit AmEx abzuschließen, statt weiter mit dem eigenen Produkt zu arbeiten.

Am Tag der Markteinführung, dem 1. Oktober 1958, verfügte American Express über 17 500 Vertragsunternehmen und 250 000 Karteninhaber. Die ersten Kreditkarten bestanden aus dünner Pappe, deren purpurfarbene Mitte von einem purpurfarbenen Rand umgeben war. Auf der linken Seite befand sich der Kopf des bekannten Centurio. AmEx hatte ihn zuerst auf seine Reiseschecks gedruckt, um Fälschungen zu erschweren.

Die erste AmEx-Karte gab es für eine Jahresgebühr von 6 Dollar, einen Dollar mehr als Diners Club berechnete. Die Kalkulationen hatten zwar ergeben, daß die Karte auch mit einer Gebühr von 5 Dollar Gewinne abwerfen würde, doch American Express entschied, mehr als Diners zu verlangen, um den Eindruck zu vermitteln, die AmEx-Karte besitze mehr Prestige. Die Händler sollten einen Abschlag von rund 3 Prozent auf die mit Karte beglichenen Rechnungen an American Express entrichten.

Die Karte schlug in der Öffentlichkeit erfreulich gut ein, doch American Express hatte Probleme, mit diesem schnellen Erfolg fertig zu werden. Unerfahren und schlecht gerüstet, wie die Führungsleute der Firma waren, wurden sie vom Umfang des Geschäfts einfach überrollt. Die Papierberge türmten sich. Anfragen zu allem und jedem, von einer überhöhten Inrechnungstellung bis zu verlorengegangenen Anträgen, blieben unbeantwortet.

Schlimmer noch, American Express geriet zunehmend mehr in Rückstand mit den Zahlungen an die Vertragsunternehmen. AmEx hatte sich verpflichtet, die Geschäftsleute innerhalb von zehn Tagen auszuzahlen, doch die Firma kämpfte mit Schwierigkeiten, die ausstehenden Geldbeträge einzutreiben. Anstatt die offenen Rechnungen alle dreißig Tage zu begleichen, warteten viele Karteninhaber damit drei bis sechs Monate. Als Neuling im Geschäft mit Verbraucherkrediten hatte AmEx keine Erfahrung im Umgang mit säumigen Zahlern. Reed selbst konnte der Idee, zahlungsunwillige Kunden anzumahnen, aus Angst, dadurch dem Image von AmEx zu schaden, nichts abgewinnen.

American Express verlor mit seinem Kreditkartengeschäft in den ersten beiden Jahren 4 Millionen Dollar und bis 1962 insgesamt 14 Millionen Dollar. Trotz der roten Zahlen hielt Reed weiter an der Karte fest, denn er war der Meinung, der Ruf der Firma, wie sein eigener auch, stehe auf dem Spiel.

Sein Nachfolger, Howard L. Clark, zeigte sich stärker am Gewinn als am Image interessiert. Gewandt und ehrgeizig, war Clark nach dem Krieg mit tadellosen Empfehlungsschreiben bei AmEx eingetreten. Als Absolvent von Stanford, Harvard Law und Columbia Business School arbeitete er kurze Zeit als Anwalt in der prestigeträchtigen Wall-Street-Kanzlei Sullivan & Cromwell. Daneben war Clark auch ein staatlich geprüfter Wirtschaftsprüfer.

Kurz nachdem er die Leitung der Firma übernommen hatte, begann Clark mit einer genauen Untersuchung der verschiedenen Geschäftsbereiche, um die Rentabilität eines jeden abzuschätzen. Als er sich dem Kartengeschäft zuwandte, häuften sich die Fragen. *Warum machen wir das? Warum sollte mich das interessieren? Werden wir damit jemals Geld verdienen?* Nach seinem ersten Jahr als CEO traf Clark seine erste große Entscheidung. *Weg mit der Karte.*

Die Strategie, mittels derer AmEx aus der Patsche herauskommen sollte, war keine neue Idee: Fusion mit dem alten Konkurrenten, dem Diners Club. Der Hauptkonkurrent von AmEx war weitaus effizienter. Zahlungsaus- und -eingänge hatte man dort gut im Griff. Clark meinte, eine Zusammenlegung der Kartenfirmen würde zu einem einzigen lukrativen Unternehmen führen. Doch die Anwälte von AmEx verwarfen die vorgeschlagene Fusion, nachdem sie auf Anzeichen gestoßen waren, daß das Justizministerium der Vereinigten Staaten wegen einer möglichen Monopolstellung dagegen Einwände erheben würde.

Noch mitten in seinen Versuchen, die Karte loszuwerden, beschloß Clark, er müsse etwas unternehmen, um das Ausbluten in der Kartendivision zu unterbinden. Eine Managementumbildung war angesagt, und Clark fing an, außerhalb von

AmEx nach einer Führungspersönlichkeit zu suchen, die das anhaltende Chaos im Kartengeschäft stoppen könnte. 1961 stellte er George W. Waters ein, der in späteren Jahren als »Vater der Karte« tituliert werden sollte.

Waters, damals fünfundvierzig, schien ein wenig geeigneter Kandidat zur Rettung dieses Geschäftsbereiches. Geradeheraus und unverblümt, war er das Produkt seiner Herkunft aus dem bodenständigen Mittleren Westen. Waters hatte keine blasse Ahnung vom Kreditgeschäft oder von der Tourismusbranche. Es war eher so, daß sein Vater, ein Lebensmittelhändler aus South Bend, Indiana, dem Sohn häufig Vorträge über die Übel von Krediten gehalten hatte. »Ein Mensch hat nicht das Recht, irgend etwas zu besitzen, mit Ausnahme einer Behausung, wenn er es nicht bar bezahlen kann«, pflegte er zu seinem Sohn zu sagen. Waters besaß nicht einmal eine American Express Card. »Vergessen Sie's«, hatte Waters gesagt, als er erfuhr, daß die Jahresgebühr 6 Dollar betrage.

Dennoch mochte Clark Waters' direkte Art. Ferner besaß dieser genau die Qualitäten, die im Kartengeschäft vonnöten waren. Als Betriebsdirektor bei Colonial Stores, einer Einzelhandels- und Lebensmittelkette in Atlanta, war Waters ein erfahrener Marketingmann. Und er war eine Kanone in der Datenverarbeitung – zu einer Zeit, als die meisten Firmen Computer noch wie Luxusgüter des Raumfahrtzeitalters behandelten. Waters hatte das Management-Training-Programm von IBM absolviert. Er hatte sogar während des Krieges im statistischen Kontrollzentrum der Air Force als Colonel gedient.

Im Gegensatz zu anderen Führungskräften von AmEx machte sich Waters keinerlei Gedanken, ob das Firmenimage Schaden litt, wenn man säumige Karteninhaber mahnen würde. Waters ging das Zahlungsproblem rasch an. Alle Karteninhaber erhielten Mahnschreiben, wenn ihre Rechnungen dreißig Tage, und nicht neunzig Tage, wie es sonst üblich war, überfällig waren. Mehrfach säumige Zahler ereilte die höchste Schmach. Ihre Karte wurde ungültig.

Waters beschloß außerdem, daß Karteninhaber und Vertragsunternehmen mehr Geld für den Kartenservice von AmEx zu entrichten hätten. Die Mitgliedsgebühr wurde auf zunächst 8, dann auf 10 Dollar angehoben. Was die Vertragspartner anbelangte, so fing Waters an, Schritt für Schritt das Disagio zu erhöhen, bis es bei den 5 bis 7 Prozent von Diners lag.

»Wenn man das beste Produkt hat, verkauft man es teuer«, sagte Waters zu seinen Managern. »Die Leute zahlen dafür.«

Waters begann von den AmEx-Kunden als Kartenmitglieder zu reden, nicht mehr von Karteninhabern. Über letzteres hatte er schon immer die Stirn in Falten gezogen. »Für mich war ein Karteninhaber ein Kommunist, wie ein Kommunist mit Parteiausweis!« erinnerte sich Waters. Das Wort Mitgliedschaft vermittelte der Karte zudem ein elitäres Image.

1962 fing Waters an, sich um das Geschäft mit den Fluggesellschaften zu kümmern. Zu den von Waters angebotenen Anreizen zählten unter anderem gemeinsame Werbemaßnahmen. American Express würde für die Fluglinien werben und dabei den Passagieren nahelegen, ihre Flüge mit der AmEx-Karte zu bezahlen. Das Programm wurde ein Riesenhit. Der Umsatz schoß um 70 Prozent nach oben.

Ende 1962 konnte die Karte nicht mehr als das schwarze Schaf der American-Express-Familie gelten. Die 900000 Kartenmitglieder von AmEx konnten ihre Kreditkarten an 82000 Stellen benutzen, und die Kartenfirma schrieb endlich schwarze Zahlen. Es dauerte nicht lange, und die Karte war so populär, daß Waters eine gehobenere Version anbieten konnte, zu der auch ein Kreditrahmen gehörte. »The Gold Card«, wie sie genannt wurde, galt bis 1984 als das ultimative Prestigesymbol, bis in jenem Jahr die Platinum Card aus der Taufe gehoben wurde.

Als das Kartengeschäft boomte, begann Clark stärker seiner Überzeugung Rechnung zu tragen, daß AmEx am besten durch Firmenaufkäufe wachsen würde. Er war von der Idee, eine Konzerngruppe aufzubauen, fasziniert. Dieser Gedanke genoß in den sechziger Jahren große Popularität, und Clark tat alles, ihn zu verwirklichen, obwohl er anscheinend niemals nach einem festen Plan vorging. Eine Weile besaß AmEx 25 Prozent von Donaldson, Lufkin & Jenrette, dem Wall-Street-Broker. 1968 wagte sich das Unternehmen in die Medienwelt mit dem Ankauf von *U.S. Camera,* einer Zeitschrift, die anschließend in *Travel and Leisure* umbenannt wurde. Die größte Neuerwerbung allerdings waren die Fireman's Fund Insurance Companies, die AmEx gleichfalls 1968 kaufte.

1970 hatte Clark dann genug von der Schufterei. Da er noch keinen Nachfolger aus den Reihen des Unternehmens vorzeigen konnte, hatte der Verwaltungsrat von AmEx all seine früheren Bitten, sich zurückziehen zu dürfen, einfach abgeschlagen.

Doch jetzt, nachdem Clark siebzehn Jahre lang an der Spitze gestanden hatte, lenkten die Direktoren schließlich ein. Sie verlangten lediglich, daß er einen neuen CEO finden solle.

Clark wußte, daß American Express jemanden brauchte, der jung und unverbraucht war und die muffige Führungsetage neu beleben konnte. Als patriarchalisches Unternehmen, das auch nur beim Gedanken an eine Veränderung schon zu rebellieren schien, war AmEx bevölkert von ergrauenden Führungskräften, von denen viele ihre ganze berufliche Laufbahn bei der Firma hinter sich gebracht hatten. Innovationen waren selten. Schwerfälligkeit herrschte vor.

Nachdem er alle bei AmEx großgewordenen Anwärter abgelehnt hatte, sah sich Clark außerhalb der Firma nach einem geeigneten Nachfolger um. Quer durch die Geschäftswelt klopfte er Freunde und Bekannte ab und eröffnete im stillen Jagd nach einem Talent. Es war eine inoffizielle Suche. Mittagessen, Abendessen und Cocktailparties boten eine gute Möglichkeit, Kollegen aus der Wirtschaft auszufragen. Clark wollte eine Auswahlliste von aufstrebenden Führungsleuten erstellen. Wie sich herausstellte, mußte er sich nicht lange umsehen.

Jim Robinson war Clark nicht unbekannt. AmEx war ein Kunde von Morgan Guaranty gewesen, als Robinson dort als Assistent für Tom Gates arbeitete. Mehr noch, das Verwaltungsratsmitglied von AmEx Eugene R. Black, der frühere Vorsitzende der Atlanta Federal Reserve Bank, kannte die Familie Robinson gut. Black war in seiner Kindheit mit Robinsons Vater befreundet gewesen und kannte den jungen Jim bereits seit dessen Geburt. In glühenden Farben rühmte er Clark gegenüber Robinsons Fähigkeiten. *Er ist die perfekte Wahl. Sie können es nicht besser treffen.*

Clark stimmte ihm zu, daß Robinson auf den ersten Blick geeignet schien. Und nach einigen Gesprächen, meist auf dem Golfplatz, war Clark beeindruckt. Mit seinen vierunddreißig Jahren war Robinson jung, ehrgeizig und strebsam. Und er zeigte für eine Führungskraft, die eine nur achtjährige Erfahrung vorweisen konnte, ein ungewöhnliches Maß an Reife.

Clark staunte über Robinsons Verbindungen. Der Chef von AmEx hegte die Überzeugung, daß im Geschäft allein die Kontakte zählten. Je einflußreichere Leute man kannte, desto besser ginge das Geschäft. Clark war stets bestrebt, seine Bande zu Bankiers auszubauen. Das Wohlergehen von American Express hing von der Bereitschaft der Banken ab, die Reiseschecks von AmEx zu verkaufen und den Gold Cards Kredit zu gewähren.

Im Verwaltungsrat von AmEx saßen Personen, die gleichzeitig Direktoren von vier der sechs größten Banken in New York waren – der Chase Manhattan, Chemical Bank, Bankers Trust und Manufacturers Hanover.

Dank seiner Familienkontakte und denen, die er in seiner Zeit bei Morgan geknüpft hatte, schien das Netz von Robinsons Verbindungen grenzenlos zu sein. Er kannte die leitenden Mitarbeiter in jeder wichtigen Bank von New York. Dank des CEOs von Morgan, Gates, umfaßten Robinsons weitreichende Verbindungen auch eine Reihe von Regierungsbeamten und Politikern in Washington. Gates hatte Robinson auch mit Juan Trippe, dem Chef von PanAm, bekannt gemacht, einem der größten Vertragsunternehmen von AmEx.

Robinson hatte nie eine eigene Firma geleitet. Doch in Clarks Augen glich der junge Mann das, was ihm noch an Erfahrung fehlte, mit seiner Herkunft mehr als aus. Robinson besaß die Art von Hintergrund, für die sich der auf Tradition bedachte Verwaltungsrat von AmEx sofort erwärmen würde. Clark offerierte Robinson schließlich eine Stellung. Er sagte zu ihm, eines Tages werde er in die höchste Position aufrücken. Wie lange er bis dahin warten müsse, hinge allein von ihm, Robinson, ab.

Als er 1970 bei AmEx auftauchte, war es ein offenes Geheimnis, daß Robinson für die Spitzenposition vorgesehen war. In jener Zeit konnten CEOs im allgemeinen allein entscheiden, wenn es darum ging, einen Nachfolger auszusuchen. Ausschüsse zur Kandidatenwahl, Headhunter und offene Diskussionen innerhalb der Spitzenränge waren nicht üblich. Der Verwaltungsrat von AmEx würde mit Sicherheit nichts dagegen einzuwenden haben. Black deutete Robinson an, daß Clarks Job am Ende der seine sein werde.

»Bauen Sie keinen Mist«, warnte er ihn.

Clark hatte bereits einen Maßnahmenkatalog aufgestellt, mit dem er Robinson zum Nachfolger machen wollte. Es war eine Art Schnell-Trainingsprogramm, das Robinson ein tieferes Verständnis für die Firma vermitteln sollte, während er in leitenden Funktionen nach oben befördert würde.

Zuerst war ein zweijähriger Aufenthalt in der kleinen Abteilung für Bankgeschäfte von AmEx angesagt. Dann schob Clark

Waters zur Seite, damit Robinson Platz bei TRS bekam. Waters erklärte sich widerstrebend bereit, nicht zu kündigen.

Vom Start weg war Robinson unermüdlich. Aber er war nicht gewillt, Unruhe zu schaffen. Das Letzte, das sich Robinson wünschte, war, den Verwaltungsrat mit drastischen Veränderungen in Unruhe zu versetzen.

Nichtsdestotrotz glaubte er, daß er die Marketingabteilung umbesetzen und das Merchandising bei American Express viel stärker in den Vordergrund stellen müßte. Unter Clarks Führung war die Karte zum großen Teil durch Leistung und Reputation allgemein bekannt geworden. Aber man hatte nur wenig unternommen, Kunden für die Karte zu werben. Als Robinson 1972 TRS übernahm, zählte die Marketingabteilung für die Karte fünfzehn Mann und hatte ein Budget von nur 4 Millionen Dollar.

In der Unternehmenskultur von AmEx galt Marketing als Domäne von Supermarktketten und einzelnen Waren. Die Werbespots im Fernsehen priesen Getreideprodukte und Suppen an. Clark hatte mit Kundenwerbung nie etwas anzufangen gewußt.

»Ein Wal, der sich an der Oberfläche zeigt, wird am Ende harpuniert«, pflegte er zu seinen Untergebenen zu sagen.

Robinson dachte da anders. Image hatte ihm in seinem eigenen Leben schon immer viel bedeutet, ein Erbe seiner quasi aristokratischen Herkunft. Für eine Firma, die sich anschickte, zu einer der größten auf dem Verbrauchersektor zu werden, war es von entscheidender Bedeutung, wie sie sich in der Öffentlichkeit präsentierte.

»Ich will, daß wir wie Werbeleute denken«, sagte Robinson, womit er wieder einmal seine Vorliebe für Schlagworte bewies. »Hauchen wir diesen Produkten Leben ein.«

Robinson wandte sich an Aldo Papone um Hilfe. Als Topwerbemann bei R. H. Macy's war Papone eine eigenartige Neuerwerbung für den AmEx-Stab. Ein Kollege bezeichnete ihn als »völlig unpassend für die Firma«. Extravagant, doch von sympathischem Äußeren, liebte er grelle Krawatten und helle farbige Anzüge – ein völliger Kontrast zu den uniformen Nadelstreifen bei AmEx. Aber er besaß Verkaufstalent.

»Er konnte seinen Finger in die Luft strecken und dir dann sagen, was sich verkaufen würde«, erinnerte sich ein Kollege bei AmEx.

Eines seiner ersten Projekte, nachdem er als Leiter des Tourismusbereichs zu American Express gestoßen war, bestand darin, die überseeischen Büros von AmEx aufzumöbeln. Papone überredete Robinson, einen Designer und einen Architekten zu beauftragen. Bald wurden viele Büros ausgeräumt. Treppen wurden durch Aufzüge ersetzt. An die Stelle von Schreibtische traten Tresen. Und die Mitarbeiter von AmEx mußten von nun an stehen, die Kunden einzeln begrüßen und sie so schnell wie möglich bedienen.

Nicht jede von Papones vielen Ideen war brillant. Ein erster Plan, die Mitarbeiter von AmEx mit Uniform, wie das Bodenpersonal der Fluggesellschaften sie tragen, auszustatten, wurde fallengelassen, als die Mitarbeiter blockten. Später rückte Papone mit der Idee heraus, für die Rundfunkwerbung als Themamelodie ein altes Negerspiritual zu verwenden. Die »I Got the Whole World in My Hands«-Kampagne ging nur ein einziges Mal über den Äther. Sie wurde gestoppt, nachdem Bürgerrechtsgruppen dagegen protestiert hatten.

Dennoch war Robinson mit Hilfe von Papone langsam in der Lage, die Ansichten bei AmEx zu ändern. Die Werbung wurde von grundlegender Bedeutung. 1976 begann American Express ernsthaft mit der Fernsehwerbung. Dank der kreativen Talente in der Werbeagentur von AmEx, Ogilvy & Mather, gelangte die »Do You Know Me?«-Kampagne in den späten siebziger und frühen achtziger Jahren zu legendärer Berühmtheit.

Im Mittelpunkt der zweiundsechzig Sekunden langen Spots stand eine prominente Persönlichkeit, deren Aussehen weithin unbekannt war, und die die Vorteile der Karte erklärte, erzählte, wie lange er oder sie schon Mitglied sei und mit dem Satz endete: »Do You Know Me?« Die Antwort folgte in den abschließenden fünf Sekunden, wenn der Name der Person am unteren Rand einer grünen American-Express-Karte erschien.

Die Kampagne war nicht nur ein Erfolg in der Öffentlichkeit, sondern auch bei den Berühmtheiten. Diese erhielten zwar nur 15 000 Dollar für ihren Auftritt, doch die Anwärter standen Schlange. Der Sänger Julio Iglesias schrieb American Express sogar einen Brief, in dem er um einen Werbeauftritt bat. Das solle, so erklärte er, ein entscheidender Teil seiner Publicity-Kampagne in den Vereinigten Staaten werden. AmEx lehnte ihn ab, da man meinte, sein Name sei nicht ausreichend bekannt. Der denkwürdigste Auftritt war der von William

Miller, der im Präsidentschaftswahlkampf von Barry Goldwater im Jahr 1964 als Vizepräsident kandidierte. Millers Name war zwar bekannt, doch sein Gesicht konnte praktisch niemand identifizieren.

Eine andere frühe Kampagne von Ogilvy & Mather war »Don't Leave Home Without It«, die 1975 ausgebrütet worden war. In jener Zeit stand Robinson kurz davor, sich von O & M zu trennen. Doch er beschloß, der Agentur noch eine letzte Chance zu geben, wenn sie eine neue Kampagne entwickelte, die eine »Synergie-Zeile« besäße, einen Slogan, der auf alle Geschäftsfelder von AmEx paßte.

Innerhalb von zwei Wochen erdachte Ogilvy den Satz, der zum Synonym der American-Express-Karte werden sollte. »Don't Leave Home Without It.« Karl Malden, berühmt geworden durch seine Rolle als Detektiv in der Fernsehserie *Die Straßen von San Francisco*, sollte später die Version für die Reiseschecks populär machen: »Don't Leave Home Without Them.« Bei AmEx machte der Witz die Runde, Malden verkaufe Angst besser als jedermann sonst.

Und was sich für AmEx noch vorteilhafter erwies, die Konkurrenz war schwach. In den späten fünfziger Jahren hatten die Banken Kreditkarten eingeführt. Sie unterschieden sich von den durch Diners Club und American Express vertriebenen Karten insofern, als sie die Möglichkeit einer längeren Zahlungsfrist boten. Doch diese einzelnen Bankenkarten waren regional begrenzt.

1965 versuchte die Bank of America eine landesweite Karte unters Volk zu bringen, indem sie Lizenz- und Zahlungsvereinbarungen mit außerhalb des Bundesstaates gelegenen Banken schloß. Im darauffolgenden Jahr schlossen sich vierzehn Banken aus dem Osten zur Interbank zusammen, einem Verrechnungssystem für Kreditkarten. Die Vereinigung erwarb später Master Charge, ein ähnliches Programm aus Kalifornien.

Ende 1969 offerierten insgesamt 1207 Banken entweder die BankAmericard, die später zwecks Steigerung der Attraktivität des Markennamens in Visa umbenannt wurde, oder Master Charge, die spätere MasterCard. Doch in den siebziger Jahren stiegen die Zuwachsraten nur langsam. Zwischenstaatliche Bankbestimmungen erlegten den Banken strenge Beschränkung auf, und nur wenige Banken waren bei den Verbrauchern landesweit bekannt.

1977 startete die Citibank ihre erste nationale Kampagne und versandte auf dem Postweg an zwanzig Millionen Haushalte ein Werbeschreiben. Doch bald wurde offensichtlich, daß neue Kartenbesitzer wenig Skrupel hatten, Rechnungen von einer Bank zu ignorieren, die außerhalb von New York und Umgebung kaum bekannt war. Die Bank verlor am Ende in den nächsten drei Jahren mehr als 500 Millionen Dollar. Schließlich entwickelte die Citibank eine raffinierte Marketing-Strategie, mit der sie im Kartengeschäft die Wende einzuleiten vermochte. Die Citibank erstand später Carte Blanche wie auch den Diners Club.

1977 bezog Robinson das Büro des Vorsitzenden im American Express Tower in Lower-Manhattan. Da Robinson bereits seit Jahren im Hintergrund gewartet hatte, vollzog sich seine Machtübernahme mit wenig großem Tamtam. Die Firma, die er übernahm, war in recht guter Verfassung. Die American-Express-Karte hatte sich als die führende sogenannte Travel-and-Entertainment-Karte etabliert. Die Anzahl der Mitglieder belief sich auf 8 Millionen. Die Karte wurde weltweit von mehr als einer Million Vertragsunternehmen akzeptiert. Und die Gewinne aus dem Kreditkartengeschäft stiegen mit einer jährlichen Zuwachsrate von 15 Prozent. Die Nettoeinkünfte aus der Karte erreichten 1977 mit 70 Millionen Dollar ein Rekordergebnis.

Die große Frage, vor der die Mitglieder des Verwaltungsrats nun standen, war die, ob ihr neuer CEO mit seinem jungenhaften Gesicht und seinen erst einundvierzig Jahren Clarks eindrucksvolle Leistung würde wiederholen können. Tatsächlich wurden Robinson anläßlich der Verabschiedungsparty von Clark ein Paar übergroße Schuhe als Gag überreicht, die angeblich seinem alten Chef gehören sollten.

Von Anfang an war Robinson klar, daß er die Skeptiker im Verwaltungsrat nur mit einem florierenden Kartengeschäft würde überzeugen können. Um das Wachstum der Karte aufrechtzuerhalten, wandte sich Robinson an Louis V. Gerstner Jr. Stämmig und mit kantigem Kinn, besaß Gerstner den ganzen Charme eines Rekrutenausbilders. Außerhalb des Büros war er ein hingebungsvoller Familienvater und gläubiger Katholik. Während der Arbeitszeit war er hart und kompromißlos. Er bellte seine Anweisungen heraus und erwartete, daß sie sofort ausgeführt würden.

Als Absolvent von Dartmouth und der Harvard Business School hatte Gerstner zwölf Jahre bei McKinsey & Company gearbeitet, einer Unternehmensberatung. Robinson hatte Gerstner kennengelernt, als dieser für eine Marketing-Kampagne 1975 zu American Express kam. Wie Robinson auch, war Gerstner ein großer Verfechter des Merchandising. Doch er unterstützte seine Ansichten im Marketingbereich mit Diagrammen und Statistiken.

Robinson fühlte sich in seinem neuen Job größtenteils wohl, doch er hegte nagenden Zweifel an den Zukunftsaussichten der Karte. Das Produkt gab es nun bereits seit beinahe zwanzig Jahren. Bei American Express begannen die Spitzenleute vom Phänomen des Plastikgelds sogar als einem ausgereizten Geschäft zu reden. Im Laufe der Jahre verstärkten sich Robinsons Befürchtungen noch. Die Bankkarten-Vereinigungen wurden dreister. Nachdem sie sich jahrelang um Verbraucher mit mittlerem Einkommen bemüht hatten, faßten sie nun die elitäre Klientel von AmEx ins Auge. »Wir nehmen den Markt von American Express voll ins Visier«, teilte Dee Hock, der rundliche Präsident von Visa, in einem Interview 1978 mit.

Die Aussichten für die Reiseschecks waren auch nicht besser. Citicorp und BankAmerica machten mit ihren eigenen Schecks viel Boden gut. Falls die Bankkarten-Vereinigungen Erfolg hatten, fürchteten die Manager von TRS, könnten sich Mitgliedsbanken weigern, die Reiseschecks von American Express zu verkaufen.

Robinson allerdings hatte eine Strategie, um American Express aus der Schußlinie zu halten: Wachstum durch Firmenaufkäufe.

4

Expansionsfieber

Jahrelang hatten AmEx-Manager die Notwendigkeit gepredigt, neben der Karte, den Reiseschecks und dem Verkauf von Versicherungen eine weitere Einkommensquelle zu finden. Bei American Express sprach man vom »vierten Standbein«. Ein neues Geschäftsfeld würde nicht nur die Gewinne von AmEx steigern, es würde auch die Firma in schlechten Zeiten schützen, da deren Einkünfte auf verschiedene Bereiche aufgeteilt wären.

Alle unterstützten die Strategie. Selbst Howard Clark sprach von der Notwendigkeit eines weiteren Standbeines. Wie dieses Ziel jedoch zu erreichen sei, darüber wurde häufig in den oberen Rängen bei AmEx diskutiert. Eine Fraktion glaubte an ein evolutionäres Vorgehen, also den schrittweisen Ausbau von innen heraus durch neue Produkte. Andere, die sich noch an die hohen Anlaufkosten für die Karte erinnerten, wollten ein Unternehmen kaufen.

Aus seinen Tagen als Fachmann für Spekulationsgeschäfte bei White Weld wußte Robinson aus erster Hand, welchen Aufwand und welche Risiken der Aufbau eines neuen Geschäftes mit sich brachte. Was noch stärker wirkte: Er war ungeduldig, wollte schnelles Wachstum. Seit er 1977 an die Stelle Clarks getreten war, wollte er American Express zu einem Giganten formen, zu einem internationalen Unternehmen auf einer Stufe mit der Ford Motor Company oder General Electric. »Ich will eine Weltfirma«, sagte er zu seinen Mitarbeitern.

Nicht weniger bedeutsam war die Tatsache, daß der junge CEO von AmEx eifrig bestrebt war, der Firma seinen eigenen Stempel aufzudrücken. Die Clark-Jahre waren vorbei. Die Ära Robinson hatte begonnen. »Robinson wollte Howard Clark allgemein vergessen machen«, erinnerte sich einer der Berater Robinsons.

Clarks frühere Versuche, AmEx in eine Konzerngruppe umzuformen, waren schlecht geplant gewesen und kläglich verlaufen. Dennoch war es nicht einfach, in seiner Geschäftsführung einen schwerwiegenden Fehler auszumachen. Clark war bei American Express zur Legende geworden. In den siebzehn Jahren unter seiner Leitung wuchsen die Gewinne von AmEx in einer geraden Linie von 7,1 Millionen Dollar im Jahr 1960 auf zuletzt 194 Millionen Dollar. Die Aktiva hatten sich bis 1977 nahezu um das Elffache auf 10,4 Milliarden Dollar erhöht. Für Robinson würde es schwer werden, mit dieser Leistung gleichzuziehen.

Am einfachsten und preiswertesten konnte Robinson Clarks Leistung fortführen und sogar übertrumpfen durch den Kauf von Firmen. In den späten siebziger Jahren, lange bevor dies an der Wall Street noch zur Mode wurde, setzte Robinson AmEx auf Akquisitionen.

Kurz nachdem er CEO geworden war, rief Robinson bei American Express die Abteilung für Strategien und Neuerwerbungen ins Leben. Er berief zu deren Leiter Roger H. Morley und wies diesen an, eine Liste möglicher Übernahmekandidaten aufzustellen.

Morley war 1974 von Clark eingestellt worden. Als ehemaliger geschäftsführender Vizepräsident des Finanz- und Rechnungswesens bei Gould Inc. kam Morley ins Spiel, als sich der Verwaltungsrat beschwerte, man wolle eine größere Auswahl an Kandidaten für Clarks Nachfolge. Von Anbeginn an hatte Morley allerdings kaum eine Chance, Robinson ernsthaft den Rang streitig zu machen. Er war nicht sehr redegewandt, häufig erkennbar nervös. Außerdem war er Kettenraucher, und immer, wenn Morley vor dem Verwaltungsrat sprach, rutschte er auf seinem Stuhl hin und her.

Selbst Morley merkte, daß er als Außenseiter ins Rennen ging. Nach dem Auftauchen Robinsons ließ Morley diesem deshalb volle Unterstützung angedeihen. Bei Strategiesitzungen ergriff er häufig Partei für Robinson. Als Belohnung für seine Loyalität erkor Robinson später Morley zu seinem Nachfolger als AmEx-Präsident.

»Synergie« war ein Lieblingswort von Robinson. Jede Neuerwerbung sollte dem Stammgeschäft von AmEx, der Karte, neue Marketingwege öffnen oder neue Kunden zuführen. Wie sich herausstellte, war Robinson eher ein Opportunist denn ein Stratege. Er zog alle nur möglichen Ziele in Betracht, entwickelte ein Geschick dafür, Synergie noch an den seltsamsten Stellen aufzuspüren. Und je größer das Ziel war, desto besser.

»Größe ist nicht abschreckend«, sagte er 1977 in einem Interview. »Für jede Fusion ist eine Menge Arbeit nötig. Wenn man also an eine neue Einkommensquelle denkt, kann man auch gleich in großen Dimensionen denken.«

1975, als er noch TRS leitete, befürwortete Robinson sogar den Plan, seine Lieblingsfirma aus seiner Heimatstadt, Coca-Cola, aufzukaufen. Er rief einen höchst geheimen Stab zusammen, der die notwendigen Zahlen beibringen sollte. Coke erhielt den Codenamen Rot. AmEx war Blau. Am Ende mußte man die Idee fallenlassen, nachdem Clark dazwischengegangen war. Der Chef von AmEx war, was Firmenaufkäufe anbelangte, längst nicht so ehrgeizig wie Robinson.

Als er CEO wurde, verfolgte Robinson eine bestimmte Übernahmestrategie. In seinen ersten neun Monaten als CEO stürzte sich Robinson auf den Book-of-the-Month Club, die Philadelphia Life Insurance Co. und auf die Walt Disney Productions. All diese Unternehmungen schlugen fehl.

Für die ersten zwei gab Robinson zu niedrige Gebote ab. Disney war allerdings eine andere Geschichte und ganz besonders enttäuschend für Robinson. Bereits seit er 1974 die Leitung von TRS übernommen hatte, war er stets auf eine irgendwie geartete Allianz mit Disney aus gewesen.

Disney hatte ein gutes, gesundes Image, und seine Vergnügungsparks in Kalifornien und später in Florida machten den Namen Disney zu einer Spitzenattraktion für Touristen. Es gab eine Zeit, da wollte Robinson sogar im Epcot Center von Disney einen AmEx-Pavillon errichten. Andere Großunternehmen wie IBM und General Motors hatten Pläne für eigene Ausstellungsobjekte. Er setzte Clark unter Druck. *Wir müssen enger an Disney herankommen. Deren Image ist mit dem unseren vergleichbar.*

Clark wies Robinson jedoch ab. Er war von dem Aufbau eines Images nicht so besessen. Doch Robinson gab seine Pläne bezüglich Disney nie auf. Er war soeben erst zum CEO ernannt worden, da verfolgte Robinson schon von neuem seine Strategie. Er sprach offen davon, Disney zu kaufen. 1977 trafen sich Robinson, Morley und Clark, der zu jenem Zeitpunkt seinen Widerstand fallengelassen hatte, mit dem Vorsitzenden von Disney, mit Donn Tatum, in Los Angeles. Gleich in der ersten halben Stunde stellte Tatum klar, daß er nicht daran interessiert sei, seine Firma aufgekauft zu sehen oder auch nur mit American Express Geschäfte zu machen. Zu jener Zeit erging sich die Wirtschaftspresse in Spekulationen, daß der einundsechzigjährige Tatum bei dem Gedanken, für den jungen und unerfahrenen Robinson, der damals gerade einundvierzig Jahre alt war, zu arbeiten, in Wut geriete.

Im Dezember 1977 leitete Robinson AmEx seit neun Monaten, doch hinsichtlich seiner Akquisitionsstrategie konnte er nur wenig vorweisen. Peinlich berührt fing er an, öffentlich von seiner Strategie Abstand zu nehmen. »Es ist wohl eher der geeignete Zeitpunkt, sich auf das eigene Haus zu konzentrieren«, sinnierte Robinson. Morley sprang rasch dem Chef zur Seite. »Wir haben keinen zwingenden Grund, Firmen zu erwerben«, sagte Morley in einem Interview.

Nicht einmal sechs Monate danach stießen Robinson und Morley jedoch auf ein neues Objekt: McGraw-Hill Inc. Das New Yorker Verlagshaus war ein Riese auf dem Gebiet der Informationsdienstleistung. Zu seinem Imperium gehörten vier Fernsehsender, die Rating-Agentur Standard and Poor's und F. W. Dodge, eine Firma, die Daten für die Baubranche aufbereitete. Und was die Publikationen betraf, so besaß McGraw-Hill sechzig Wirtschaftmagazine und Branchenzeitungen sowie *Business Week*, das Flaggschiff des Unternehmens im Bereich der Printmedien.

Robinson argumentierte, McGraw-Hill würde sich bruchlos in das expandierende Geschäft mit Informationstechnologien von AmEx einfügen. 1978 hatte American Express eines der besten und raffiniertesten Informatiknetze in der Welt, mit dem es das Kartengeschäft abwickelte. Andere fanden dieses Argument von Robinson an den Haaren herbeigezogen. Viele Führungskräfte bei AmEx und zahlreiche Wirtschaftsbeobachter an der Wall Street sahen es als verzweifelten Wunsch Robinsons nach einer Firmenübernahme.

Es schien eine sichere Sache, die schnell und schmerzlos über die Bühne gehen sollte. Morley saß im Verwaltungsrat von McGraw-Hill. Und Robinsons Gegenspieler, der CEO bei McGraw-Hill, Harold McGraw Jr., wurde von vielen an der Wall Street als behäbig eingestuft. Und wenn es hart auf hart kam, dann war Robinson angesichts des schlechten Klimas innerhalb der McGraw-Familie im Vorteil. 1977 hatte Harold, der mehr als

3 Prozent Firmenanteile besaß, seinen Cousin Donald, dem 2 Prozent gehörten, ausgebootet. 1978 ging ein weiterer Cousin, John. Auch dieser hatte 2 Prozent der Anteile in seinem Besitz. An der Wall Street wurde das Gerücht laut, Familienangehörige seien an einem Verkauf interessiert.

Robinson rief im Sommer 1978 Harold an und schlug ihm eine Übernahme im guten Einvernehmen vor. Was dabei wirklich besprochen wurde, bleibt allerdings im ungewissen. McGraw behauptete später, er habe Robinson mitgeteilt, er werde das Angebot überdenken, vorausgesetzt, der CEO von AmEx werde an seinem Übernahmeplan nicht weiter festhalten, wenn die Antwort ablehnend ausfalle. Robinson habe dieser Bedingung zugestimmt, beharrte McGraw später. Einige Tage später schlug der Chef von McGraw das Angebot aus. Robinson jedoch stritt ab, daß er jemals irgendwelche derartigen Zusicherungen abgegeben habe. Mehr noch, er bestand später darauf, daß McGraw angedeutet habe, er würde ein öffentliches Angebot gutheißen.

Was auch immer abgesprochen wurde, Robinson ließ sich nicht von seinem eingeschlagenen Weg abbringen. Im folgenden Oktober stellte er eine Übernahmemannschaft zusammen, zu der er selbst, Morley, mehrere Verwaltungsratsmitglieder und zwei Investmentbankers gehörten. Felix Rohatyn, der Star von Lazard Frères, war der eine. Der andere war Howard Clark Jr. von Blythe Eastman Dillon. Robinson hatte gehofft, er könne durch Einbeziehung von Clarks Sohn jede Einmischung seitens des früheren AmEx-CEO unterbinden.

Robinson war so zuversichtlich, daß diese Übernahme von Erfolg gekrönt sein würde, daß er sogar auf die Einschaltung von Rechtsanwälten verzichtete, als er sein Gebot abgab. Am 8. Januar 1979 warteten er und Morley vor dem Büro von McGraw im neunundvierzigsten Stockwerk des McGraw-Hill Building beim Rockefeller Center, um den Verleger in Kenntnis zu setzen. Sie fingen ihn ab, als er gerade von einer Firmenfeier anläßlich der Rekordgewinne von McGraw-Hill im Jahr 1978 zurückkehrte.

»Wir haben hier etwas für Sie, Howard«, sagte Morley, während Robinson ihm einen kleinen weißen Umschlag in die Hand drückte.

Ein paar Minuten danach las McGraw in seinem Büro den Vorschlag ganz genau durch. American Express bot 830 Millionen Dollar oder 34 Dollar pro Aktie für sein Unternehmen. Zu jenem Zeitpunkt wurde die Aktie mit 25,75 Dollar gehandelt. Robinson war sogar bereit, bis zu 49 Prozent der frei gehandelten Aktien von McGraw-Hill bar zu bezahlen. Der Rest würde in Form von Anteilen an American Express beglichen.

Und wieder gehen die Äußerungen beider Seiten über das, was folgte, auseinander. Robinson sagte, McGraw habe mit ihnen reden wollen, und sie seien fünfundvierzig Minuten dort geblieben. Zu keiner Zeit habe er irgendwelche Einwände laut werden lassen, beharrten sie später. Dem stimmte McGraw nicht zu. Er sagte, er habe sich im Schockzustand befunden und die beiden gewarnt, sie hätten sich auf einen Kampf einzurichten, falls sie die Übernahme weiter verfolgten.

Ganz gleichgültig, was passierte, am nächsten Tag marschierte McGraw quer durch die Stadt zu dem Büro von Wachtell, Lipton, Rosen & Katz an der Park Avenue. Dort heuerte er Martin Lipton an, den Pionier in Sachen Übernahmeabwehr. Dieser wiederum holte sich Morgan Stanley and Company Inc. und die PR-Firma Kekst and Company, die sich um die Öffentlichkeitsarbeit kümmern sollte. McGraws Verteidigungslinie war ehrfurchtgebietend und aggressiv.

Noch vor Ablauf einer Woche hatte das Team von McGraw seine giftige Kampagne entwickelt. Lipton forderte die Federal Communications Commission (Bundes-Kommunikationsausschuß) auf, die Übernahme hinauszuziehen, bis sie entscheiden könne, ob AmEx das Recht besaß, Fernsehsender zu besitzen. Er reichte sogar beim New York Supreme Court Klage ein, daß Morley, der mittlerweile als trojanisches Pferd für American Express fungierte, die Gesetze über Insiderhandel verletzt habe, da er dem Verwaltungsrat von McGraw-Hill angehört habe. Lipton überredete sogar den Bankenausschuß des Kongresses, Firmenaufkäufe zu untersuchen, die dem öffentlichen Interesse zuwiderlaufen könnten. Es war kein Geheimnis, daß dabei American Express im Mittelpunkt stehen würde.

Es kam noch schlimmer für Robinson. McGraw-Hill behauptete in ganzseitigen Anzeigen, die in den führenden überregionalen Tageszeitungen des Landes erschienen, Morley habe das Vertrauen der Öffentlichkeit mißbraucht, da er im Verwaltungsrat von McGraw-Hill gesessen habe. Die Anzeige zog darüber hinaus die Ehrenhaftigkeit des Reisescheckgeschäfts in Frage, da AmEx auf Guthaben von Kunden keine Zinsen zahlte.

Die Kampagne erweckte die Diskussion, ob American Express mit dem Boykott der Araber gegen Israel gemeinsame Sache gemacht habe, als die Firma 1956 ihr Büro in Tel Aviv schloß, zu neuem Leben.

Schließlich stellte der Verlag die Gewissensfrage, ob AmEx *Business Week* kontrollieren dürfe. Wie könne ein Unternehmen, das möglicherweise Gegenstand von Artikeln in *Business Week* wäre, objektiv die Zeitschrift leiten? Andere Leute aus der Medienwelt zeigten sich ähnlich reserviert und schlossen sich einer Art landesweiter »AmEx-Jagd« an. Publikationen vom *Christian Science Monitor* bis zum *Advertising Age* veröffentlichten Leitartikel, die gegen den Übernahmeversuch seitens AmEx Stellung bezogen.

Robinson verschlug es aufgrund des giftigen Angriffs von McGraw die Sprache. Bei AmEx nannte man dieses Vorgehen Harolds »Politik der verbrannten Erde«. Trotzdem meinte Robinson reagieren zu müssen. In Wall Street wurde bereits davon gesprochen, daß Robinson nicht das Talent oder die Härte besitze, eine Firmenübernahme zuwege zu bringen. Eine sofortige Kapitulation wäre zu demütigend gewesen.

Der CEO von AmEx setzte zum Gegenschlag an. Er versprach, *Business Week* und die anderen Publikationen von McGraw-Hill vor jeder Einmischung zu schützen. AmEx verklagte McGraw-Hill ferner wegen Verleumdung, doch zu diesem Zeitpunkt war der Schaden bereits angerichtet. Die Integrität von AmEx hatte Flecken bekommen.

Als Schlußpunkt beschloß Robinson, sein Gebot auf 40 Dollar je Aktie zu erhöhen. Dem Vorstand von McGraw-Hill wurden dreißig Tage Zeit für eine Antwort gegeben. Wenn dieser das Angebot ablehne, war Robinson bereit, die Schlacht zu beenden. Viele an der Wall Street verstanden diesen Schritt als schlichte Kapitulation. Die Offerte von 40 Dollar wurde noch immer als niedrig eingeschätzt. Und tatsächlich lehnte der Verwaltungsrat von McGraw-Hill ab.

Da das Image seiner Firma unter Beschuß stand, trat Robinson eiligst den Rückzug an. Doch die Episode mit McGraw-Hill war für den jungen CEO von AmEx bei weitem noch nicht ausgestanden. Verwaltungsratsmitglieder von AmEx äußerten offen Zweifel an den Fähigkeiten Robinsons. Bei AmEx sprach man sogar davon, daß Robinsons Tage gezählt seien.

Die Verwaltungsratsmitglieder Ted Etherington, vormals

Leiter der amerikanischen Börse, und Exxon-Chef Rawleigh Water kochten vor Wut. Das Mißfallen, das in ihrer Kritik zum Ausdruck kam, war gnadenlos. *Wir standen da wie die Idioten. Sie haben uns lächerlich gemacht. So etwas ist noch nie vorgekommen.*

Von allen Mitgliedern des Verwaltungsrats am meisten enttäuscht war Howard Clark. Er hatte Robinson wegen dessen Reife und Erziehung selbst ausgewählt. Doch hier stand nun sein junger Nachfolger und schädigte das Firmenimage mit einem schlecht vorbereiteten Plan. Wenige Tage nach der Ablehnung des Gebots besuchte er Robinson privat.

»Jim, Sie hätten es wissen müssen«, wies Clark Robinson zurecht. »Wir standen wie Amateure da. Wo blieb die Vorbereitung?«

Dennoch war Clark nicht gewillt, Robinson zum Rücktritt zu bewegen. Es fehlte an einem geeigneten Ersatz. Er hatte Robinson sieben Jahre lang auf den Spitzenjob vorbereitet, und er selbst hatte keinerlei Lust zurückzukehren. Der Verwaltungsrat pflichtete dem bei. Ein Rücktritt hätte nur noch mehr negative Publicity erzeugt.

Als Leiter der Akquisitionsabteilung und Robinsons Weichensteller bei dem Übernahmeunterfangen befand sich Morley in einer höchst mißlichen Lage.

Schließlich beschloß Morley zurückzutreten. Jede Hoffnung, woanders eine vergleichbare Position zu erhalten, war dahin. Er zog sich nach Südfrankreich ins Privatleben zurück.

Gedemütigt, doch wie eh und je erpicht darauf, AmEx zu vergrößern, versuchte es Robinson mehrere Monate später im Sommer 1979 mit einer neuen Taktik. Er entschied sich für eine Partnerschaft mit Warner Communications. Warner versuchte gerade, ein landesweites Kabelfernsehen aufzubauen. Die Firma brauchte genauso verzweifelt Bargeld, wie Robinson eine Firma suchte.

Die Allianz ging auf den Vorschlag von Felix Rohatyn zurück. Er wußte, daß Warner für den Aufbau seines Kabelimperiums Kapital benötigte. Und er wußte ferner, daß Robinson auf ein »freundliches« Geschäft scharf war, mit dem er die bitteren Erinnerungen an McGraw-Hill verwischen könnte.

Obwohl Rohatyn während des McGraw-Hill-Fiaskos Robinson als Berater zur Seite gestanden hatte, hatte der CEO von AmEx noch immer Achtung vor dem bekanntesten Partner von

Lazard Frères, dem Heroen, der mithalf, New York City vor dem Bankrott zu bewahren.

Robinson wußte nur wenig über Warner Communications oder dessen extravaganten CEO Steven J. Ross.

»Ist er nicht so ein Rock-'n'-Roll-Kerl?« fragte Robinson Rohatyn spöttelnd.

»Sie müssen ihn kennenlernen, Jim«, meinte Rohatyn. »Er hat eine Menge interessanter Marketingideen. Vielleicht fällt ihm sogar etwas zur Karte ein.«

Als Robinson schließlich zwei Wochen später mit Ross zum Lunch im Club 21 zusammentraf, war er tatsächlich fasziniert von dessen Plänen. Obwohl viele Untergebene von Robinson bezweifelten, daß es strategisch klug sei, sich mit der Kabel-TV-Firma zu verbinden, überzeugte Ross Robinson davon, daß das Kabelfernsehen lediglich den ersten Schritt bei einer Revolution auf dem Gebiet der Informationstechnik darstelle.

Robinson war vor allem auf Qube scharf, das Zwei-Wege-Kabelsystem von Warner, mit dem eines Tages Abonnenten einkaufen, Reisebuchungen vornehmen und selbst Bankgeschäfte von zu Hause aus erledigen könnten.

Das System war geradezu maßgeschneidert für das Kartengeschäft von AmEx, denn die Verbraucher würden nicht bar oder mit Scheck bezahlen können. Robinson konnte seine Begeisterung kaum verbergen.

»Das ist die Zukunft, Jim«, sagte Ross zu Robinson. »Gemeinsam können wir an der Spitze einer neuen Technologie stehen.«

Nach diesem ersten Treffen mit Ross redete Robinson fortwährend über die Zukunftsperspektive von Ross, sein »Electronic Cottage« oder Elektronisches Heim. »Wir werden ganz vorne sein«, sagte Robinson zu seinen Mitarbeitern, womit er die optimistische Voraussage von Ross wiederholte.

Viele Führungskräfte von AmEx reagierten weniger euphorisch. Sie waren sich nicht sicher, ob Robinson von der beweiskräftigen Logik von Ross verführt oder nur durch das Showtalent des Warner-CEOs geblendet worden war. Modisch und extravagant, war Ross so etwas wie ein Unternehmenshybride, zum Teil Geschäftsmann, zum Teil Filmmogul. Sein Lebensstil war Hollywood in Reinform. Ross zählte Clint Eastwood, Charly Simon, Barbra Streisand und Robert Redford zu seinen Freunden.

Seine berufliche Karriere war genauso auffällig. Als es im November 1979 Zeit wurde, die abschließenden Verträge mit Robinson zu unterzeichnen und die Warner-AmEx Cable Communications Inc. ins Leben zu rufen, flog Ross mit dem Hubschrauber von Midtown zur Wall Street. Mit einem Taxi hätte er die drei Meilen in der Hälfte der Zeit zurückgelegt.

Manchen Verwaltungsratsmitgliedern von AmEx war bei Ross nicht wohl. Warner hatte einmal einen Anteil am Westchester Premier Theater besessen, einem Dinner-Theater am Stadtrand, gegen das wegen angeblicher Verbindungen zum organisierten Verbrechen ermittelt wurde. Der Verwaltungsrat von American Express scheute vor jeder Art von schlechtem Ruf zurück.

Doch Ross freute sich über die Kooperation. Die Finanzkraft und der prestigeträchtige Name von AmEx erwiesen sich als unschätzbare Pluspunkte in den blutigen Lizenzkriegen zu Anfang der achtziger Jahre.

»Der Gedanke, das Finanzwesen mit der Unterhaltung zu verknüpfen, hätte es jeder Stadt oder jedem Bundesstaat schwer gemacht, uns abzulehnen«, erinnerte sich Ross. »AmEx vermittelte uns einen phantastischen Namen und sofortige Glaubwürdigkeit. Wir gewannen die Schlacht um Kabelverträge in Queens, Brooklyn, Houston, Dallas – überall im Land.«

Von noch größerer Bedeutung: Ross behielt die Kontrolle. Robinson mischte sich nur selten ein. Da er kaum etwas vom Kabelfernsehen oder Unterhaltungsgeschäft verstand, stimmte er den meisten großen Entscheidungen von Ross zu. »Ross wußte, wie man mit den Leuten von American Express umgeht. Jedesmal, wenn sie kamen, hatte er zahlreiche Berühmtheiten an der Hand«, erinnerte sich später eine Führungskraft von Warner-AmEx.

AmEx steckte für seinen Anteil in Höhe von 50 Prozent 175 Millionen Dollar in die neue Firma Warner-AmEx. In den kommenden Jahren wurde das von vielen AmEx-Kennern als idiotische Investition bezeichnet. Doch ihr Chef sah das anders. Er glaubte an Ross und dessen Theorien. Es war die Lösung für sein Dilemma mit der Karte. Ja noch besser, dadurch konnte er die bitteren Erinnerungen an den mißglückten Angriff auf McGraw-Hill leichter vergessen machen. Das Kabelfernsehen konnte für American Express eine neue Ära bedeuten.

»Miss Piggy, komm her«, erklärte Robinson anläßlich der

ersten Verwaltungsratssitzung der neuen Firma. »Jetzt sind wir im Showgeschäft.«

Trotz seiner Begeisterung hatte Robinson nicht vor, es bei Warner-AmEx bewenden zu lassen. Die Kabel-TV-Firma war erst der Anfang auf seinem Weg der Rehabilitierung in den Augen des Verwaltungsrats. Zwei Monate später erstand Robinson für 50 Millionen Dollar First Data Resources. Die Firma war auf dem Gebiet der Verarbeitung von Bankkreditkarten-Transaktionen führend.

Doch diese Käufe waren kaum bedeutend genug, um die schmerzliche Erinnerung an die Katastrophe mit McGraw-Hill zu löschen. Robinson hoffte auf weitere Firmenkäufe. Er wollte größere, bedeutendere. Nach nicht allzu langer Zeit sollte er sich an seinen alten Freund Sandy Lewis wenden, damit dieser ihm helfe, endlich seine Ambitionen in die Tat umzusetzen.

5

Im Kaufrausch

Es war ein schwüler Julimorgen im Jahr 1980, kaum 6.30 Uhr, als der Wagen von Salim B. Lewis auf die betonierte Zufahrt zur Wohnanlage River House einbog. Die Sonne stieg gerade erst über die trostlose Skyline von Queens direkt auf der anderen Seite des East River vor dem siebenundzwanzigstöckigen Komplex mit vornehmen Eigentumswohnungen auf. Doch Lewis war bereits voller Energie, rutschte auf seinem Sitz hin und her und redete ununterbrochen auf seinen Fahrer Willie ein.

Lewis hielt nicht viel von einer Unterhaltung. Er war ein Virtuose auf dem Gebiet des Monologs. Er sprang wie ein Komiker auf der Bühne von einem Thema zum nächsten. Lewis war an diesem Tag ungewöhnlich gut in Form. Während der fünfundvierzigminütigen Fahrt von seinem Haus in den Short Hills, New Jersey, zu Jim Robinsons Apartment im River House sprach Lewis über alles, von einer herannahenden Kaltfront aus Kanada bis zu den in der amerikanischen Botschaft im Iran festgehaltenen Geiseln. Bürgermeister Edward Kochs politische Ambitionen kamen ebenso vor wie seine polternde Rechthaberei.

Er war mit dem CEO von AmEx befreundet, seit sie in den sechziger Jahren bei White Weld in nebeneinanderliegenden Büros gearbeitet hatten. Lewis war Robinsons wichtigster Ratgeber außerhalb von American Express. Er führte den novizenhaften Vorsitzenden durch die trügerischen Untiefen der Unternehmensführung. Lewis versorgte Robinson außerdem mit den entscheidenden Informationen über die Wall Street und die Konkurrenz.

»Sandy« Lewis war ein stattlicher, korpulenter Mann mit einem dicken dunkelroten Haarschopf, selbst nach den liberalen Vorstellungen der Wall Street ein komischer Kauz.

Lewis war ein sogenannter Risiko-Arbitrageur. Fast ganz unten in der gesellschaftlichen Hierarchie von Wall Street angesiedelt, sind die Arbitrageure die Schmarotzer des Börsenhandels, die von Gerüchten und Spekulationen leben. Sie pflegen Millionen zu riskieren, indem sie Aktien von potentiellen Übernahmekandidaten aufkaufen. Liegen sie richtig, verdienen sie eine Menge. Ein paar Fehlinvestitionen, und sie sind ruiniert. Es ist ein Leben am Rand des Abgrunds.

Dennoch war Lewis an der Wall Street bekannt als gutmütiger Exzentriker. Er hatte stets ein paar Eisen im Feuer. Manche davon bewegten sich im Rahmen, andere waren Spinnereien. Doch Lewis sah sich selbst als innovativ und sehr wichtig an. Andere hielten ihn für eine absolute Nervensäge.

In seiner Freizeit ein ruhiger und höflicher Mensch, war Lewis auf dem Börsenparkett der heilige Schrecken. Um sich selbst vor einem großen Abschluß aufzubauen, biß er immer die Zähne zusammen und ließ einen Urschrei los. Dieser hieß bald nur noch Sandys Kriegsschrei.

Und wenn Lewis vom Frust gepackt wurde, gingen Assistenten und Sekretärinnen in Deckung. Er hatte furchteinflößende Wutausbrüche, bei denen er direkt, häufig auch boshaft wurde. Schimpfnamen und Schreibtischutensilien, selbst ein zufällig in der Nähe stehendes Telefon wurden zu Wurfgeschossen, sobald Lewis die Fassung verlor.

Seine Kollegen beschworen Lewis, sich zu besänftigen. *Nehmen Sie's leicht. Entspannen Sie sich. Sandy, es reicht,* pflegten sie zu sagen. Lewis jedoch nahm derartige Ratschläge nur selten an. »Kümmern Sie sich gefälligst um Ihre eigenen verdammten Abschlüsse«, antwortete er meist.

Die Geschichten über die Mätzchen Lewis' gingen die Wall Street hoch und runter. Eines Nachmittags steckte Lewis bei White Weld mitten in einem Abschluß über ein riesiges Aktienpaket, an dem auch Anteile von einer Rüstungsfirma beteiligt waren. Aber er war sich nicht sicher, wie viele Aktien er kaufen sollte, solange er nicht mehr Informationen über die Entwicklung der Firma besaß.

»Holen Sie mir das Weiße Haus an die Strippe – sofort!« schrie Lewis zu seiner Sekretärin. »Schlagen Sie die verdammte Nummer nach, falls Sie sie nicht auswendig wissen.«

»Warten Sie, Sandy«, sagte ein in der Nähe sitzender Händler.

»Nein, verflucht. Fragen wir oben nach. Finden wir heraus, was zum Teufel vorgeht.«

Lewis versuchte vergeblich, dem Weißen Haus Informationen zu entlocken. Kein Verantwortlicher antwortete ihm. Aber Lewis' Ausbruch hinterließ bei seinen Kollegen einen tiefen Eindruck. Richard O'Grady, ein junger Händler, stupste den Mann, der neben ihm saß, an.

»Der Kerl hat Mumm«, sagte O'Grady und nickte respektvoll zu Lewis.

Mumm hatte er immer. Später, als Lewis für Merrill Lynch arbeitete, schmuggelte er einen Reporter des *Wall Street Journal* in den Händlersaal ein. Das war eine eklatante Verletzung der Firmengepflogenheiten.

»Sandy, wer zum Teufel ist der Kerl?« wollte sein Kollege John Mulheren wissen. (Mulheren sollte 1987 des Insiderhandels angeklagt werden. 1991 wurde er freigesprochen.)

»Wissen Sie das nicht?« schoß Lewis zurück. »Das ist der Neffe von Leonid Breschnew«, erklärte er. »Er will etwas über Wall Street erfahren.«

Lewis schien zum Außenseiter geboren. Als Sohn von Cy Lewis, dem tyrannischen Chef von Bear Sterns, war Sandy ein rebellischer und wilder Jugendlicher. Sein Verhalten war so unvorhersehbar und unkontrollierbar, daß ihn seine Eltern in ein exklusives Behandlungszentrum in Chicago steckten. Die Sonia Sankman Orthogenic School, die der University of Chicago angegliedert war, wurde von Bruno Bettelheim, dem legendären Wiener Psychiater, gegründet und geleitet, der an die positive Wirkung einer therapeutischen Umgebung für Kinder mit Verhaltensauffälligkeiten glaubte.

Lewis verbrachte sechs Jahre in dieser Schule, bis er wieder zu seinen Eltern nach New York zurückkehrte. Doch er blieb Bettelheim und dessen experimentellem Programm verbunden. Später, nachdem er kurzentschlossen mit Zwanzig das College an den Nagel gehängt hatte, schrieb er sich an der University of Chicago ein und wurde Berater von Bettelheim.

Es folgte eine Reihe von Jobs an der Wall Street, in denen Lewis versuchte, eine Karriere aufzubauen, die von den wohlbekannten Leistungen seines Vaters unabhängig wäre. Von White Weld zu Merrill, Dean Witter und dann zu Salomon Brothers fand Lewis niemals die rechte Heimat. Schließlich gründete er seine eigene Firma, S. B. Lewis. Dank Robinson investierte American Express 4,5 Millionen Dollar in Lewis Unterfangen.

Nicht trotz, sondern eher wegen seiner Exzentrizitäten wurde Lewis einer der engsten Freunde von Robinson, als sich die beiden 1968 bei White Weld kennenlernten. Der stille und zurückhaltende Robinson war fasziniert von den Charakterzügen, die ihm selbst fehlten, oder die für ihn tabu waren. Wieder und immer wieder fühlte er sich zu Wagehälsen und verwegenen Typen hingezogen. Ein paar harte Sprüche und gepfefferte Ausdrücke reichten aus, um bei ihm Freundschaft in Heldenverehrung zu verwandeln.

In der Zentrale von American Express schrieb man Robinsons periodisch auftretende Vernarrtheiten seiner Erziehung in Atlanta zu. Da er in gutgesicherten Verhältnissen aufgewachsen war, war Robinsons Kindheit fade und behütet gewesen. Freunde und Bekannte waren reine Abziehbilder seiner selbst.

Robinson war von Lewis so stark eingenommen, daß er ihn 1969 schnellstens tröstete, als er erfuhr, daß die berufliche Laufbahn von Lewis bei White Weld ein abruptes Ende gefunden hatte. Er nahm eine lange Fahrt zur Wohnung von Lewis während des Berufsverkehrs auf sich, um ihm sein Mitgefühl auszudrücken. Lewis zeigte sich davon so gerührt, daß er Robinson in den folgenden Jahren immer verbunden blieb.

Stets in aufgedrehter Stimmung, war Lewis an diesem Morgen im Jahr 1980 sogar noch hyperaktiver als sonst. Es sollte ein Routinefrühstück mit Robinson werden, geschäftliche Ratschläge und ein bißchen Tratsch bei pochierten Eiern und Brötchen. Doch diesmal hatte Lewis ein besonderes Anliegen. Er wollte über eine Übernahme reden.

Robinson hatte häufig Lewis gegenüber von seinen Plänen gesprochen, American Express zu einem Weltunternehmen zu machen. Lewis wußte, daß Robinson noch um einiges über Warner-AmEx, seiner Kabel-TV-Firma, hinauswollte.

Lewis hatte auch eigene Pläne. Ein Firmenkauf könnte nicht nur seinem Kumpel Robinson helfen, sondern auch seiner eigenen Karriere förderlich sein. Lewis war von einer Firma zur anderen gewandert, hatte an der Wall Street aber nie eine rechte Heimat gefunden. Jetzt war er entschlossen, selbst etwas auf die Beine zu stellen, sein eigenes Unternehmen zu gründen. *Je größer der Deal, desto besser*, dachte Lewis.

Bereits seit mehr als einem Jahr hatte er im Geiste damit gespielt, Kandidaten abgewogen, um herauszufinden, ob sie nahtlos zu American Express passen könnten. Lewis meinte, endlich einen geeigneten gefunden zu haben.

Als er im Robinsonschen Apartment im achten Stock anlangte, wollte Lewis seine Neuigkeit sofort loswerden. Er winkte durch die Eingangstür, ließ den Butler stehen und begrüßte herzlich seinen Freund. Die beiden begaben sich dann zum Speisezimmer, Lewis immer vorneweg. Lewis war ein häufiger Gast in Robinsons Apartment im River House, seit der AmEx-Chef 1976 dort eingezogen war.

Als eine der exklusivsten Adressen in der Stadt, war das River House am östlichen Ende der 52nd Street ruhig und intim. Henry Kissinger und seiner Frau Nancy gehörte die Maisonette-Wohnung direkt unter den Robinsons. Einige Stockwerke höher lebten John Gutfreund, damals Vorsitzender bei Salomon Brothers, und seine Frau Susan.

Robinson zog seine Wohnung für Frühstückssitzungen den lärmenden Restaurants oder den privaten Speiseräumen bei AmEx vor, wo die Klatschbasen im Büro es sich zur Gewohnheit gemacht hatten, auszuplaudern, wer gerade beim Chef weilte.

»Wunderschöner Morgen«, sagte Robinson und zeigte zum Fenster in Richtung Brücke an der 52nd Street hinaus. Nur eine halbe Meile weiter im Norden begann sich soeben der Berufsverkehr auf der Brücke zu stauen.

Lewis stimmte ihm bei. Doch er war nicht in der Stimmung, die Aussicht zu bewundern. Smalltalk war das letzte, was ihm im Kopf herumging. *Sprechen wir doch über Firmenaufkäufe.*

»Was hast du mit deiner Firma vor?« fragte Lewis Robinson.

Leicht irritiert, weil Lewis so rasch von Belanglosigkeiten zu Fragen der Strategie wechselte, warf Robinson seinem Freund einen verblüfften Blick zu. Doch er erholte sich rasch wieder. Lewis war dafür bekannt, schroff zu reagieren.

»Ich will etwas für die Karte tun«, antwortete der CEO von AmEx. Es war Robinsons Lieblingsantwort. »Welche Übernahme wir auch in Betracht ziehen, sie muß der Karte nützen.«

Lewis hatte die Lösung. Er erzählte Robinson, ihm schwebe eine eventuelle Übernahme vor, die der Karte nützen könnte. Ein Brokerhaus, sagte Lewis. Die Firma war groß, gut bekannt und hatte Biß, sie würde hervorragend zu AmEx passen. Damit wäre auch ein neuer Vertriebsweg für die Vermarktung der Karte erschlossen.

Robinson erwartete nun die Namen Merrill Lynch oder E. F.

Hutton zu hören. Merrill war riesig, Hutton war ein unbeschriebenes Blatt. Beide hatten ein Image, das dem von American Express ähnelte. Robinson hatte sich bereits mehrmals gefragt, was sich ergeben würde, wenn AmEx mit Merrill oder Hutton zusammenginge.

Doch Lewis hatte eine andere Firma im Sinn.

»Shearson, Jim. American Express sollte Shearson kaufen.«

Robinson starrte ihn nur an. Shearson Loeb Rhoades war die letzte Firma, an die Robinson jemals gedacht hätte. Weit davon entfernt, zu American Express zu passen, gehörte diese Firma noch nicht einmal der gleichen Liga an. American Express bedeutete Mahagonischreibtische, seidenbezogene Trennwände und Lunches im Club 21. Klein und ohne Stil, stand Shearson für Teppiche mit Kaffeeflecken, Plastikaschenbecher von Woolworth und leere Pommesschachteln. Und vor allem, Shearson war neureich und jüdisch, wohingegen American Express die Alte Welt repräsentierte und protestantisch war.

Genau wegen dieser Unterschiede in der Unternehmenskultur hatte Lewis Shearson ausgewählt. Er hielt viel von der Theorie, Unternehmen durch gegenseitige Befruchtung neu zu beleben. *Gegensätze ziehen sich nicht nur an*, dachte er, *sie führen auch zu neuen Ideen.*

»Die sind ganz anders, Jim. Eine völlig neue Kultur«, räumte Lewis ein. »Aber bei euch herrscht Inzucht. Ihr braucht frisches Blut, das euch auf eine höhere Stufe bringt.«

Robinson hatte da ernste Zweifel. *Würden sich die Kulturen mischen? Würde das der Karte helfen? Und wie stand es mit dem Image von AmEx?* Wichtiger noch: Robinson wußte, das wäre dem Verwaltungsrat schwer zu verkaufen. Seit der mißglückten Übernahme von McGraw-Hill hatte es sich der Verwaltungsrat zur Gewohnheit gemacht, Robinson über alles, was mit Firmenaufkäufen zu tun hatte, in ein strenges Kreuzverhör zu nehmen. Der Zusammenschluß von Warner-AmEx, selbst der Erwerb von First Data Resources, wurden haarklein durchleuchtet. *Sind Sie sicher, Jim? Haben Sie die Sache genau durchdacht? Wir wollen kein weiteres McGraw-Hill erleben.*

Doch an diesem Sommermorgen wirkte Lewis' Vorschlag, Shearson zu kaufen, auf Robinson verlockend. Die Übernahme einer guten und soliden Firma würde seine Glaubwürdigkeit beim Verwaltungsrat wiederherstellen und auch seine eigenen Ambitionen für AmEx befriedigen.

Obwohl der Wertpapierhandel im Fahrwasser des Aktienmarkts mal florierte und mal schwankte, war Shearson eine solide Firma. Als zweitgrößtes an der Börse gehandeltes Brokerhaus mit Privatklientel nach Merrill Lynch hatte Shearson im ganzen Land 325 Zweigstellen. Das waren weit weniger als das Netz von Merrill mit seinen fünfhundert. Doch Shearson konnte die besten Ergebnisse vorweisen, was Effektivität und Produktivität betraf. Dazu kam noch, daß demographische Statistiken zeigten, daß der typische Klient von Shearson finanziell um einiges besser gestellt war als der von Merrill. Das wäre ein Plus für die Karte.

Die Erträge von Shearson waren kaum kolossal zu nennen, doch sie entwickelten sich im Vergleich zur Konkurrenz gut. Der »Bull Market«, also die Spekulation auf Haussen, sollte erst zwei Jahre später an Schub gewinnen, und Mike Milken mußte sein Evangelium der Junk Bonds* erst noch predigen. Multimillionen-Dollar-Deals waren noch selten. Wall Street war den Kinderschuhen noch nicht ganz entwachsen. Der Wert einer Firma gründete auf dem Umfang ihres Handels und den Leistungen ihrer Makler. In diesen beiden Punkten stand Shearson gut da.

»Können wir das durchziehen, ohne daß es für uns peinlich wird?« wollte Robinson wissen. »Ich lasse mich nicht auf einen Kampf ein.«

»Sandy Weill ist gewieft und ehrgeizig«, sagte Lewis über den Chef von Shearson. »Er wird bestimmt bereit sein, darüber zu reden.«

Robinson gab ihm das Startzeichen. Finde heraus, was Weill will, sagte er. Das klang nicht enthusiastisch, eher schon nach einer müden Zustimmung, doch Lewis reichte das.

Als er im Aufzug des River House nach unten fuhr und in seinen Wagen stieg, empfand Lewis sogar so etwas wie selbstgefällige Zufriedenheit. Der Zusammenschluß von AmEx und Shearson wäre vermutlich nicht der größte Deal, den er sich vorstellen konnte, doch er war höchst vielversprechend. Das wurde leicht eine Milliarden-Dollar-Sache.

Einige Wochen verstrichen. Lewis streckte Fühler aus, um

* Festverzinsliche Schuldverschreibungen mit häufig überdurchschnittlicher Verzinsung von Schuldnern minderer oder zweitklassiger Qualität. Junk Bonds werden oft von kleineren Unternehmen zum Aufkauf von Firmen eingesetzt. (A. d. Ü.)

Weill und seinen Laden zu taxieren. Er hielt auch weiterhin Kontakt zum CEO von AmEx. Robinson mußte man an die Hand nehmen. Halte dich bedeckt, sagte Robinson bei ihren häufigen Telefonaten immer wieder zu Lewis. *Laß uns erst sicher sein.* Lewis beruhigte ihn wiederholt. *Mach dir keine Sorgen, Jim*, wurde bei Lewis zum Spruch des Tages.

Trotz der Zuversicht, die er Robinson gegenüber an den Tag legte, war sich Lewis nicht ganz sicher, ob Weill bereit sein würde zu verkaufen. Sandy Weill und Shearson schienen untrennbar miteinander verbunden. Sie waren gemeinsam an der Wall Street groß geworden. Shearson war Weills Werk, die Krönung seiner Karriere.

Alles hatte im Jahr 1960 begonnen, als Sanford I. Weill und drei Freunde Carter, Berlind, Potoma & Weill gründeten. Es war eine kleine Maklerfirma, die eine mittelständische Klientel betreute. »Metzger, Bäcker und Kerzenmacher«, beschrieben Konkurrenten Weills Kunden. Im Laufe der Jahre erfuhr die Firma eine Reihe von Namensänderungen, als sie andere Firmen aufkaufte oder mit anderen fusionierte. 1973 wurde Weill CEO bei Hayden Stone Inc. In den folgenden Jahren verdoppelte die Firma ihre Größe, als sie Shearson Hammill erwarb, und dann ein weiteres Mal, als sie 1979 Loeb Rhoades schluckte.

Shearson war jetzt groß, doch Weill blieb bei seinem familiären Führungsstil. Er durchstreifte die Korridore von Shearson im World Trade Center, steckte seinen Kopf in jedes Büro und traktierte die Beschäftigten mit Fragen. Er achtete auf die Gewinnentwicklung mit der Zähigkeit einer Bulldogge. Gratifikationen und Vergünstigungen mußte man sich verdienen, sie wurden nicht automatisch zugeteilt.

Im Gegensatz zu Robinsons gemessenem und kontrolliertem Auftreten war Weill überschwenglich und herzlich. Weill hatte einen dunklen Teint, wirkte wie ein Südeuropäer und besaß einen Wanst, der fast sein ganzes Leben lang jeden Gürtel stark strapazierte. Er war ein in Brooklyn geborener Jude, und sein Begriff von Freundschaft war durch die Traditionen der Alten Welt geprägt. Seine Loyalität war groß. Selbst nach seinem Abschluß an der Cornell University und dem Aufstieg zu höchster Macht an der Wall Street vergaß er nie seine Wurzeln in der Bay Street. Er sprach mit starkem Bensonhurst-Akzent, seine Sprache war durchsetzt mit »Sie wissen schon«.

Besonders gefiel es ihm, die Rolle des Patriarchen spielen zu können. Weill begriff sich als der Vince Lombardi der Wall Street. Er bestand auf Loyalität und brüderlichem Umgang. Jede irgendwie geartete Disharmonie störte sein Team.

Einmal, als der Marketingchef von Shearson, Hardwick Simmons, einen erbitterten Streit mit Peter Cohen, dem kaufmännischen Direktor, über Ausgaben ausfocht, verhängte Weill einen Waffenstillstand. Er bestellte seine Spitzenkräfte zu einer Sitzung ins Greenbrier Hotel in West-Virginia, weit entfernt von neugierigen Blicken. Weill wies die beiden Männer an, die Sache auf sich beruhen zu lassen und sich die Hand zu geben. Dann verlangte er noch einen weiteren Beweis der Freundschaft. Die sechs anwesenden Führungskräfte mußten sich in den Finger schneiden und Blutsbrüderschaft schließen wie in dem bekannten Kindheitsritual. Niemand weigerte sich.

Anfang August wußte Lewis genug über Weill und Shearson, um einen Anruf zu wagen. Er teilte Weill nicht mit, warum er sich mit ihm treffen wolle. Lewis sagte, er wolle lediglich ein wenig über Geschäfte reden. Weill erklärte sich einverstanden. Er schlug ein gemeinsames Frühstück in der New Yorker Börse am Monatsende vor, am Freitag vor dem Labor-Day-Wochenende.

Die Botschaft war eindeutig. Weill hatte den anderen Sandy der Wall Street noch nie kennengelernt. Doch er wußte, daß dieser ein Arbitrageur war, und Arbitrageure redeten stets über Geschäfte. Ein ernsthaftes Geschäft wurde nie am letzten Arbeitstag des Sommers besprochen, unmittelbar vor einem langen, freien Wochenende. Weill war nicht interessiert, oder zumindest wollte er das Lewis glauben machen.

An jenem letzten Freitag im August war es bewölkt und kühl. Alle an der Wall Street, von den Sekretärinnen bis zu den Brokern, fragten sich, wie wohl das Wetter am bevorstehenden Wochenende sein würde.

Im Luncheon Club der New Yorker Börse war es heiß und schwül. Dunkel, muffig und stets verräuchert, war das Börsenrestaurant bekannt für sein mittelmäßiges Essen und seine knurrigen Kellner. Doch es war ein beliebter Treffpunkt, eine Art Klubhaus für die Großen und Fast-Großen der Wall Street. Häufig hörte man, daß Börsenmakler mehr Geschäfte bei einer

Tasse dünnen lauwarmen Kaffees abgeschlossen hatten als im eigentlichen Börsensaal.

Lewis wartete bereits an einem Ecktisch bei einem Fenster, von dem aus man Wall Street überblicken konnte, als Weill eintraf. Nachdem sie sich über das Wohlergehen gemeinsamer Bekannter, den lustlosen Markt vom vorherigen Tag und ihre jeweiligen Pläne für das Wochenende ausgetauscht hatten, kam Lewis aufs Geschäft zu sprechen.

»Sie haben den besten und saubersten Laden hier«, sagte er zu Weill, der grinste und zustimmend nickte.

»Aber das ist heute«, fuhr Lewis fort. »Wall Street befindet sich im Wandel. Wenn Sie weiter wachsen wollen, Sandy, werden Sie Geld brauchen, viel Geld.«

Weill nickte erneut. Es war kein Geheimnis, daß die Hälfte aller Firmen in Wall Street nach Partnern Ausschau hielt. Das Handelsvolumen wuchs, die Kosten stiegen, und die Maklerfirmen brauchten Kapital, um Schritt halten zu können.

»Haben Sie jemals an eine Fusion gedacht?« fragte Lewis.

»Ich mache mir fortwährend Gedanken«, antwortete Weill.

Lewis kam nun auf den Punkt. »Was halten Sie von einer Übernahme durch American Express?«

Es folgte eine Pause. Sie währte höchstens fünf Sekunden, doch auf Lewis wirkte sie endlos. Er war nicht ganz sicher, was er von Weill erwarten sollte. Leicht aufbrausend und sprunghaft, konnte Weill bei der Aussicht, seine Firma zu verkaufen, in Wut geraten.

Statt dessen äußerte Weill leichte Verblüffung.

»Interessant«, sagte Weill, und seine Augenbrauen hoben sich für den Bruchteil einer Sekunde.

Was Lewis nicht wußte, die Hochzeit zwischen AmEx und Shearson war für Weill nichts Neues. 1975 war Weill selbst mit dem Vorschlag einer Fusion Howard Clark angegangen. Clark hatte damals soeben den fünfundzwanzigprozentigen Anteil von AmEx an Donaldson, Lufkin & Jenrette abgestoßen. Der Kapitalanlage-Makler hatte sich nicht gut bei American Express eingefügt. Die Klientel der Bank und Versicherungsgesellschaft von DLJ hatte wenig gemein mit dem durchschnittlichen Kundenstamm von AmEx.

Weill hatte Clark dargelegt, daß Shearson mit seinem Privatkundenstamm bereits die Art von Klientel bediene, die Clark zu erreichen suchte. Clark meinte, er sei interessiert. Er teilte

Weill mit, daß Morley mit ihm Kontakt aufnehmen würde. Doch das tat Morley nie.

American Express war Weill niemals mehr ganz aus dem Kopf gegangen. AmEx hatte Erfolg, Prestige und gut gefüllte Taschen. Es war der passende Partner für viele Wall-Street-Firmen. Falls AmEx jedoch ernsthaft auf Einkaufstour war, wollte Weill auf dessen Liste Shearson an erster Stelle sehen. Das würde nicht nur seiner Brokerfirma nützen, Weill rechnete sich aus, daß eine Fusion mit American Express ihm die Reputation geben könnte, die er haben wollte.

Als Wall-Street-Mensch war Weill weniger ein CEO als vielmehr ein flott redender Geschäftemacher. Jahrelang hatte Weill diese Einschätzung seiner Person selbst gefördert. Er pflegte sein Image. Er genoß es vor allem, die Rolle des aus Brooklyn stammenden, hartgesottenen Entrepreneurs zu spielen, der nicht auf die privilegierte Kindheit zurückblicken konnte, die seine Kollegen an der Wall Street hatten. Das verhalf ihm nicht nur zu wohlmeinenden und mitfühlenden Presseberichten, es setzte Weill auch von seinen Konkurrenten ab.

Das Image entsprach allerdings nur in Teilen der Realität. Er war zwar in Bensonhurst zur Welt gekommen, doch seine Kindheit konnte man kaum entbehrungsreich nennen. Sein Vater war ein wohlhabender Textilkaufmann gewesen. Weill selbst wurde an der exklusiven Peekskill Academy in Westchester ausgebildet, und er hatte keine großen Schwierigkeiten, die Semestergebühren an der Cornell University zu bezahlen. Er begann zwar seine berufliche Laufbahn als Bote für Bear Stearns mit einem Lohn von 65 Dollar in der Woche, doch er verbrachte nicht viel Zeit in den unteren Etagen. Weill besaß mit siebenundzwanzig Jahren ausreichend Geld, um eine eigene Firma aufzumachen.

Es an der Wall Street zu schaffen, führte nicht automatisch auch zu Ruhm anderenorts. Was die amerikanische Unternehmenswelt anbetraf, galt er dort noch immer als Außenseiter. Das ärgerte ihn. Er sehnte sich nach Anerkennung seiner Fähigkeiten als Stratege und Manager.

Weill hatte immer noch sein Pokergesicht aufgesetzt.

»Ich sehe nicht, wie das funktionieren sollte«, sagte er zu Lewis. »Jim Robinson sucht keinen Partner, und ich habe kein Interesse, für jemand anderen zu arbeiten.«

»Da irren Sie sich«, versicherte Lewis ihm. Er teilte Weill mit, daß Robinson flexibler sei, als die meisten glaubten.

»Wenn ich damit einverstanden bin, dann bedeutet das nicht, daß ich so einfach von der Bildfläche verschwinde«, sagte Weill. »Das ist nicht nur eine Frage des Geldes.«

Lewis nickte, dann begann er die Sache auszutesten.

»Was wollen Sie haben, Sandy?«

»Ich müßte Präsident von American Express werden«, antwortete Weill.

Das war eine Riesenforderung, selbst für den überheblichen Lewis. Doch jetzt, da er wußte, wie man Weill an den Haken bekam, wollte er der unerwarteten Begeisterung des Shearson-Chefs keinen Dämpfer versetzen.

»Das darf kein Quid pro quo sein«, sagte er zu Weill. Doch er sicherte Weill nochmals zu, daß Robinson großzügig sein würde.

Weill erklärte sich bereit, Robinson zwei Wochen später zum Mittagessen in der AmEx-Zentrale zu treffen. Ebenfalls anwesend war Alva Way, der zweite Mann bei American Express, der Mann, an dessen Stelle Weill zu treten wünschte. Dauernd an Robinsons Hacken, hatte sich Way diesen Job eher mit seiner Ergebenheit für Robinson verdient denn durch herausragende Führungstalente. Während des Mittagessens mit Weill sprach er kaum ein Wort. Und wenn er etwas sagte, erschienen dem CEO von Shearson Ways Kommentare bedeutungslos.

Die drei besprachen den Firmenkauf in groben Zügen. Details kamen nicht zur Sprache. Weill und Robinson schätzten sich ab. Einen Handel mit Weill abzuschließen, würde eine harte Sache werden. Im Kampf Mann gegen Mann hatte Robinson in bezug auf Verhandlungserfahrung und Härte Weill nichts entgegenzusetzen. Sandy, wie Weill allgemein genannt wurde, war extrovertiert und jovial. Und er war in der Branche der Börsenmakler so etwas wie eine Legende. Ein Selfmademan, entschlossen und naßforsch, galt er als Pionier der Wall Street. Für Weill gab es nichts Befriedigenderes im Leben als den Abschluß eines Geschäfts. Er schien die Jagd genauso zu genießen wie die Eroberung.

Robinson war das entgegengesetzte Extrem. Mit fünfundvierzig Jahren war der aus Atlanta stammende Gentleman steif und gemessen. Menschenansammlungen lösten bei ihm Unwohlsein aus. Er pflegte sich sogar auf öffentliche Auftritte vorzubereiten und seine Rede zwanzig- oder dreißigmal vor einem Spiegel zu halten, bis er jedes Wort, jede Tonlage und

Geste auswendig beherrschte. Wo Weill entschlossen war, war Robinson zögerlich. Während seiner drei Jahre als Spitzenmann von American Express hatte er seine Führungsaufgaben stets mittels Ausschüssen wahrgenommen. Dienstanweisungen und Aktennotizen waren seine liebsten Führungsinstrumente. Und dann gab es noch Unmengen von Beratern. Man hörte häufig, daß für American Express genauso viele Unternehmensberater wie Manager tätig seien. Eine Legion von Ratgebern strömte ohne Unterlaß in das Büro des Vorsitzenden.

Robinson ging zu den Sitzungen gut vorbereitet. Sein Stab hatte ihn über Weills Charakter und die Möglichkeiten von Shearson informiert. Es gab keine Überraschungen. Die Leute von AmEx waren sorgfältig vorgegangen, von Weills schlecht sitzendem Anzug bis zu seiner Vorliebe für Ketchup zum Steak hatten sie alles ausgekundschaftet. Was das betraf, stand Weill mit heruntergelassenen Hosen da.

»Sandy Lewis meint, wir könnten etwas zusammen machen. Vergeuden wir unsere Zeit? Was meinen Sie?« fragte Weill. Das waren praktisch die ersten Worte aus Weills Mund.

Weill gingen die Fragen nicht aus. *Was geschieht mit meinen Mitarbeitern? Was passiert mit mir? Was sagt Ihr Verwaltungsrat dazu?* Robinson antwortete unverbindlich.

Konkret wurde das Gespräch lediglich, als man über den »Financial Management Account«, etwa »Finanzmanagementkonto«, sprach. Dabei handelte es sich um ein Konto, über das alles von Maklerdienstleistungen bis zu Geldmarktfonds abgewickelt werden konnte. Dem erfolgreichen Cash Management Account von Merrill nachempfunden, betrachtete Weill dies als das heißeste Shearson-Produkt für Privatkunden. Erst eine Woche zuvor hatte Merrill seinen einmillionsten CMA-Kunden gezählt.

Zwei Wochen später redeten die Marketingleute von Shearson und AmEx weiter über den FMA. Die Idee dabei war, jedem Kontoinhaber eine American-Express-Karte anzubieten, so wie die CMA-Klientel eine Debitkarte erhielt. Ohne Bankkonzession konnte Merrill keine Kreditkarte offerieren. Statt dessen sollte die Debitkarte wie ein Scheck benutzt werden, dessen Betrag sofort von einem Kundenkonto abgebucht wurde.

Obwohl alles zu Anfang sehr hoffnungsvoll aussah, kam der Deal monatelang nicht vom Fleck. Weill wollte zwar, doch Robinson war anderweitig beschäftigt.

Der CEO von AmEx war immer noch nicht sicher, daß er wirklich ein Brokerhaus haben wollte. Betrachtete man den Erfolg des CMA von Merrill, so sah das Potential des FMA von Shearson verlockend aus. Doch ein derartiges Produkt war mit großen Risiken verbunden. Die Banken hatten aufgeheult, als Merrill sein Produkt vorstellte. Die Sache war ein Glücksspiel. Der CMA ähnelte zu sehr einem Bankkonto. Wenn AmEx sich auf ein ähnliches Geschäft einließ, mußte Robinson auch mit Rückschlägen rechnen. Im Fall von AmEx wäre das Risiko keineswegs gering, American Express war stark auf die Banken angewiesen, die die Travellerschecks verkaufen und Kreditlinien für Goldkarten einräumen sollten.

Im Spätjahr 1980, vor seinem Treffen mit Weill, hatte Robinson noch andere mögliche Zielobjekte angepeilt. Ganz oben auf der Liste stand die Fidelity Investments Company. Diese Gruppe von Investmentgesellschaften mit Sitz in Boston, die als einer der ersten Investoren ein ganzes Bündel verschiedener Anlageprodukte anbot, konnte eine phänomenale Zuwachsrate vorweisen. Außerdem besaß das Unternehmen mit das beste Marketing des Landes. In der Investmentwelt führte niemand so gute Telefon- und Direktmailing-Werbekampagnen durch wie diese Gruppe.

Robinson meinte, Fidelity ließe sich leichter mit AmEx verschmelzen, vor allem wenn die Firma die Karte vertrieb. Das einzige Problem bestand in der Frage, ob Fidelity zum Verkauf stand; es befand sich in Familienbesitz und war stolz auf seine Unabhängigkeit. Die Führungskräfte von AmEx gelangten schließlich zu dem Schluß, daß Ned Johnson, der CEO von Fidelity, keine Lust habe, zu verkaufen. Da die in der Schlacht um McGraw-Hill erlittenen Wunden noch keineswegs verheilt waren, beschloß Robinson, den Kauf von Fidelity nicht weiter zu verfolgen.

Wenn Robinson Interesse an einem Brokerhaus hatte, mußte das nicht unbedingt Shearson sein. Eine ganze Reihe von Firmen waren an einer Allianz mit AmEx interessiert.

Der barsche Vorsitzende Donald Reagan von Merrill Lynch hatte Robinson bereits gegen Jahresende 1979 einen Zusammenschluß vorgeschlagen. Wie Lewis glaubte Reagan, daß die Finanzgesellschaften letztendlich ein erweitertes Angebot von Dienstleistungen offerieren würden. Doch Robinsons Ratgeber bezweifelten, daß das Justizministerium einer derartigen Fusion zustimmen würde.

Robinson beendete seine Grübeleien am 20. März 1981. An diesem Tag ging Bache Halsey Stuart Shields, eine stolze und traditionsbewußte Firma, die seit dem neunzehnten Jahrhundert eine tragende Säule der Wall Street gewesen war, in den Besitz der Prudential Insurance Company über. Bache hatte bereits seit Jahren mit einer dünnen Kapitaldecke zu kämpfen gehabt. Die Haie hatten die Firma bereits seit über einem Jahr umkreist.

Zuerst wurde Bache von der immer nach einem Geschäft Ausschau haltenden Belzberg-Gruppe in Kanada ins Visier genommen. Bald folgte Gerald Tsai von American Can. Doch schockierte die Unternehmensleitung von Bache die Wall Street, als sie ein Rettungsangebot der Pru akzeptierte. Als größtes Finanzdienstleistungsunternehmen der Welt mit Aktiva in Höhe von 60 Milliarden Dollar war Prudential auf diese Weise plötzlich noch gewaltiger geworden.

Am Tag nach der Bekanntgabe der Pru-Bache-Fusion rief Robinson seine Ratgeber zusammen. Der Ankauf von Bache Halsey durch Pru schien den Weg für eine Übernahme von Shearson durch AmEx zu ebnen. Wenn Pru das konnte, konnte Robinson so etwas schon lange. Selbst der Verwaltungsrat könnte sich ihm nun kaum noch widersetzen. Der Pru-Bache-Zusammenschluß war ein starker Hinweis darauf, daß Brokerhäuser in Mode gekommen waren.

Doch es mußte rasch gehandelt werden. Der Herdeninstinkt von Wall Street war legendär. Robinson fürchtete eine Stampede. Es schwirrten Gerüchte, daß General Motors, General Electric und IBM im Begriff stünden, sich auf die Finanzwelt in Lower Manhattan zu stürzen. Nach Monaten des Zauderns war die Shearson-Sache auf einmal heiß geworden.

»Wenn wir es machen wollen«, sagte Robinson, »unternehmen wir besser schleunigst etwas.«

Er rief Lewis an.

»Es ist ein völlig neues Spiel«, räumte Robinson ein. »Bringen wir es in Gang.«

Lewis legte langsam das Telefon aus der Hand und sagte laut: »Danke, Mr. Belzberg.«

Weill befand sich in Hongkong, als die Nachricht bekannt wurde, daß Pru Bache schluckte. Zusammen mit dem ehemaligen Präsidenten Gerald Ford, der damals aus Prestigegründen im Verwaltungsrat von Shearson saß, besuchte Weill die Niederlassungen in Asien. Die Pru-Bache-Sache prangte als Titelgeschichte im Wirtschaftsteil der *South China Post*. Weill geriet in Erregung.

Es war kurz nach Mittag New Yorker Zeit, in Hongkong Mitternacht, als Lewis Weill in dessen Hotel erreichte. Nicht nur geographisch, sondern genauso weit auch hinsichtlich der Vorstellungen und Bedingungen voneinander getrennt, beabsichtigte Lewis nicht, am Telefon zu verhandeln. Doch er rang Weill das Versprechen ab, mit keinem anderen Partner in Verhandlungen zu treten, bis er von AmEx gehört habe. Das war nicht schwierig. Weill war scharf auf das Prestige, das eine Fusion mit AmEx einbringen würde.

»Ich werde nicht einmal einen Anruf von jemand anderem annehmen«, versicherte ihm Weill.

Kurze Zeit nachdem Weill nach New York zurückgekehrt war, schlug Lewis vor, daß er Robinson weit ab von der Wall Street treffen solle. Weill lud Robinson und dessen Frau Bettye zu sich nach Hause nach Greenwich, Connecticut, ein. Eine Stunde mit dem Auto von Midtown Manhattan entfernt, war es die perfekte Umgebung für eine lockere Unterhaltung.

Der Landsitz der Weills war eher behaglich denn luxuriös. Es handelte sich um ein Zehnzimmerhaus im Tudorstil, das an der einen Seite von Weills Obstgarten mit Apfelbäumen und einer Garage für drei Wagen auf der anderen Seite umrahmt wurde. Im Innern war es gemütlich: gemauerte Kamine, Eichentische und übergroße Sessel. Schon seit seiner Zeit bei Shearson in Hayden Stone verlebte Weill hier mit seiner Frau Joan und den beiden Kindern die Wochenenden.

Es war Samstag, ein frischer Märzmorgen, als die Robinsons mit ihrer Limousine eintrafen. Nach einem freundschaftlichen Mittagessen zeigte Joan Weill Bettye den Garten und den angrenzenden Obstgarten. Weill und Robinson zogen sich zu einem Gespräch ins Arbeitszimmer zurück.

An der Rückseite des Hauses mit Blick auf den Garten gelegen, bildete das Arbeitszimmer Weills Nabelschnur zur Wall Street. Es spiegelte mit der dunklen Holztäfelung, den wandhohen Bücherregalen und einem weißen ovalen Teppich auf den Eichendielen die Wärme wider, die auch sonst im Hause herrschte. Doch es besaß den Weillschen Stil in Reinkultur, bis hin zu dem Stapel alter *Wall Street Journals* in der Ecke.

Weill führte Robinson zu einem Sofa in der Ecke. Die beiden

hatten sich gerade niedergelassen, da begann Weill auch schon den AmEx-Chef mit Fragen zu bombardieren. Es waren immer noch die gleichen Fragen. *Wie würde meine Rolle aussehen? Wer würde mir unterstehen? Wie sähen meine Zuständigkeiten aus?* Weill zeigte seine schlimmste Seite: seine Unsicherheit.

Robinson verhielt sich ausweichend. Er meinte, er habe den Besuch privat verstanden, als Stippvisite mit einem kurzen Mittagessen vor der Weiterfahrt zum nahegelegenen Westchester-County-Flugplatz, wo er um 16.00 Uhr den Flug nach Atlanta nehmen wollte. Robinson war nicht darauf vorbereitet, allzu sehr ins Detail zu gehen. Einzelheiten waren die Sache von Lewis.

Weill jedoch setzte ihn unter Druck. Erneut wiederholte er seinen Wunsch, AmEx-Präsident zu werden.

Robinson ließ sich lediglich auf einen Sitz im Verwaltungsrat ein. Er hatte Weill bereits zweimal getroffen. Sonst hatte bislang noch niemand aus dem Verwaltungsrat Weill auch nur die Hand geschüttelt.

»Sie werden sich bewähren müssen«, sagte Robinson zu Weill.

Weill stieg die Röte ins Gesicht. In den zurückliegenden zwanzig Jahren hatte Weill persönlich den Aufkauf von einem Dutzend oder mehr Firmen ausgehandelt. Er war seit einem Jahrzehnt CEO. Und hier saß Robinson und behandelte ihn wie irgendeinen Grünschnabel in der Unternehmenswelt, der gerade von der Wirtschaftshochschule abgegangen ist. Doch er beherrschte sich.

Er hatte noch eine Frage an Robinson. Weill und Lewis hatten einen Vorschlag ausgearbeitet, bei dem American Express jede Shearson-Aktie mit 1,1 AmEx-Anteilen vergüten sollte. Da er 456 000 Aktien besaß, würde Weill folglich durch den Ankauf mehr als 25 Millionen Dollar verdienen. Er fragte sich oft, ob er am Ende wohlhabender als Robinson dastünde. Und falls dem so wäre, wie der AmEx-Chef das wohl aufnehmen würde?

»Wie stehen Sie finanziell da?« fragte Weill Robinson.

Verblüfft antwortete Robinson halb im Scherz: »Nicht so gut wie Sie.«

Doch als er merkte, daß Weill es ernst meinte, versicherte er diesem, daß Weills persönlicher Gewinn durch den Handel kein Problem darstelle. »Das ist kein Problem«, sagte Robinson.

Für Weill wurde es ein peinliches Gespräch. Dennoch spürte

er, daß das Geschäft zu wichtig war. Seit der ersten Zusammenkunft mit Robinson, die vier Monate zurücklag, hatte Weills Enthusiasmus stetig zugenommen.

Nach der ersten Unterhaltung mit Robinson hatte Weill auf den Job als Nummer zwei bei American Express gehofft. Nun, Monate später, zielte er noch höher. Seit Jahren hörte er, Robinson sei zu höflich und zu vornehm, um an der Spitze von American Express überleben zu können. Nach dem Übernahmeversuch von McGraw-Hill seitens AmEx hielt man in der Wall Street Robinson für schwach. Nachdem er mit Robinson zu tun hatte, teilte Weill diese Einschätzung. Robinson sei einfach nicht hart genug. Für jemanden wie Weill wurde die Versuchung übermächtig. *Ich kann ihn packen*, dachte Weill. *Es ist nur eine Frage der Zeit.*

Obwohl diese Unterhaltung in Greenwich ungünstig verlaufen war, berichteten Robinson und Weill Lewis, es sei alles in Ordnung. Der Kauf schreite voran. In den folgenden Wochen pendelte Lewis ständig zwischen Robinson und Weill hin und her, um der Sache den letzten Schliff zu geben. Die beiden CEOs erwiesen sich als höchst entgegenkommend. Was Lewis allerdings nicht vorausgeahnt hatte, waren die Rebellionen, die bei AmEx und bei Shearson hochkochten.

Die Abgänger von den Eliteuniversitäten in der Führungsriege von AmEx betrachteten ihre aus grobem Holz geschnitzten Gegenspieler bei Shearson mit Beklommenheit. Vor allem der Stab von TRS befand sich in Aufruhr. Gerstner und seine Mannen wollten American Express von innen heraus wachsen sehen, mittels neuer Produkte. Sie arbeiteten bereits an einem Sparkonto, ähnlich einem Certificate of deposit, jedoch mit den Merkmalen einer Kreditkarte. Der Erwerb von Shearson würde die Energien des Unternehmens woanders hinlenken.

Mehr noch, Gerstner und sein Team fühlten sich verwundbar. TRS war das Flaggschiff von AmEx, der Star, was die Leistung betraf. Shearson könnte diese Position gefährden. Es konnte darauf hinauslaufen, daß die herausragende Stellung von TRS unterminiert wurde, und daneben auch Gerstners Ambitionen im Unternehmen. Als der Marketing-Guru von AmEx stieg er erst recht auf die Palme, als er erfuhr, die neue Brokerfirma solle Shearson/American Express heißen.

»Da weiß niemand, wer wen kauft«, erregte sich Gerstner gegenüber seinen Mitarbeitern.

Robinson begann sich zu sorgen, daß die Medien Wind von den Unstimmigkeiten bekommen könnten. Er beschloß, der Meuterei ein Ende zu machen.

»Wenn ich eine Milliarde Dollar für eine Firma bezahle, nenne ich sie, wie es mir paßt«, teilte Robinson den bockenden Führungskräften von TRS mit.

Zu Robinsons Leidwesen mußte er sich nicht nur wegen der Mitarbeiter von TRS den Kopf zerbrechen. Howard Clark teilte deren Vorbehalte. Aus dem Ruhestand, den er in Hobe Sound, Florida, verlebte, begann Robinsons Vorgänger störende Signale auszusenden. Er hatte schon einmal den Aufkauf von Shearson abgelehnt. Jetzt erneut. Der Börsenhandel verlaufe einfach zu zyklisch, argumentierte Clark. Offiziell besaß Clark zwar keinerlei Autorität mehr, doch bei American Express hatte er nach wie vor erheblichen Einfluß. Da nahezu alle Direktoren noch von ihm ernannt worden waren, hatte er einen ehrfurchtsgebietenden Rückhalt im Verwaltungsrat.

Die Leute von TRS herumzukommandieren war eine Sache, doch Clark die Stirn zu bieten, erforderte mehr Geschick. Um seinen alten Chef zu beruhigen und die Einmischung von Clark zu unterbinden, entsandte Robinson Howard Clark jr. zu einem Gespräch mit seinem Vater.

Als ehemaliger Investmentbanker bei Blythe Eastman Dillon hatte der junge Clark zu den Fußtruppen gehört, die Robinson bei seiner mißglückten Kampagne zur Eroberung von McGraw-Hill eingesetzt hatte. Clark hatte starke Ähnlichkeit mit Wally Cox, war dünn und verstand viel von der Theorie. Zur Unterscheidung von Howard Clark sr. hatte man ihm den Spitznamen »H« gegeben, doch Howard junior glich seinem Vater in nahezu keinerlei Hinsicht. Kaum dynamisch oder hartgesotten zu nennen, war H nie so recht an den legendären Vater herangekommen. Man hörte häufig, Robinson habe ihn nur zum CFO befördert, um den älteren Clark glücklich zu machen. Er verstand etwas von Zahlen und war loyal. 1981 wurde er zum Finanzdirektor ernannt.

Bei Shearson kämpfte Weill in der Zwischenzeit mit den Bedenken seiner Stellvertreter. Sie sahen die Notwendigkeit einer Übernahme nicht ein. Shearson komme sehr gut alleine zurecht. Einige Führungsleute meinten sogar, Weill sei stärker an der Möglichkeit, sein eigenes Vermögen zu vergrößern, interessiert als am Wohlergehen der Firma.

»Warum brauchen wir die?« fragte Shearsons Marketing-Genie Wick Simmons. »Uns geht es doch gut.«

Peter Cohen, bei Shearson die Nummer zwei, war besonders skeptisch. Durch einen Aufkauf würden seine Kompetenzen eingeschränkt und sein Anspruch geschwächt, irgendwann Weills Position einzunehmen.

»Es ist gut für die Firma«, sagte Cohen unter vier Augen zu Weill. »Aber es ist nicht unbedingt gut für mich.«

Die Unterstützung von Cohen war von entscheidender Bedeutung. Er war eine Kanone auf dem Gebiet der Betriebsorganisation, der ungekürte Held des Erfolges von Shearson. Während Weill der Mann an der Front war, der Stratege, der Geschäftemacher, brachte Cohen die Verwaltung zum Laufen. Cohen war der Geldeintreiber, Weill der Aufreißer.

Ein kleinwüchsiger, korpulenter Mann mit drahtigem schwarzem Haarschopf, stand Cohen hinsichtlich Temperament und Herkunft Weill keineswegs fern. Als Sohn eines Kleiderfabrikanten wuchs er in Long Island auf und machte seinen Abschluß an der Ohio State University und der Columbia Business School. Er war fasziniert von der Wall Street, kaufte und verkaufte ständig in seiner knappen Freizeit Aktien. Cohen lehnte das Angebot seines Vaters, bei ihm zu arbeiten, ab und steuerte Wall Street an. Im Alter von fünfundzwanzig Jahren wurde er von Weills Partner Marshall Cogan als Wertpapierhändler eingestellt.

Jung und gut im Umgang mit Zahlen, war Cohen auf Draht. Er verdiente in der Collegezeit Geld, indem er kistenweise Bier an seine Kommilitonen verkaufte. Aber er war auch ungeduldig.

Es war bekannt, daß Cohen zu gegebener Zeit Präsident von Shearson werden wollte, doch Weill verweigerte ihm dies. Zu unreif, blaffte Weill. Vielleicht später, zu gegebener Zeit.

Frustriert kündigte Cohen 1977 und begann für Edmond J. Safra bei der Republic National Bank zu arbeiten, die ihren Sitz ebenfalls in New York hatte. Der Finanzier Safra, ein gebürtiger Libanese, hatte in der Schweiz eine eindrucksvolle Privatbank aufgebaut. Und er machte sich gerade in den Vereinigten Staaten einen guten Namen. Cohen lernte Safra kennen, als er Republic durchleuchtete. Er bewunderte Safra für dessen Brillanz und Entschlossenheit. Safra wiederum entdeckte an Cohen einige ehrgeizige Eigenschaften, die er selbst als junger Mann besessen hatte, und mochte ihn beinahe auf Anhieb.

Aber Cohen langweilte das gedämpfte Tempo der Geschäftsbanken. Er vermißte vor allem das aufregende Gefühl, das sich beim Abschluß eines Geschäfts einstellte. Ein Jahr später kehrte er zu Shearson zurück, um Weill beim größten aller Käufe zu unterstützen, dem Erwerb der ehrwürdigen Investmentbank Loeb Rhoades. 1979 war Cohen die unbestrittene Nummer zwei in der Weill-Firma, doch sein überstürzter Abgang riß einen Graben zwischen ihm und Weill auf, der nie mehr zugeschüttet werden konnte. Weill sollte stets Cohens Loyalität anzweifeln. Was Cohen anlangte, so sollte dieser Weill bald als Hindernis auf seinem Weg nach oben betrachten.

Bevor Weill mit Robinson weiterverhandeln konnte, mußte er Cohen beschwichtigen. Er sagte, er werde Robinson bitten, seinem zweiten Mann einen Platz im Verwaltungsrat zu verschaffen. Cohen reagierte auf Weills Loyalitätsbeweis aufrichtig gerührt. Es schien, als erkenne Weill endlich seine Talente an.

In Wirklichkeit war Cohen ein Kompromißkandidat. Die ganze Zeit hatte Weill darauf bestanden, daß Shearson mehr als ein einziger Sitz, der ihm zufallen würde, zustehe.

»Ich brauche jemanden an meiner Seite«, teilte Weill Robinson mit. »Ich kann nicht der einzige sein. Das sähe nicht anständig aus.«

Weill wollte zwei weitere Verwaltungsratssitze. Er schlug Kenneth Bialkin, den freien Berater von Shearson, für einen der Sitze vor. Als Partner bei Willkie, Farr & Gallagher, einer Topfirma in Wall Street, hatte Bialkin seit Jahren Weill beratend zur Seite gestanden. Weill wollte den anderen Verwaltungsratssitz für Dan Seymour haben, den Chef von J. Walter Thompson und engen Freund von Weill.

Robinson lehnte ab. *Wer kauft hier wen?* dachte er bei sich. Daß Weill einen Shearson-Brückenkopf im Verwaltungsrat von AmEx errichten konnte, war das letzte, was er wollte. Aber Robinson, stets der Gentleman, wollte eine Konfrontation mit Weill vermeiden. Statt dessen erklärte er Weill, der Verwaltungsrat habe genug von Außenstehenden wie Bialkin. Was Seymour angehe, so würde dagegen Ogilvy & Mather, die langjährige Werbeagentur von AmEx, rebellieren. O & M würde dann gleichfalls einen Sitz im Verwaltungsrat haben wollen.

Als Kompromißlösung schlug Weill Cohen vor. Robinson war auch mit dieser Wahl nicht glücklich. Cohen nahm kein Blatt vor den Mund und wurde manchmal beleidigend. Das letzte, was

Robinson im Vorstand brauchen konnte, war ein zweiter Zigarren paffender Gegenspieler aus dem Hause Shearson. Und wieder fand er einen anderen Grund, nein zu sagen. Cohen war erst vierunddreißig Jahre alt. Er wäre das jüngste Verwaltungsratsmitglied in der Geschichte von AmEx. Robinson selbst war neununddreißig, als er 1975 in den Vorstand berufen wurde.

Bis zum Osterwochenende war die Angelegenheit bis auf ein paar Kleinigkeiten ausgehandelt. Beide Seiten trafen sich am Freitag bei AmEx, um noch einige letzte Zahlen zu prüfen. Cohen lehnte hartnäckig den Preis ab. Er schlug vor, ein Verhältnis von 1,3 entspreche eher als 1,1 dem wahren Wert einer jeden Firma. Darauf erpicht, das Geschäft zum Abschluß zu bringen, erklärte sich Robinson bereit, die Sache noch etwas zu versüßen. Der Endpreis für Shearson sollte 932 Millionen Dollar betragen.

Nach der Sitzung nahmen Weill, Cohen und George Sheinberg, der Finanzchef von Shearson, zusammen ein Taxi. Sie wohnten alle drei an der Upper East Side.

»Hör zu, Peter, es gibt da ein Problem«, sagte Weill und wandte sich zu seinem Protegé. Weill machte eine Pause, um seine Gedanken zu sammeln. »Robinson will Sie nicht im Verwaltungsrat haben. Er will nur mich.« Nur CEOs könnten bei AmEx Direktoren werden, erzählte er Cohen. Cohen war sprachlos. Er hatte gemeint, mit der Diskussion am Tag zuvor sei die Sache geklärt gewesen. In der Vergangenheit hatte Weill andere CEOs dazu gebracht, daß sie auf seine Bedingungen eingingen. Bei Cohen war Weill anscheinend auf einmal zurückhaltend.

»Ich war fuchsteufelswild!« meinte Cohen später. »Ich fühlte mich verkauft. Ich hätte ihn umbringen können.«

Sheinberg fuhr dazwischen, bevor Cohen antworten konnte.

»Warum machen wir Peter nicht zum CEO von Shearson?« schlug er vor. Das war leicht zu bewerkstelligen, da Weill vermutlich in irgendeiner Eigenschaft in die Führungsetage von AmEx aufsteigen würde.

Bevor Sheinberg fortfahren konnte, wirbelte Weill jedoch herum und starrte Sheinberg an. *Shearson gehört mir*, dachte Weill.

»Lassen wir das, o. k.?« sagte Weill.

Doch Weill wußte, daß er möglicherweise vor einem neuen Aufstand stand. Stur und ehrgeizig wie er war, hatte Cohen doch bei Shearson Verbündete. Und diese konnte man nicht einfach übergehen. Zusammen besaßen sie eine beachtliche Menge Shearson-Aktien. Am folgenden Tag, dem Samstag, berief Weill seine Spitzenleute in sein Landhaus. Es war Zeit, den Aufstand niederzuschlagen, bevor er noch recht in Gang käme.

Weill hatte 11.00 Uhr als Termin vorgeschlagen. Das Passahfest würde mit Einbruch der Dämmerung beginnen, und die meisten Direktoren von Shearson hatten vor, frühzeitig nach Hause zu fahren, um mit ihren Familien das traditionelle Sederfest zu feiern. Der erste, der bei Weill eintraf, war Cohen.

»Hören Sie zu«, sagte Weill zu ihm, während sie eng nebeneinander ins Arbeitszimmer schritten. »Machen Sie nicht diesen Aufkauf zunichte. Vermasseln Sie ihn nicht.«

Cohen hörte aufmerksam zu. Weills Tonfall war nicht tyrannisch, eher flehend.

»Machen Sie sich wegen mir keine Gedanken, Sandy«, antwortete Cohen. »Ich weiß, was für die Firma gut ist.«

Kurz danach trudelten die anderen Spitzenmanager von Shearson ein. Einige saßen auf dem Boden, andere auf aus dem Speisezimmer geholten Stühlen. Weill begann seinem Team noch einmal einen Vortrag über die Vorteile eines Aufkaufs durch AmEx zu halten. Und wieder stellte sein Stab die Notwendigkeit dafür in Frage.

Dieses Mal hatte Weill eine passende Antwort parat.

»Wie würden Sie sich vorkommen, wenn AmEx Hutton kaufen würde?«

Gemurmel erhob sich im Raum. Das war genau die Reaktion, auf die Weill gehofft hatte. Lange vor dem peinlichen Skandal mit dem Scheckbetrug und dem nachfolgenden Ende war Hutton wohl das nobelste Haus an der Wall Street gewesen. Weill hatte einige Informationen aufgeschnappt, größtenteils aus zweiter oder dritter Hand, daß AmEx und Hutton bereits Gespräche geführt hätten. Doch er stellte es so hin, als werde die Sache mit Sicherheit Wirklichkeit, wenn Shearson ausstiege.

»Wollen Sie gegen AmEx und Hutton antreten?« fragte Weill rhetorisch. »Wir werden mit Sicherheit verlieren.«

Niemand war darauf erpicht, es mit so einem Konkurrenten aufnehmen zu müssen.

Weill wies des weiteren auf die positiven Reaktionen hin, die viele der 5000 Broker von Shearson gezeigt hatten. Weill war geradezu mit Telefonanrufen von seinen regionalen Mitarbeitern bombardiert worden, die nur zu gerne Teil der Marketing-Maschinerie von AmEx werden wollten. Sie wollten vor allem die Namensliste der Inhaber von der AmEx-Gold-Karte haben.

Allmählich verstummten die kritischen Stimmen.

Als der Widerstand nachließ, kam Weill auf die größeren Aufstiegschancen zu sprechen. Das war ein Thema, das reichlich Stoff bot.

»Wir saßen herum und versuchten abzuschätzen, wer von den Leuten bei American Express Jude war«, erinnerte sich ein Mitglied des Verwaltungsrats. »Wir redeten offen darüber, ob ein Jude tatsächlich die Möglichkeit habe, American Express zu leiten.«

Das fragte sich Weill auch.

»Meinen Sie, ich schaffe das?« fragte Weill.

Er sagte es mit einem breiten Grinsen, die Frage sollte als Scherz verstanden werden. Einige anwesende Führungskräfte waren sich dessen allerdings nicht so sicher.

»Sandy, Sie sind naiv, wenn Sie glauben, Sie können American Express leiten«, sagte Sherman Lewis, der Investmentbanking-Chef von Shearson.

Cohen pflichtete ihm bei.

»Kein Jude wird jemals diese Firma leiten«, sagte er.

Als die Gruppe sich trennte, hatte Weill praktisch einen Sieg errungen. Niemand bei Shearson würde sich dem Geschäft widersetzen. Was er von Cohen halten sollte, wußte er immer noch nicht genau. Um 14.00 Uhr, als die Sitzung beendet wurde, wünschte Weill allen ein schönes Passahfest. Er sagte zu Cohen, sie sollten sich Sonntag früh, bevor sie in die mitten in der Stadt gelegenen Büros von Skadden Arps, der Anwaltskanzlei von AmEx, gingen, treffen und die Fusionspapiere nochmals durchsehen.

An jenem Abend fuhr Cohen zusammen mit seiner Frau und den zwei Kindern zu seinem Bruder Billy, um dort das jüdische Fest zu feiern. Als er wieder in seinem Apartment an der Park Avenue eintraf, klingelte das Telefon. Am anderen Ende war Robinson.

»Ich höre, Sie sind verärgert«, sagte Robinson.

Erneut fühlte sich Cohen von Weill verraten. Er hatte nicht gewollt, daß seine Unterredung mit Weill außerhalb der Shearson-Büros bekannt würde. Nun spürte er, daß er vom AmEx-

CEO gleich unter Druck gesetzt werden würde. Cohen hatte die Nase voll und rauchte vor Zorn, und so äußerte er sich unverblümt.

»Jim, machen Sie sich keine Gedanken. Ich tue schon das Richtige. Ich gebe Ihnen sechs Monate – bis zum Jahresende. Wenn es mir nicht zusagt, ziehe ich mich ohne Aufheben zurück.«

Durch Cohens beißende Schärfe überrascht, dachte Robinson nicht daran, sich versöhnlich zu geben. Er wünschte eine gute Nacht.

Am nächsten Tag, dem Ostersonntag, trafen sich die Führungsleute von Shearson und von American Express in den Kanzleiräumen von Skadden Arps. Zu seiner Verblüffung wurde Cohen aufgefordert, eine Klausel zu unterschreiben, nach der er fünf Jahre lang nicht in Konkurrenz zu AmEx-Shearson treten sollte. Er war stinkwütend.

»Auf keinen Fall«, teilte er den Anwälten von AmEx mit. »Ich habe Robinson gesagt, daß ich ihm sechs Monate gebe und dann abwarten und weitersehen würde. Auf mehr lasse ich mich nicht ein.«

Am darauffolgenden Montagabend stellten sich dieselben Führungsleute erneut bei Skadden Arps ein. Als Cohen diesmal eintraf, fing ihn Weill ab.

»Sie sind im Verwaltungsrat«, sagte Weill.

Robinson hatte nachgegeben, um Cohen zu besänftigen. Weill war sichtbar erleichtert. Doch Cohen hegte noch immer Zweifel an seiner Aufrichtigkeit. Von diesem Augenblick an glaubte Cohen stets, daß Weill irgendwie dafür verantwortlich sei, daß er, Cohen, nicht auf Anhieb einen Sitz im Verwaltungsrat erhalten hatte. Das mag dahingestellt bleiben. Cohen hatte endlich, was er wollte. Und Weill auch. »Wir ziehen gerade ein«, erzählte Weill einem Freund. »Jetzt haben wir sie.«

Die Shearson/AmEx-Übereinkunft wurde am 21. April 1981 offiziell bekanntgegeben. Drei Tage danach trafen sich die Robinsons und die Weills mit Sandy Lewis und dessen Ehefrau Barbara im Four Seasons, um den Abschluß zu feiern.

»Wir haben Geschichte geschrieben«, sagte Lewis lächelnd. Er war von der Größe des Deals aufrichtig beeindruckt.

»Zeitweilig hatte ich so meine Zweifel«, räumte Robinson ein, der in gelöster Stimmung war. Nun hatte er das Geschäft, das er sich, schon seitdem er 1977 CEO geworden war, gewünscht hatte. Zwei Jahre lang hatte Robinson für seine McGraw-Hill-Sünden gebüßt. Shearson, das fühlte er, war seine Absolution.

Zum Abschluß des Abends überreichte Lewis beiden, Robinson und Weill, eine Plastik aus Steuben-Kristallglas, die der New Yorker Skyline nachempfunden war. Und er übergab den beiden Männern je ein Exemplar des Buches *Love is not enough* von Bruno Bettelheim. In die beiden Exemplare hatte Lewis geschrieben: »Ohne diesen Knaben wäre aus unserem Geschäft nie etwas geworden.«

Zwei Wochen später überreichte Robinson Lewis einen Scheck über 3,5 Millionen Dollar. Es war der größte Finderlohn, den Lewis jemals erhalten hat. Weill selbst hatte noch versucht, das Honorar herunterzuhandeln. Er stritt mit Robinson, da ihm der Betrag allzu hoch erschien. Doch Robinson wollte davon nichts hören. Es schien ein fairer Preis für die größte Erwerbung, die Robinson jemals gemacht hatte, zu sein.

6

Expansions-Blues

Von dem Augenblick an, als der Shearson-Kauf perfekt war, schlossen die Scherzbolde von Wall Street Wetten ab, ob Robinson gegen Sandy Weill eine Chance habe. Monatelang hatte man offen darüber diskutiert, ob nun AmEx Shearson aufkaufe oder umgekehrt. Weill war gerissen und ehrgeizig. Vor allem war er es gewohnt, die Nummer eins zu sein. Es war zu bezweifeln, daß jemand, der so ruhig und entgegenkommend wie Robinson war, in der Lage wäre, Sandy lange Zeit niederzuhalten.

Selbst bei American Express ging man davon aus, daß Jim und Sandy in Konkurrenz zueinander stünden. Die Direktoren wurden als Jims Männer oder Sandys Männer eingestuft.

Robinson spürte die Gefahr. Mitglieder des Verwaltungsrates hatten ihm zur Vorsicht geraten. *Man kann Sandy nicht vertrauen. Passen Sie auf, was sich hinter Ihrem Rücken tut. Weill will Ihren Job.* Die Warnungen waren nicht vornehmlich aus Sorge um Robinson ausgesprochen worden, sondern auch aus purer Angst um den eigenen Job. Falls Weill Robinson vom Thron stieße, würde er mit Bestimmtheit den Verwaltungsrat mit seinen eigenen Anhängern besetzen. Zur Vorbeugung gegen einen möglichen Umsturzversuch schränkte Robinson Weills Manövrierfähigkeit ein. Noch vor Ablauf eines Monats nach dem Ankauf von Shearson händigte Robinson Weill ein Papier aus, in dem dessen Zuständigkeiten festgelegt waren. Das Schreiben war zwei Seiten lang und deutlich. Weill blieb weiterhin für Shearson verantwortlich. Doch was American Express anlangte, so war er ein Minister ohne Geschäftsbereich. Er wurde zum Leiter des Executive Committee oder »Vorstandes« von AmEx ernannt, einer Art Unternehmensfegefeuer. Ihm oblag es, bei den allwöchentlichen Sitzungen Zusammenfassungen über die Unternehmensaktivitäten zu erstellen. Später sollte er auch für die Aushandlung des Pachtvertrages für eine neue Firmenzentrale im World Financial Center zuständig sein.

Drei Monate nach der Fusion hatte Weill im stillen eine Kampagne gestartet, um seine Ernennung zum leitenden Direktor durchzusetzen. Damit hätte er sich als Robinsons Nummer zwei fest etabliert. Doch Robinson lehnte das Ansinnen ab. *Nach einer Weile vielleicht,* sagte Robinson, oder er ließ ihn einfach abblitzen. *Das braucht seine Zeit.*

Sogar als Robinson im Januar 1983 Weill zum Präsidenten von American Express ernannte, änderte sich nichts an Weills Verantwortungsbereich: Shearson und nichts anderes. Und Weill konnte sich an keine Berufungsinstanz wenden. Obwohl er im Verwaltungsrat sehr gute Lobbyarbeit leistete, solange es um Budgets und Fünfjahrespläne ging, hatte er doch keine starken Förderer. Und er hegte Zweifel, ob er jemals welche haben würde. *Das sind die Jungs von Jim.*

»Ich bin nur der Deputy Dog«, beschwerte sich Weill öfter gegenüber Shearson-Kollegen, womit er auf die bekannte, glücklose Cartoonfigur anspielte. »Ich habe hier nichts zu tun.«

Dennoch glaubten nur wenige in der Führungsetage, Weill würde lange unten bleiben. Sandy war zu gerissen, und Shearson zu stark. Dank der Börsenhausse, die im August 1982 einsetzte, schnellten die Erträge von Shearson in die Höhe. Der Dow Jones Industrial Average (Dow-Jones-Index) hatte wie im Fieber zu steigen begonnen. Und Weills Einfluß wuchs. Von einer spekulativen Presse gespeist, schwirrten die Gerüchte, Weill bereite einen *Coup d'état* vor.

»Wann unternimmt Sandy seinen großen Schritt?« war die wichtigste Frage, die bei American Express kursierte, erinnerte sich Freeman später.

Insbesondere Gerstner hegte großes Mißtrauen gegen Weill. Der TRS-Chef hielt sich mittlerweile selbst für den designierten Nachfolger von Robinson, dank seiner Erfolge im Kartengeschäft.

Bis 1983 hatten sich Robinsons frühere Befürchtungen, die Karte käme ins Flattern, als unbegründet erwiesen. Die Karte war »Die Karte« geworden. Mit dem Plastikgeld von AmEx wurden die Spesen der fünfhundert größten Firmen der Vereinigten Staaten beglichen. Auch im privaten Bereich wurde zunehmend stärker mit der Karte bezahlt. AmEx hatte 17,7

Millionen Karteninhaber, die im Jahr bis zu 75 Milliarden Dollar abbuchen ließen. Für 1983 wurde bei TRS erwartet, daß die Gewinne erstmals die Grenze von 300 Millionen Dollar überschreiten würden, eine gegenüber 1982 bemerkenswerte Steigerung um 20 Prozent.

Zum Teil war der Erfolg der Karte auf einen sorgfältig ausgearbeiteten Fünfjahresplan zurückzuführen, den Lou Gerstner aufgestellt hatte, als er 1978 die Leitung der Kartenfirma übernahm. Ein Jahr später war er zum Chef von TRS ernannt worden, und Gerstner hatte so hochgeschraubte Ziele vorgegeben, wie man sie bei AmEx noch nie gehört hatte. An erster Stelle rangierte, den Gewinn alljährlich um 15 bis 20 Prozent zu steigern. Ein Traum, den Robinson teilte. TRS sollte zum Goldesel der achtziger Jahre werden.

Während Robinson am Aufbau eines Imperiums arbeitete, hatte Gerstner TRS in eine konkurrenzlose Marketingmaschine verwandelt. Er stattete die Kartenfirma mit klugen, unternehmerisch denkenden Leuten aus, die er »Elefanten im Porzellanladen« nannte, und die sich nicht um Konventionen kümmerten. Das war etwas völlig anderes als die üblichen »Wasserträger« von AmEx, die nur am sozialen Aufstieg interessierten Absolventen der Eliteuniversitäten. Zu seiner neuen Mannschaft zählten James Calvano, der CEO der Avis-Autovermietung, und Jerry Welsh, ein ehemaliger Professor für russische Sprache und Slawistik, der ein bemerkenswertes Gespür fürs Marketing besaß. Die Angewohnheit, Konventionen in Frage zu stellen, hatte er sich in seinen Anfangsjahren bei McKinsey erworben. Diese Unternehmensberatung arbeitete mit einer flachen Hierarchie, belohnte dafür jedoch neue Ideen.

»Meine Aufgabe ist es, alle hier im Haus unten, hungrig und auf Trab zu halten«, sagte Gerstner einmal in einem Interview.

Ihm schien sein Job zu gefallen. Hartgesotten und unbarmherzig, gestand Gerstner seinem Stab nie auch nur eine Sekunde zum Atemholen zu. »Große Ideen« lautete die Beute, hinter der die Mitarbeiter von TRS herjagten. Nach Gerstners Ansicht war jedem Marketingkonzept nur eine begrenzte Lebensdauer beschieden. Selbst die überall herumstehenden »Take-One«-Schachteln, aus denen man sich im Vorbeigehen einen Aufnahmeantrag fischen konnte und mit denen fast 20 Prozent der neuen Karteninhaber hatten gewonnen werden können, bildeten da keine Ausnahme. »Als nächstes, wissen Sie, werden wir sie vermutlich in den Toiletten bei der Yale-Bowl aufstellen«, sagte er einmal zu seinem Stab.

Gerstner zeigte sich gegenüber denen, die etwas leisteten, großzügig, bei denen jedoch, die ins Stolpern gerieten, kannte er keine Gnade. »TRS war, solange man etwas leistete, eine einzige große glückliche Familie«, erinnerte sich Calvano. »War einem kein Erfolg beschieden, wurde man verbannt. Das ging so nach dem Motto: ›Der alte Don war ein guter Knabe, doch vielleicht sollten wir es nun mit der jungen Mary Jane versuchen.‹«

Zum Glück für Gerstner fiel die Zeit, als er TRS leitete, mit dem Aufkommen der sogenannten »Baby-Boomers« in den frühen achtziger Jahren zusammen. Sie waren Abkömmlinge einer Generation, die Härten und Mühsal noch aus erster Hand kannten und geschworen hatten, ihren Kindern solle es an nichts fehlen. Sie hatten eine gute Ausbildung, waren beruflich ehrgeizig, und es war ihnen wichtig, wie sie von anderen gesehen wurden. Und am besten war, sie gaben nur zu gerne Geld aus.

Gerstner und seine Mitarbeiter bei TRS gehörten mit zu den ersten, die diesen Wertewandel erkannten. Das Marketing von AmEx hatte stets auf Prestige gesetzt. Jetzt ging diese Botschaft noch weiter. Die Karte wird Ihr Leben verändern. Die Karte wird Ihr Leben bereichern. Die Karte wird Ihr Ansehen erhöhen.

Welsh vor allem bewies eine unheimliche Treffsicherheit, was diese neue Epoche des Marketing anbelangte. Einmal, als er mehrere von Ogilvy & Mather entworfene Anzeigen begutachtete, stieß er auf den Satz: »American Express is a part of a lot of interesting lives – American Express ist Teil von vielen interessanten Leben.« Welsh strich das meiste vom Text, behielt nur die Idee der »Interesting Lives« und verwandelte diesen Slogan in eine der erfolgreichsten Werbekampagnen, die auf die wachsende Zahl berufstätiger Frauen abzielten.

Die Anzeigen stellten junge, beruflich erfolgreiche Frauen an ihrem Arbeitsplatz und in der Freizeit vor. Eine zeigte zwei Ingenieurinnen, die beim Mittagessen ein Projekt besprachen. In einer anderen Anzeige schleppte eine junge Managerin ihre Tauchausrüstung auf einer Geschäftsreise mit. Der Name American Express wurde mit keinem Wort laut erwähnt. Die Karte wurde kurz am Ende gezeigt. Die Kampagne war das Nonplusultra sanfter Werbung und ein unglaublicher Erfolg. Selbst bei der Frauenbewegung stieß die Werbung auf Begeisterung. American Express »vermittelt den Frauen jetzt das Gefühl, willkommen und eingeladen zu sein«, sagte Gloria Steinem. 1984 ging jede dritte neue Karte an eine Frau.

Und dann war da noch das »mit einer guten Sache verbundene« Marketing. American Express brachte in den achtziger Jahren seinen Namen mit ungefähr fünfzig spendenabhängigen Einrichtungen und Unternehmungen in Verbindung, das reichte vom Dallas Ballet bis zum Lincoln Park Zoo in Chicago. Den größten Erfolg konnte man im Oktober 1983 verbuchen, als AmEx sich für die Restaurierung der Freiheitsstatue einzusetzen begann. American Express versprach, drei Monate lang jeweils einen Cent von jeder Kartentransaktion und einen Dollar für jeden neuen Karteninhaber an die Renovierung der Statue abzuführen. AmEx brachte auf diese Weise 1,7 Millionen Dollar zusammen. Was noch besser war: Im letzten Quartal des Jahres 1983 lag der Einsatz der Karte um 28 Prozent über dem im gleichen Zeitraum des Vorjahres. Die Neuanträge stiegen um 45 Prozent.

Doch damit nicht genug. Da die Bankkreditkarten langsam stärker akzeptiert wurden, beschloß Gerstner, American Express müsse die Attraktivität der Karte steigern, wenn er seine Wachstumsziele einlösen wolle. Die American-Express-Karte mußte von noch mehr Leuten an noch mehr Orten benutzt werden.

Zwecks Ausweitung ihres Einsatzbereiches versuchte AmEx mit Vehemenz neue Vertragsunternehmen zu gewinnen. Discounter wie die Firma Dollar und die Budget-Autovermietung kamen neu hinzu, daneben auch Neiman-Marcus. AmEx war sogar hinter den Medizinern her und versuchte Ärzte und Zahnärzte zu überreden, die Karte zu akzeptieren.

Zur gleichen Zeit begann AmEx tiefer in seinen demographischen Daten zu graben, um neue Mitglieder zu werben. AmEx hatte sein gehobenes Image Ende der siebziger Jahre so erfolgreich propagiert, daß viele für die Karte in Frage kommende Verbraucher nicht einmal mehr einen Antrag stellten. Die Kampagne »Interesting Lives« wurde auf eine breitere Ebene gestellt, so daß sich auch junge Berufstätige mit niedrigerem Einkommen angesprochen fühlen konnten. Es waren nicht nur

Richter, die eine American-Express-Karte besaßen; auch Anwälte der Rechtshilfe für Bedürftige gehörten zu diesem Kreis. Die Firma fing sogar an, die Abschlußjahrgänge am College zu bearbeiten, auf daß sie gleich nach der Schule an die grüne Karte von American Express gebunden wurden.

Den schlagendsten Beweis für Gerstners Wunsch, das obere wie das untere Verbrauchersegment zu beherrschen, bildeten die neuen Produkte von TRS. 1982 startete Gerstner die »Operation Blue Card« zur Entwicklung einer neuen Karte, die in Konkurrenz zu den Bankkreditkarten treten sollte. Fünf Jahre später stellte American Express sein Optima-Programm vor, das scheitern sollte. Es war praktisch eine Imitation der Visa und MasterCard. Optima sollte später zum einen der Rezession des Jahres 1991 zum Opfer fallen und gleichzeitig zum Symbol der erstaunlichen Talfahrt des Unternehmens werden.

Als die Banken mit der Herausgabe einer Goldkarte begannen, war American Express zur Verteidigung seines wohlhabenden Kundensegments gerüstet. 1983 mußte TRS eine besorgniserregende Abwanderung von AmEx-Plastikgeld zu den Gold Cards von Visa und MasterCard feststellen. Diese boten Barvorschüsse wie AmEx, doch sie waren billiger. Die Jahresgebühr betrug gegenüber den 50 Dollar für die goldene Karte von AmEx lediglich 35 Dollar. Schlimmer noch, die Öffentlichkeit stufte die Gold Cards der Banken als genauso prestigeträchtig wie die von AmEx ein.

»Wir müssen das Spitzensegment ein wenig anheben«, dozierte Gerstner gegenüber seinen Mitarbeitern. »Wir brauchen ein Produkt, das noch hochklassiger wirkt als die Gold Card.«

Es dauerte nicht lange, und TRS hatte die Platinum Card. Sie sollte etwas Besonderes, nahezu Unerreichbares sein. Und ihre Vergünstigungen sollten vor allem jene ansprechen, die nach dem Äußersten an Anerkennung lechzten. Sie wurde nur Leuten angeboten, die bereits eine AmEx-Karte hatten und mit dieser durchschnittlich 10 000 Dollar im Jahr oder mehr umsetzten. Mit dem Platin-Produkt konnte man bis zu 10 000 Dollar die Woche bar abheben, vierundzwanzig Stunden am Tag Reise-Dienstleistungen in Anspruch nehmen, und jede Ausgabe wurde erst zum Jahresende abgebucht.

Am heftigsten diskutiert wurde, welche Jahresgebühr für die

Platin-Karte angemessen sei. Bei einer Sitzung zur einzuschlagenden Preisstrategie, an der auch Robinson und Gerstner teilnahmen, sprach Aldo Papone sich für einen Betrag von 1000 Dollar aus. *Allein dieser Preis würde ihr schon Prestige verleihen,* meinte er. Calvano plädierte für 250 Dollar. *Wir wollen die Wohlhabenden, nicht die Stinkreichen,* dachte er bei sich.

Robinson lag mit seinen Vorstellungen wie immer in der Mitte.

»Wie zum Teufel legen wir den Preis fest?« fragte er.

In seiner typischen Manier mischte sich Gerstner, der TRS-Chef, sofort ein.

»Die Diskussion ist beendet. Wir verlangen 250 Dollar«, erklärte Gerstner. Dann wandte er sich an Robinson. »Einverstanden, Jim?«

Robinson nickte.

Ein derartiger Rollentausch war zwischen Robinson und Gerstner durchaus üblich. Voll damit beschäftigt, ein Imperium aufzubauen, konnte Robinson nur wenig Zeit für das Kerngeschäft von AmEx erübrigen. Mehr noch, er hatte Gerstners Fähigkeiten hinsichtlich des Marketing, soweit es um die Kartenbranche ging, nichts entgegenzusetzen. »Lou war ›Mr. Inside‹, intern der Chef, und Jim war ›Mr. Outside‹, der Star in der Öffentlichkeit. Alle wußten das«, erinnerte sich Calvano.

Robinson störte das nicht. In der Öffentlichkeit wurde der Chef von AmEx als Weltmeister der Karte gepriesen, während bei AmEx intern Gerstners übermächtiger Einfluß sich zu einer machtvollen Waffe gegen Weill und dessen Ambitionen entwickelte. Teile und erobere, das war Robinson in Reinkultur.

Mit dem Ziel, Weill hinter sich zu lassen und seine eigene Stellung zu stärken, begann Gerstner seinen Stab unter Druck zu setzen, für TRS noch fettere Gewinne zu erzielen. »Die Kosten senken, Geld verdienen« wurde zum Schlachtruf bei TRS. Ende des Jahres 1983 war Gerstner gerade dabei, die den Vertragsunternehmen abverlangten Gebühren leicht anzuheben. Er begründete dies damit, daß die AmEx-Karteninhaber mehr Geld als andere ausgeben würden und deshalb der Firma auch ein höherer Anteil zustehe. Gebührenanhebungen gab es im Laufe der achtziger Jahre immer wieder. Gerstner umriß seine Strategie vor einer Handvoll von Spitzenmanagern von TRS anläßlich einer Konferenz in Casa de Campo in der Dominikanischen Republik.

»Wir müssen in den nächsten Jahren die Gewinne maximieren und dürfen uns nicht so sehr auf die Vergrößerung der Marktanteile konzentrieren, sonst werden Sandy und Shearson am Ende das Unternehmen leiten«, sagte Gerstner. »Wir stehen vor einem strategisch wichtigen Kampf!«

Weill allerdings war eher frustriert als gefährlich. Selbst an der Front der Firmenkäufe fühlte er sich unterbeschäftigt und angreifbar. Robinson hatte erwartet, daß Weill, der Meister in diesem Fach, die Expansion von AmEx vorantreiben würde. Niemand sonst bei AmEx besaß ein derartiges Talent oder solche Kontakte für Firmenzukäufe wie er. Doch was das Aufspüren von Übernahmekandidaten für American Express betraf, konnte man Weills Erfolge bestenfalls als spärlich bezeichnen. Für die zurückliegenden zwei Jahre hatte er lediglich The Boston Company, eine kleine Geldanlagefirma, und ein paar regionale Brokerhäuser vorzuweisen.

Und selbst dies war nicht problemlos über die Bühne gegangen. Als Weill den Aufkauf von Foster & Marshall, einer in Seattle ansässigen Brokerfirma, aushandelte, hatten die Makler von F&M dagegen rebelliert. Aus Angst, ihre Provisionen würden unter der Leitung von AmEx schrumpfen, waren Hunderte gegangen.

Es war auch nicht gerade hilfreich, daß Cohen endlich mehr Erfolg hatte als sein früherer Mentor. 1983 erwarb American Express die Trade Development Bank von Edmond Safra, und zwar vor allem auf Empfehlung von Cohen hin. Safras Bank wurde dann in die American Express International Banking Corporation eingegliedert. Zu diesem Zeitpunkt galt Safra als weltweit führender Privatbankier. Sein Ruf war legendär, seine Bank einzigartig. Von seiner unscheinbaren Zentrale in Genf aus, die unter dem Schutz des Schweizer Bankgeheimnisses stand, betreute er die Reichsten der Welt.

Als enger Freund von Safra handelte Cohen persönlich alle Einzelheiten aus. Es war Cohen, der zwischen AmEx und dem Pariser Apartment von Safra hin und her reiste. Es war Cohen, der Safra zum Verkauf an American Express überredete. Und es war Cohen, der dafür sorgte, daß ihnen Safra als Leiter der AmEx-Bank erhalten blieb.

Robinson jubelte. Nicht nur hatte Cohen eine Übernahme vorgeschlagen, die die eigene, schleppend arbeitende Bank von AmEx neu beleben würde, er hatte auch Safra selbst eingefangen. Plötzlich war Cohen nicht länger mehr der jammernde Unzufriedene, für den Robinson ihn gehalten hatte. Cohen war der Goldjunge. Auf einmal standen private Mittagessen mit Robinson und gesellige Zusammenkünfte mit den Ehefrauen auf der Tagesordnung. Es dauerte nicht lange, und Cohens Einschätzungen zu Geschäftsfragen hatten genausoviel Wert wie die von Weill.

»Peter Cohen ist ein Genie«, teilte Robinson nach dem Erwerb von TDB Mitgliedern des Verwaltungsrates mit.

Cohens Erfolg steigerte nur noch Weills Gefühl der Isolation. 1983 merkte Weill, daß er sogar die Kontrolle über Shearson verlor.

Eingeschlossen in die Chefetage von AmEx, wanderte er nur noch selten durch die Büros von Shearson, wie er es früher immer getan hatte. Er schaute nicht mehr den Händlern oder Sekretärinnen über die Schulter. Weill besaß kein Reich, das er sein eigen nennen konnte.

Weill beschwerte sich offen über das großzügige Bonussystem bei Shearson, das Cohen eingeführt hatte. 1983 verdiente Cohen dank zahlreicher Leistungsanreize mehr als Weill oder Robinson. Cohens Jahreseinkünfte beliefen sich auf insgesamt 1,3 Millionen Dollar, während Robinson 902 000 Dollar und Weill 806 346 Dollar bezogen. »Das ist unerhört«, meinte Weill des öfteren. Robinson schenkte dem keine Beachtung. Es war keineswegs unüblich, daß die Topmanager von Brokerhäusern schwindelerregend hohe Einkommenspakete hatten. Ihr Gehalt war direkt an den Geschäftsumfang gebunden, den ihre Makler erzielten. Was allerdings mehr zählte: Robinson, seit der Kindheit an Reichtum gewohnt, sah Geld nie als ein Problem.

Weill sehnte sich verzweifelt nach einem eigenen Firmenaufkauf, nach einem, der seinen Ruf als gerissenen Geschäftsmann im Hause wiedererstehen lassen und gleichzeitig seine Stellung in der AmEx-Hierarchie stützen würde. Im Sommer 1983 glaubte Weill, die Antwort gefunden zu haben. Sie hieß Investors Diversified Services, ein Anbieter von Finanzprodukten fürs »breite Volk« aus dem Mittleren Westen.

Weill war 1979 auf das Unternehmen gestoßen, als er nach einer Finanzgesellschaft suchte, mit der er Shearsons Palette von Angeboten an Verbraucher erweitern konnte. Die in Minneapolis ansässige Firma verkaufte Kapitalanlage- und Versicherungsleistungen über ein Netz von »Finanzberatern«, die Klinken putzen gingen. Die IDS-Vertreter waren die Avon-Beraterinnen der Finanzdienstleistung.

Es war ein kostengünstiges Geschäft. Die Zukunftsaussichten sahen durch und durch rosig aus. Die Haussespekulation war noch voll im Gange. Und es waren nicht nur Verwalter von Rentenfonds, die sich einkaufen wollten. Alle Welt, vom Lehrer bis zum Busfahrer, hatte seine Lieblingsaktie oder -obligation. Nach Weills Berechnungen würde IDS bald eine Gelddruckmaschine sein.

Robinson war neugierig. Er autorisierte Weill festzustellen, ob IDS zum Verkauf stünde und wieviel die Firma wert sei. Wie sich herausstellte, war der Eigentümer, die Alleghany Corporation, interessiert. Alleghany, eine New Yorker Konzerngruppe, die aus einem Konglomerat von Industrieunternehmen und Finanzierungsgesellschaften bestand, besaß kaum emotionale Bindungen zu IDS. Wenn der Preis stimmte, würde sich Alleghany der Firma freudig entledigen.

Nach einigen Sitzungen mit Fred Kirby, dem Vorsitzenden von Alleghany, schlug Weill einen Aktien-Swap* im Wert von einer Milliarde Dollar vor, ganz ähnlich wie beim Aufkauf von Shearson. Kirby war angetan. Mit dem Abschluß des Verkaufs hätte er den größten Einzelblock an AmEx-Aktien unter Kontrolle. Es war außerdem von einem Sitz für Kirby im Verwaltungsrat die Rede.

Bis Mitte Juli war das Geschäft beinahe abgeschlossen. Kirby und Weill trafen sich bei AmEx zum Mittagessen, um die Bedingungen endgültig abzuklären. Einziger Stolperstein war die Tatsache, daß Kirby darauf bestand, AmEx solle sich formell zu einem Kaufpreis verpflichten, bevor er zulasse, daß ein genauer Blick auf IDS geworfen werden dürfe. Der Begriff »übliche Sorgfalt«, den er dafür verwandte, umschreibt die Überprüfung der Bücher und Gespräche mit den Topmanagern eines Unternehmens, eine Prozedur, mit der über den Zustand einer Firma befunden wird und die gewöhnlich einer Kaufvereinbarung vorausgeht.

Weill hielt diese Forderung zu jenem Zeitpunkt zwar für

* Swap bedeutet Tausch, also AmEx-Aktien gegen die von IDS. (A. d. Ü.)

seltsam, doch er willigte gerne ein. Robinson hatte dem Aktien-Swap in Höhe von einer Milliarde Dollar bereits zugestimmt, und Weill erwartete, wenn überhaupt, nur wenige Überraschungen in den Büchern von IDS zu finden. Eines fiel jedoch noch stärker ins Gewicht, Weill war scharf auf den Abschluß und ungeduldig. Er wollte den Kauf rasch über die Bühne bringen. Die beiden Männer tauschten einen Händedruck. Weill marschierte frohen Mutes in die Chefetage von AmEx zurück, um Robinson die gute Neuigkeit mitzuteilen.

Nach Ablauf weniger Tage stand Weill jedoch unter Beschuß. Der Aufkauf von IDS war bei AmEx allgemein bekannt, der Kaufpreis allerdings nicht. Eine Milliarde Dollar für eine Firma, die in New York kaum einer kannte, schien denn doch zu saftig. Beinahe über Nacht meldeten sich Kritiker zu Wort. Auf einmal fand man eine Menge von Schwachpunkten bei IDS.

Bei TRS war man sauer, die Kundschaft von IDS stehe für American Express zu weit am unteren Einkommensende. Könne sich die IDS-Klientel überhaupt für eine grüne AmEx-Karte qualifizieren? Seine Kollegen bei Shearson zweifelten an Weill. Sie nannten die IDS-Kunden scherzhaft »diese armen Leute«.

Cohen vor allem wurde deutlich. Er fand den Preis empörend. Cohen erinnerte Robinson daran, daß er Safras weltbekannte Bank für die Hälfte des Geldes geholt habe, das Weill für IDS hinzulegen bereit war. Er sonnte sich noch im Ruhm seiner glatten und triumphalen Übernahme von TDB und konnte somit schlecht einfach ignoriert werden.

Weill versuchte Cohen zu einem Meinungsumschwung zu bewegen. Im August nahm er sogar Cohen, Sheinberg, Gerstner und Papone nach Minneapolis mit und ließ sie einen Blick auf die Bilanz von IDS werfen. Weill war sicher, daß sie einlenken würden. *Sobald sie die Firma direkt vor sich sehen, werden sie beeindruckt sein.*

Die Reise änderte nichts. Cohen blieb bei seiner kritischen Einschätzung. Ihn hatten vor allem die begrenzten Verwaltungskapazitäten von IDS enttäuscht. *Wie sollen die den Zustrom an Neugeschäften bewältigen?* dachte er bei sich. AmEx müßte ihnen mit Neuinvestitionen in Millionenhöhe unter die Arme greifen. Was Sheinberg anging, so stimmten diesen die Bruttoerträge nachdenklich.

Die beiden ehemaligen Assistenten von Weill tauschten sich über ihre Zweifel aus und stellten anschließend Spekulationen über Weills Reaktion an. Beide fragten sich, was Weill wohl tun würde.

Sie mußten auf die Antwort nicht lange warten. Am Ende des zweiten Tages der Faktensuche nahmen Weill, Cohen und Sheinberg zusammen ein Taxi für die Rückfahrt zu ihrem Hotel.

»Also, was halten Sie davon?« fragte Weill seine Kollegen.

O Gott, jetzt geht's los, dachte Cohen.

»Sandy, ich bin stärker als je zuvor davon überzeugt, daß dies ein gesundes Unternehmen ist«, sagte Cohen in dem Versuch, seine folgenden Worte in Watte zu verpacken.

»Doch es ist keine Milliarde Dollar wert«, fuhr er fort. »Wir werden über den Tisch gezogen.«

Sheinberg nickte.

»Er hat recht, Sandy«, sagte er.

Weill war wütend. Seine Truppen meuterten.

»Sie haben keine Ahnung, wovon zum Teufel Sie überhaupt reden«, brüllte er. »Ich gebe einen Scheiß auf das, was Sie meinen.«

Als das Taxi vor dem Marquette vorgefahren war, begab sich Weill in die Bar. Cohen und Sheinberg folgten ihm in der Hoffnung, er werde nach einigen Martinis seine Fassung wiedergewinnen. Er tat es nicht.

»Niemand schert sich darum, was Sie glauben, Peter«, brüllte Weill.

Cohen starrte ihn ungläubig an. Weill war so ausfallend, daß ein Großteil der Barbesucher aufmerksam geworden war, auch die hohen Tiere von American Express.

»Scheiß drauf, George«, sagte Cohen zu Sheinberg. »Das habe ich nicht nötig. Ich mache, daß ich hier rauskomme.«

Cohen verschwand schnell aus der Bar, Sheinberg folgte ihm auf dem Fuße.

Nach New York zurückgekehrt, hatten die Stimmen der Zweifler bereits das Büro des Vorsitzenden erreicht. Dennoch sah sich Robinson noch immer nicht in der Lage, Weill offen anzugehen. Robinson verlor nur selten die Beherrschung. Er hielt derartige Auftritte für ordinär und unfein. Doch er empfand nagende Zweifel an der Art, wie Weill die Situation gehandhabt hatte.

Wie konnte er einem solchen Kaufpreis zustimmen? Robinson wußte, daß Weill ehrgeizig war. Auch er hatte die Gerüchte über eine mögliche Palastrevolution gehört. Nicht lange, und er glaubte dem Gerede. *Was hatte Weill vor? Wollte er lediglich seine Autorität stärken?* Robinson wollte Antworten haben. Er wandte sich an seinen alten Freund Sandy Lewis. Robinson wies Lewis an, IDS unvoreingenommen unter die Lupe zu nehmen.

»Weill übernimmt sich damit«, vertraute Robinson Lewis an. »Ich muß genauer wissen, ob wir einen zu hohen Preis zahlen.«

Ende Juli kam Lewis mit einer Antwort wieder. Mit einem Berg von Statistiken bewaffnet, zerpflückte Lewis Weills Vorhaben in einem langen Gespräch in Robinsons Büro. Er wies darauf hin, daß die Ergebnisse von IDS solide, jedoch nicht atemberaubend seien. Im letzten Jahr waren die Unternehmensgewinne de facto um 8 Prozent auf rund 63 Millionen Dollar abgerutscht. Der Umsatz war ebenfalls um 2 Prozent auf 1,4 Milliarden Dollar abgesackt.

»Jim, das ist keine Eine-Milliarde-Dollar-Firma«, sagte Lewis zu Robinson. »Es ist ein guter Kauf zu eventuell 750 Millionen Dollar.«

Die Beweise waren niederschmetternd. Robinson wurde nervös. Tagelang hatte Weill seinen Feldzug für IDS fortgeführt. Er fand sogar jemanden, der die Firma leiten sollte. Sein Name war Harvey Golub, seines Zeichens Berater von McKinsey & Company, der bei TRS am Projekt zur Vermarktung der Karte mitarbeitete.

Robinson wollte eine Kraftprobe vermeiden.

»Sandy hängt an dem Kauf«, jammerte Robinson. »Was soll ich bloß tun?«

»Du wirst einfach entscheiden müssen, auf welchen Sandy du hörst«, donnerte Lewis, dem Robinsons Ausflüchte inzwischen gegen den Strich gingen.

Sieben Tage verstrichen, und der AmEx-Chef hatte noch immer keine Entscheidung getroffen. Die Mehrzahl der AmEx-Direktoren riet Robinson, von dem Kauf abzusehen. Weill jedoch wich keinen Zentimeter. Wie vorauszusehen, verhielt sich Robinson weiterhin abwartend.

Um den toten Punkt zu überwinden, beschloß Robinson, eine Expertengruppe aufzustellen. Das war eine für Robinson typische Lösung. Berge von Papier. Jede Menge Ausschüsse. Insgesamt ein Dutzend leitende Manager wurde mit Sonderprojekten betraut, von der Berechnung des Bruttoertrags bis zur Befragung der Geschäftsleitung von IDS. Es sollte eine sorgfältige, detailgenaue Untersuchung der Stärken und Schwächen von IDS werden.

Robinson wollte von ihnen nach Ablauf von zehn Tagen Ergebnisse hören. Er beraumte für den 15. August eine Sitzung des Topmanagements von AmEx an. Auf die eine oder andere Weise würde dann über den Ausgang des IDS-Deals entschieden werden.

Als der Sitzungstermin nahte, war die Stimmung in der Führungsetage von AmEx ausgesprochen frostig. Weill bibberte. Cohen war kampflustig. Robinson vergrub sich im Papierkram.

Weill wußte, daß ihm ein harter Kampf bevorstand. In der Woche zuvor hatte das *Wall Street Journal* einen ausgesprochen negativen Beitrag über den AmEx-IDS-Deal veröffentlicht. In dem Artikel wurde vorausgesagt, daß die Konferenz am 15. August eine »ernüchternde Sitzung« würde, da die AmEx-Direktoren über das, was sie bei IDS vorgefunden hätten, enttäuscht seien.

»Die Lage sieht nicht so glücklich aus, wie wir gehofft hatten«, wurde in dem Beitrag ein nicht namentlich genannter AmEx-Manager zitiert.

Ein Spitzel, meinte Weill. Das war vermutlich das Werk von Harry Freeman, dachte er. Damals gerade Leiter der Abteilung Public Relations, gehörte Freeman zu Robinsons Gefolgsleuten. Er verfügte über viele Kontakte zu den Medien. Und obwohl er sich gegenüber Weill freundlich benahm, war Freemans Ergebenheit für Jim doch über jeden Zweifel erhaben. Wie dem auch sei, dies ließ den Schluß zu, daß Robinson bereits dabei war, sich vor einem Gesichtsverlust zu schützen. Die Sache mit IDS sah immer schlechter aus. Und auch Weills Stellung bei American Express. Zu diesem Zeitpunkt hatte das Geschäft mit IDS bereits die Ausmaße einer Vertrauensabstimmung über Weill angenommen.

Es war 10.05 Uhr, als sich alle Geladenen im Sitzungsraum des Verwaltungsrates niedergelassen hatten. An dem langen ovalen Mahagonitisch saß insgesamt rund ein Dutzend Topmanager. Ungefähr ein weiteres Dutzend weniger hoch angesiedelte Manager hatte entlang der Wände Platz genommen. Das sonst vor solchen Sitzungen übliche Geplauder fehlte an diesem Tag merklich.

Robinson nahm seinen Platz am Kopfende des Tisches ein. Vor ihm lag ein blauer, zehn Zentimeter dicker Hefter mit den Ergebnissen des Expertenteams. Weill saß unmittelbar links neben Robinson, zappelig und offensichtlich nervös. Es war das erste Mal in zehn Jahren, daß Weill einem Chef Rede und Antwort stehen mußte.

»Okay«, sagte Robinson. »Fangen wir an.«

Einer nach dem anderen trugen die mit den unterschiedlichen Aufgaben im Team befaßten Führungsleute ihre Ergebnisse kurz vor. Die meisten bestätigten den vertraulichen Bericht von Lewis an Robinson. Ein gesundes Unternehmen, darin waren sich die meisten einig, aber kaum eine Milliarde Dollar wert. Die Jungs von der Fireman's Fund bezweifelten sogar, ob dabei viel einzusparen wäre, wenn sie die Versicherungsunternehmen mit IDS kombinierten. Weill blieb stumm, kritzelte Notizen.

Dann schaltete sich Cohen ein.

»Die Börsenmakler von Shearson werden damit ein Problem haben«, sagte er. »Wir verkaufen bereits die gleichen Produkte wie IDS.«

Tatsächlich erfreuten sich Kapitalanlagen großer Beliebtheit, und Cohen suchte gerade für Shearson riesige Zugewinne einzufahren. Das war ein Teil der Schatzkiste, die Cohen füllen wollte, um einen Vorstoß in das Emissionsgeschäft finanzieren zu können. Falls American Express IDS kaufte, hätte Shearson plötzlich Konkurrenz im eigenen Haus.

»Das wird kein Problem sein«, antwortete Weill. Sein Tonfall war abweisend, als wolle er damit beweisen, daß er besser als Cohen über das Brokergeschäft Bescheid wisse.

Robinson wandte sich nun an Sheinberg, den damaligen Finanzchef von AmEx. Sheinberg war in der Woche zuvor nach Chicago gefahren, um die Stahlfirma von IDS, MSL Industries, zu durchleuchten, die zwecks Vereinfachung der Buchhaltung zu IDS verlegt worden war. Als ehemaliger Finanzdirektor von Bulova, dem Uhrenhersteller, war Sheinberg der einzige in der Führungsriege von AmEx, der sich in einem Industrieunternehmen auskannte.

Sein Bericht fiel sehr negativ aus. MSL ging es nicht gut. Sheinberg prognostizierte einen möglichen Verlust von bis zu 10 Millionen Dollar im folgenden Jahr.

Weill war sichtlich erschüttert. Sheinberg war sein Freund und Verbündeter. Nun sah es danach aus, als kehre er sich von seinem ehemaligen Chef ab, genau wie Cohen es bereits getan hatte.

»George, wenn Sie die Sache so sahen, warum haben Sie das mir dann zum Teufel nicht gesagt?« fauchte Weill Sheinberg an.

Sheinberg erwiderte nichts. Später erklärte er, er habe nicht genug Zeit gehabt, seine Erkenntnisse Weill mitzuteilen. Sheinberg hatte den vorangegangenen Donnerstag und den Freitag bei MSL verbracht. Er kehrte am späten Freitagabend nach New York zurück und machte sich sofort zu seinem Sommerhaus in East Hampton auf, um seinen Bericht zusammenzustellen.

Weill jedoch konnte ihm das nicht vergeben. Für ihn sah es so aus, als habe Sheinberg ihn in eine Falle zu locken versucht. Monate später sollte Weill wiederholt daran arbeiten, daß sein ehemaliger Freund gefeuert würde. Schludrig und behäbig sei Sheinberg, behauptete Weill. Am Ende des Jahres dann trat Sheinberg schließlich als Finanzchef von AmEx zurück, nur um sofort von Cohen für Shearson angeheuert zu werden.

Als die Sitzung zwei Stunden später beendet wurde, sah es nach einer vollständigen Niederlage für Weill aus. Schweigend erhob er sich vom Tisch und marschierte in sein Büro. Direkt hinter ihm gingen Golub und Weills Assistent James »Jamie« Dixon.

An jenem Nachmittag rief Robinson Weill in sein Büro. Robinson war milde, aber bestimmt. Er glaube nicht, daß IDS strategisch gesehen eine gute Sache sei. Vor allem der Preis sei empörend hoch.

»Wir werden unsere Option wahrnehmen und uns aus der Sache zurückziehen«, sagte Robinson.

Weill schüttelte den Kopf.

»Sie sind völlig auf dem Holzweg, Jim«, sagte er, während er um Beherrschung kämpfte. Weill wußte, wenn IDS gestorben wäre, wären damit auch seine eigenen Tage gezählt.

»Es ist eine einzigartige Generalvertretung«, fuhr Weill fort. »Wir können die Stahlfirma abstoßen, das ist kein Problem.«

Robinson regte sich nicht.

Weill versuchte es andersherum.

»Jim, ich stehe im Wort«, sagte er und erinnerte Robinson

daran, daß er vorbehaltlich dem Deal bereits zugestimmt habe. »Ich bin in einer peinlichen Lage und beschämt.«

»Sandy«, antwortete Robinson, »es haut einfach nicht hin.«

Weill verstärkte den Druck.

»Es wäre töricht, sich jetzt zurückzuziehen. Alle Welt weiß, wie weit wir schon sind«, erinnerte Weill Robinson. »Was ist mit unserem Ruf?«

Robinson versteifte sich. Weill hatte mit Absicht eines jener magischen Imagewörter gewählt, die der CEO von AmEx nie außer acht zu lassen vermochte. Daß ein Verzicht auf den Kauf von IDS sich schädlich aufs Image auswirken könnte, hatte Robinson nicht bedacht, Weill hatte da einen wunden Punkt getroffen. Mit einem Ausstieg nach viermonatigen Verhandlungen würde sich American Express lächerlich machen. Die Wall Street würde johlen. Erneut würde sich Robinson harter öffentlicher Kritik ausgesetzt sehen, genau wie nach der Sache mit McGraw-Hill. Schlimmer noch, Robinson machte sich Sorgen, es würde behauptet werden, American Express habe sich vor einem Deal gedrückt.

Robinsons Überzeugung geriet ins Schwanken. *Ich bin nicht sicher. Es sieht nicht gut aus.* Robinson wiederholte, fast Punkt für Punkt, die Argumente, die er am Morgen gehört hatte. Dann starrte er Weill an und erkundigte sich nach dem Preis. Er würde den Ankauf genehmigen, wenn er preisgünstiger ausfalle. *Eine Milliarde war einfach zuviel.*

Weill erklärte sich bereit, den Preis zu drücken. Und er stimmte einer weiteren Bedingung von Robinson zu. Lewis sollte mit ihm zusammen die Verhandlungen führen. Für Weill bedeutete das eine Demütigung. Er benötigte weder die Talente von Lewis, noch konnte er dessen Einmischung etwas abgewinnen. Doch Weill blieb kaum eine Wahl. Nur mit der Beteiligung von Lewis würde Robinson die Übernahme weiterverfolgen.

Innerhalb von zwei Wochen wurden die Unterhandlungen mit IDS wieder aufgenommen. Kirby war verärgert, daß der erste Deal geplatzt war, doch ihm lag sehr an weiteren Gesprächen. Es hatte sich kein anderer Interessent gemeldet. AmEx war das einzige Unternehmen, mit dem er verhandeln konnte. Diesmal bestand Weill auf einer umfassenden Überprüfung, bevor über den Preis geredet werden sollte. Kirby willigte ein.

Im Oktober wurde vereinbart, daß IDS gekauft würde. Nicht

alle verstanden Robinsons Entscheidung, doch Jim wollte es so. Das reichte als Grund aus.

Als das AmEx-Team wieder in New York eingetroffen war, schien der IDS-Kauf kurz vor dem Abschluß zu stehen. Dieses Mal waren bei der Überprüfung der Bücher nur wenige Überraschungen zutage gekommen. Cohen war weiterhin dagegen. Doch da Kirby sich nun beim Verkaufspreis zugänglicher zeigte, fiel das nicht weiter ins Gewicht. Und jetzt, da Lewis stärker damit befaßt war, schenkte Robinson den Beschwerden Cohens weniger Beachtung.

Es wurde November, und der Kauf war beinahe perfekt, als Weill einen Telefonanruf von Lewis erhielt. Die beiden sprachen die Abschlußbedingungen durch. Alles war zufriedenstellend. Selbst Robinson war daran gelegen, die Verhandlungen zu beenden, sagte Lewis.

Einen Vorbehalt gab es allerdings. Lewis sagte, Robinson sollte derjenige sein, der das Geschäft abschloß. Das war nur recht und billig. Der CEO von AmEx hatte als erster die Unterhandlungen gutgeheißen, und er hatte später das Geschäft gerettet.

»Jim muß das Geschäft tätigen«, sagte Lewis zu Weill. »Jim muß es abschließen.«

Weill war sich nicht ganz sicher, ob Lewis damit sagen wollte, Robinson wünsche mit seiner Unterschrift unter den Vertrag seine Selbstdarstellung zu befriedigen, oder ob die Sache nur klappe, wenn Robinson sie abschließen würde. Doch das war egal. Weill räumte seinen Platz.

Im Dezember 1983 unterzeichnete Robinson den Vertrag, mit dem IDS für 773 Millionen Dollar in bar und Aktien erworben wurde. IDS sollte sich als das leistungsstärkste Einzelunternehmen aller Erwerbungen von AmEx herausstellen. Am Ende der Achtziger war IDS weitaus rentabler als TDB oder Shearson.

Doch im Kampf um den Ankauf der Firma hatte Weill Federn lassen müssen. Nach der Sache mit IDS betrachtete Robinson Weill mit noch größerem Mißtrauen. Tatsächlich sollte Weills Einfluß bei American Express langsam verebben. Robinson hörte auf, ihn um Rat zu fragen. Weill wurde von entscheidenden Sitzungen praktisch ausgeschlossen.

Nun stärkte der AmEx-Chef Gerstner den Rücken. Gerstner trat schließlich an die Stelle Weills als Vorsitzender der Geschäftsleitung. Er wurde ferner zum Vizepräsidenten ernannt. Und er stieg zum wichtigsten Berater von Robinson auf. Es dauerte nicht lange, bis Robinson sogar vorschlug, Gerstner solle eines Tages seinen Platz einnehmen.

Robinson blieb jedoch nach außen hin der unumstrittene Star von AmEx. Ihm wurde die Umformung von American Express in ein Finanzimperium zugeschrieben. Es machte keinen Unterschied, daß Lewis Shearson geliefert, Cohen die Trade Development Bank geschnappt und Weill IDS ausbaldowert hatte. Robinson war das neue Wunderkind.

7

Familienangelegenheiten

Ende des Jahres 1983 war American Express einer der weltweit bekanntesten Markennamen, eines der profitabelsten Unternehmen – mit einer seit sechsunddreißig Jahre ungebrochenen Strähne an Rekorderträgen –, und es schien jeden Tag weiter zu wachsen. Mit dem Erwerb von IDS war American Express eines der größten Unternehmen im Bereich Finanzdienstleistungen in den Vereinigten Staaten geworden. Es stand auf einer Stufe mit Citicorp und Merrill Lynch. Robinson, als CEO, hatte höchstes Ansehen erlangt.

Die Finanzpresse stilisierte ihn zum Helden hoch. Die Achtziger waren eine Zeit, in der Persönlichkeiten aus der Wirtschaft zu Berühmtheiten wurden. Lee Iacocca war der König. Und auch Robinson stieg rasch zum Star auf. Sein Name tauchte genauso oft in der »Suzy Says(Suzy meint)«-Kolumne der *New York Post* auf wie in der Kolumne »Heard on the Street« (An der Street gehört) des *Wall Street Journal*.

Gruppierungen aus dem politischen wie aus dem wirtschaftlichen Leben luden ihn als Gastredner ein. Politiker buhlten um seine Gunst. Er erregte sogar die Aufmerksamkeit seiner CEO-Kollegen. 1979 war Robinson in den »Business Roundtable« aufgenommen worden, diesen exklusiven und einflußreichen Klub moderner Industriekapitäne. Mit achtundvierzig Jahren stand Robinson bei Cocktailempfängen mit Persönlichkeiten wie Henry Kissinger, Barbara Walters und dem hemdsärmeligen Vorsitzenden von General Electric, Jack Welsh, auf gutem Fuß.

Er saß im Verwaltungsrat von drei Konzernriesen. Am meisten bedeutete ihm der Sitz bei Coca-Cola. Es war schon verdammt befriedigend, zum Verwaltungsrat der führenden Aktiengesellschaft von Atlanta zu gehören. Einst hatte Robinsons Vater, Big Jim, enge Geschäftsbeziehungen zu Coke unterhalten, doch in den Verwaltungsrat hatte er es nie geschafft.

Während es beruflich für ihn Anfang der achtziger Jahre prächtig lief, geriet Robinsons Familienleben allerdings zunehmend aus den Fugen.

Als Robinson ins Berufsleben eintrat, besaß Bettye alles, was von einer guten Unternehmer-Ehefrau verlangt wird. Sie gab Familie und Freunde auf und folgte ihrem Mann pflichtschuldigst bei seinem Militärdienst, nach Harvard und anschließend nach New York. Wohin es Robinson auch zog, Bettye war dabei. Sie sagte sich, daß Jims beruflicher Aufstieg Vorrang habe. Bettye verteidigte diese »präfeministischen« Ansichten und war in ihren Anschauungen noch ganz das altmodische Mädchen aus dem Süden.

Mit ihrem blendenden Aussehen und Charme vermochte sie stets die Geschäftskollegen von Robinson zu beeindrucken. Warmherzig und freundlich, behielt Bettye die Namen von Ehefrauen und Kindern im Kopf und führte eine Liste der Geburtstage und Hochzeitstage. Topmanager und ihre Frauen konnten zumeist mit einer Karte oder einem kleinen Geschenk rechnen. Sie stand als Partnerin und Direktorin für Gesellschaftliches mit auf der Kommandobrücke des Schiffes.

Doch in ihrer Rolle als Frau eines CEOs konnte sie auch brüsk und sehr auf Formalien bedacht sein. Einmal, nach einem Begrüßungs-Mittagessen im River Café in Brooklyn für die Shearson-Gattinnen, schüchterte sie mit finsterem Blick Joan Weill ein, die gemeinsam in einem Wagen mit Karen Cohen nach Hause fahren wollte.

»Das geht nicht«, sagte Bettye und befahl Joan auszusteigen. »Sie sollten es besser wissen.«

Joan müsse mit ihr fahren, erklärte Bettye. Cohens Frau solle zu Robin Gerstner einsteigen. Das Protokoll verlange es so, in Anbetracht des jeweiligen Ranges ihrer Gatten.

Unter der Oberfläche konnte Bettye allerdings dem Lebensstil als Unternehmerfrau immer weniger abgewinnen. Sie verabscheute die Wohltätigkeitsarbeit und die Abendessen mit völlig Fremden. Das Leben in New York sagte ihr wenig zu. Bettye zog das gemächlichere Leben im Süden vor. New York bedeutete, in einem Apartment und in Beton zu leben. Beides haßte sie. Sie beschwerte sich offen darüber.

Ihre Pflichten als Mutter wurden ihr ebenfalls zur Qual. Bettye beklagte sich häufig über das ungebärdige, manchmal wilde Verhalten ihrer Kinder und ihre eigene Unfähigkeit, damit zurechtzukommen. Selbst mit Hilfe eines ganztags beschäftigten Haus- und Kindermädchens hatte sie Probleme, Emily und James großzuziehen.

Doch Robinson kümmerte sich nicht darum. Im Büro zurückhaltend und gemessen, benahm er sich zu Hause richtiggehend distanziert. Robinson ermunterte nie zu partnerschaftlicher Nähe. Er war nicht der Typ Mensch, der die Worte »Schatz« oder »Liebes« benutzte. Selbst ein schlichtes »Ich liebe dich« kam ihm selten über die Lippen, schon gar nicht in aller Öffentlichkeit. »Ich verstehe«, erwiderte Robinson zumeist auf die Klagen seiner Frau. »Ja, ich sehe schon.« Dann vergrub er sein Gesicht in einem Bericht und vergaß die Sache rasch wieder.

Robinson war seit jeher arbeitssüchtig und widmete sich nahezu ausschließlich seinem beruflichen Werdegang. Nach seinem Eintritt bei American Express schienen sich seine Arbeitstage noch über die üblichen sechzehn Stunden hinaus auszudehnen. Die Wochenenden waren für das Golfspiel und für Geschäftstreffen in Blind Brook, einem Country-Club in Westchester, reserviert. Und dann waren da die Telefongespräche. Robinson saß ständig irgendeinem Untergebenen irgendwo auf der Welt im Nacken.

»Jim legte den fünften Gang ein«, sollte sich Frances Huber, Robinsons Schwester, später erinnern. »Ohne ein ausgeglichenes Verhältnis zwischen Familie und Beruf konnte eine Beziehung sehr schwierig sein.«

Bettye zog sich in den Hintergrund zurück, wurde eher zu einem bloßen Accessoire von Robinsons Karriere denn ein Teil davon. Es dauerte nicht lange, und sie fing an zu trinken, um dem Gefühl der Isolation zu entfliehen. Es begann mit abendlichen Cocktails mit Freunden. Dann trank sie auch alleine bei sich zu Hause. Schließlich verwandelte sich Bettye in eine, wie ein Freund der Familie es nannte, »Nachteule« und füllte sich mit Scotch ab, während alle bereits schliefen.

Bettye verschlief häufig den Tag und ging nicht ans Telefon, wenn ihr Mann anrief. »Verdammt!« brüllte er dann in seinem Büro, mit seiner Selbstbeherrschung war es vorbei.

Bettye benahm sich immer exzentrischer. Als Kettenraucherin pflegte sie ohne Unterlaß von einem Zimmer ins nächste zu wandern, stets mit demselben Aschenbecher in der Hand. Sie ging mitten in der Nacht in die Zimmer der Kinder, schaltete das Licht an, weckte sie auf und fragte sie, was sie mit ihrem Spielzeug angestellt hätten.

Einmal, als Robinson zu seiner ersten Auslandsreise für American Express aufbrach, erschien Bettye in seinem Büro, um ihm auf Wiedersehen zu sagen. Es war später Nachmittag, und sie trug ein langes Abendkleid, wie für ein gesellschaftliches Ereignis. Bettye war herzlich, offen liebevoll. Robinson ignorierte sie.

Das Benehmen seiner Frau war Robinson peinlich und verwirrte ihn. Höchst diszipliniert, war Robinson ein großer Befürworter so traditioneller Vorstellungen wie Charakterstärke und Selbsthilfe. Er verwies stolz auf seine eigene äußere Wandlung von einem knochigen Jugendlichen zu einem Fan körperlicher Fitneß, der ohne in Schweiß auszubrechen mit den Armen 200 Pfund drücken konnte.

Robinson drängte mehrfach seine Frau, sich in Behandlung zu begeben. Bettye überhörte diese flehentlichen Bitten. Und Robinson widerstrebte es, auf dem Thema herumzureiten. Er haßte Auseinandersetzungen, im Beruf wie privat. Robinson stritt nur selten mit Kollegen und kaum jemals mit seiner Frau.

Bettye war da weitaus bissiger. Einmal, während einer Geschäftsreise in die Niederlande, beschimpfte sie Robinson, daß er seine Assistenten herumkommandiere.

»Du glaubst, du wärst so ein großes Tier, Jim. Aber das bist du nicht«, schrie sie Robinson im Coffee-Shop des Amsterdamer Hilton an. Robinson reagierte verärgert auf derartige Szenen in der Öffentlichkeit.

Obwohl er und seine Frau sich ständig weiter auseinanderlebten, kam für Robinson eine Scheidung nicht in Frage. Damit hätte er zwar einen Präzedenzfall im Robinson-Clan geschaffen, doch die Konvention war nicht das entscheidende Argument. Der Verwaltungsrat von AmEx war es.

Der Verwaltungsrat war ein trüber Haufen konservativer Kirchgänger und mindestens so stark am Image wie am Gewinn interessiert. Diskrete Seitensprünge waren eine Sache, doch sich scheiden zu lassen galt als ungehörig. Der kleinste Hinweis auf häuslichen Zwist hätte Robinsons Aufstieg ins Büro des Vorsitzenden ein Ende setzen können.

Daher überrascht es nicht, daß Robinsons Eheprobleme in den Mantel des Schweigens gehüllt wurden. Nur eine Handvoll seiner Kollegen hegten überhaupt einen Verdacht, daß bei ihm zu Hause etwas nicht stimmte. Robinsons Arbeitsleistung war nichts anzumerken. Was Bettye anging, so schränkte sie ihre Auftritte im Rahmen des Unternehmens ein und bemühte sich, Robinson bei offiziellen Anlässen nicht in Verlegenheit zu bringen.

Bettye war nicht die einzige, die das Robinsonsche Familienleben aus der Bahn warf. Mit den Jahren hatte sich durch seine Abwesenheit auch Robinsons Verhältnis zu seinen Kindern getrübt. Er war nie ein besonders engagierter oder erkennbar fürsorglicher Vater gewesen, und Robinson war auch nicht der Typ, der mit seinen Kindern kumpelhaft herumtobte. Es war so, daß Emily und James mit Robinsons Sekretärin Termine vereinbaren mußten, wenn sie ihren Vater auch nur am Wochenende einmal sehen wollten.

Die Weihnachts- und Geburtstagsgeschenke fielen groß und teuer aus und wurden zumeist von einer Sekretärin erstanden. Familienausflüge kamen selten vor. Die einzige Zeit, die Robinson sich absparte, war die für die Weihnachtsfeier am Feriensitz der Familie in Sun Valley, Idaho.

»Wir haben nicht viel zusammen gemacht«, erinnerte sich Robinsons Sohn später. »Er nahm sich nur ein paar Tage Urlaub und ging dann zurück an die Arbeit.«

Jahrelang hatte Robinson die Klage seiner Frau, die Kinder seien nicht zu kontrollieren, nicht ernst genommen. Als sie zu Teenagern herangewachsen waren, stellten sie ein wirkliches Problem dar.

Aufbrausend und großkotzig, steckte Robinsons Sohn dauernd in Schwierigkeiten. Er besuchte drei verschiedene Internate, darunter auch die Alma Mater seines Vaters, Woodberry Forest. Jedesmal wurde er aufgefordert, wegen Disziplinlosigkeit die Schule zu verlassen.

»Ich wollte nicht in ein Internat«, erklärte der junge Robinson später. »Ich wollte zu Hause sein.«

Robinsons Tochter war genauso widerspenstig. Mit siebzehn rannte sie von Foxcroft weg, einem exklusiven Mädcheninternat in Virginia. Sie versteckte sich im Haus einer Freundin in Germantown, Pennsylvania, bis ihr Vater sie aufspürte und in die Schule zurückbrachte.

Selbst in späteren Jahren blieb das Verhältnis zwischen Robinson und seinen Kindern gespannt. Nachdem sie Foxcroft erfolgreich absolviert hatte, entschied Robinson, Emily müßte weiter unter Aufsicht bleiben. Er schickte sie zu seiner Mutter nach Atlanta. (Robinsons Vater war 1967 gestorben.) Emily machte 1982 an der Emory University ihren Abschluß, heiratete einen ortsansässigen Architekten und wurde Hausfrau und Mutter.

Jimmy allerdings hing weiter herum. Er fuhr sogar eine Zeitlang in New York Taxi im Rahmen eines experimentellen »Lebenserfahrungs«-Kurses am Antioch College. Er wollte nicht zu Hause wohnen, sondern lebte in einem Hotel am Times Square.

Robinson bedrängte seinen Sohn, damit aufzuhören und seine Ausbildung anständig zu beenden. Er verstärkte seinen Druck noch, als sein Sohn eines Morgens blutend und mit Blutergüssen im Familienapartment im Rover House auftauchte. Jimmy war mit vorgehaltener Waffe zusammengeschlagen und ausgeraubt worden, als er einen Fahrgast über die 59th Street Bridge chauffierte.

»Es ist wohl klar, daß du heute morgen nicht mehr in dein Taxi steigst«, hielt Robinson seinem Sohn eine Standpauke.

»Zum Teufel, klar doch«, schoß Jimmy zurück.

Robinson geriet in Rage. Seine Stimme wurde erregt.

»Bist du verrückt?« schrie er. »Du könntest umgebracht werden.«

Jimmy stürmte trotzig aus der Wohnung und fuhr seine Schicht zu Ende.

Robinsons Sohn sollte 1984 am Antioch College seinen Abschluß machen. Ironischerweise trat er ebenfalls in das Management-Trainee-Programm von Morgan Guaranty ein. Später schrieb er sich auch an der Harvard Business School ein. Doch damit hörten die Ähnlichkeiten auf. »Ich nenne mich Jim Robinson«, sagte er zu den Leuten. »Sie werden hinter meinem Namen keine römischen Ziffern finden.«

Als die Probleme zu Hause ständig schlimmer wurden, wandte sich Robinson stetig mehr seiner Sekretärin, Ruth Finley, zu. Zu Anfang war ihre Beziehung rein geschäftlich. Doch das sollte anders werden, als Robinson und Bettye sich auseinanderlebten.

Gut gebaut, blaue Augen und blond, war Finley hübsch anzusehen, doch der Umgang mit ihr war ein Horror. Sie führte Robinsons Terminkalender, traf seine Verabredungen und hielt ihn mit den Tratschgeschichten in der Firma auf dem laufenden. Finley war die unüberwindliche Pförtnerin von Robinson. Und das war ihr bewußt.

Nur rund 1,60 m groß, war Finley bissig und zänkisch. Bei AmEx wurde sie die »Mächtige Maus« genannt. Sie liebte es besonders, Vizepräsidenten zusammenzustauchen, weil sie Robinsons Zeit mit Trivialitäten vergeuden würden.

Finley hatte 1969 noch bei White Weld für Robinson zu arbeiten begonnen. Anfänglich verspürte sie wenig Lust, für Robinson zu arbeiten. Er stand in dem Ruf, anspruchsvoll und unnachsichtig, pünktlich und mäkelig zu sein. Lange Arbeitstage und kurze Wochenenden, beklagten sich Robinsons Sekretärinnen.

Als Finley der Job angeboten wurde, hatte Robinson bereits eine ganze Reihe Sekretärinnen verschlissen. Die Personalabteilung war so weit, daß sie ihn mit Aushilfen aus Zeitarbeitagenturen versorgen mußte. Doch Finley war ehrgeizig. Bei White Weld hieß es: »Jim wird es noch weit bringen.«

Nach wenigen Monaten entspannte sich das Verhältnis zwischen Finley und Robinson und wurde freundschaftlich. Sie arbeitete schnell und effizient. Und als Bettye langsam zu immer weniger in der Lage war, übernahm Finley allmählich viele ihrer Aufgaben als Mutter. Sie kaufte den Kindern Kleider, und sie wurde von den Kindern bei bestimmten Dingen um Erlaubnis gefragt, das wurde ein Teil ihrer inoffiziellen Arbeitsplatzbeschreibung. Sie nahm Emily und Jimmy sogar zu ihren Eltern nach Pennsylvania mit in die Ferien.

Bettye hatte nichts dagegen, sie war sogar dankbar dafür. Tatsächlich war es Bettye, die vorschlug, daß Robinson Ruth mitnehmen solle, als er von American Express abgeworben wurde.

»Sie kann so gut mit den Kindern umgehen«, sagte Bettye häufig.

Bei AmEx dann wurde das Verhältnis zwischen Finley und Robinson um einiges herzlicher. Gemeinsame spätabendliche Essen, Wochenend-Rendezvous und Geschäftsreisen folgten bald. In der AmEx-Zentrale wurde hinter vorgehaltener Hand erzählt, das Pärchen habe eine Affäre. Selbst Howard Clark hegte gegen die beiden diesen Verdacht. Einmal weigerte er sich sogar, Robinsons Spesenabrechnung abzuzeichnen, da darin ein Abendessen mit Ruth im Club 21 aufgeführt war, wie ein ehemaliger AmEx-Manager berichtet. Clark und seine Frau Jean hatten Bettye stets gemocht.

Nachdem er zum CEO ernannt worden war, machte sich Robinson nicht mehr so viele Gedanken darüber, was andere von ihm dachten. Er besuchte zusammen mit Ruth eine Vielzahl hochoffizieller gesellschaftlicher Ereignisse. Sie tauchte an seiner Seite bei Wohltätigkeitsveranstaltungen und Cocktailpartys auf. Einmal begleitete sie Robinson sogar zu einer Party anläßlich des 4. Juli, des Nationalfeiertags, auf der Jacht Highlander von Malcolm Forbes. »Alle wußten über die Affäre Bescheid. Es war ein offenes Geheimnis«, erinnerte sich ein leitender Manager von AmEx.

Auch mit Finleys Karriere ging es nun rascher voran. Nicht mehr länger mit dem Job als Sekretärin zufrieden, verlangte sie im Jahr 1979 ihre Überstellung zu TRS als Vizepräsidentin für die Kundenbetreuung, was ihr auch gewährt wurde. Drei Jahre später war sie regionale Vizepräsidentin für den Verkauf. Robinson bedauerte den Verlust einer so guten Sekretärin, doch ihm war klar, daß Finley höchst ehrgeizig war.

In den späten siebziger Jahren fing Finley an, das Thema Heirat aufs Tapet zu bringen. Robinson verhielt sich ausweichend. Er machte ihr keine Versprechungen.

1980 sprach Robinson mit Bettye über die Möglichkeit einer Scheidung. Jetzt, als CEO von American Express, war ihm die Reaktion des Verwaltungsrates gleichgültig geworden. Bettye allerdings verwarf dieses Ansinnen mehrfach, so als handele es sich nur um einen Scherz.

»O Jim, du willst das nicht wirklich«, sagte sie.

Er setzte sie nicht unter Druck.

1981 verschlechterte sich Bettyes Gesundheitszustand sehr. Sie hatte enorm zugenommen. Sie war fünfundvierzig, sah aber wesentlich älter aus. Im Mai erlitt sie einen Schlaganfall, den sie knapp überlebte. Sie lag drei Monate lang im Memorial Sloan Kettering Hospital und fiel wiederholt ins Koma. Die Ärzte sahen für sie schwarz.

Robinson war von dem Zustand seiner Frau aufrichtig betroffen. Er war nicht weinerlich oder sentimental, doch er war eindeutig beunruhigt. Im Büro sprach er offen über Bettyes Krankheit, und er besuchte seine Frau jeden Tag im Krankenhaus.

Robinson kam auch seinen Kindern wieder näher. Vor allem sein Sohn merkte, daß sein Vater verletzlich war. In der Angst, daß seine Mutter sterben könnte, schrieb Jimmy seinem Vater einen weitschweifigen siebenseitigen Brief. Er wollte sich mit ihm aussöhnen.

»Wir müssen uns zusammenreißen«, stand in dem Brief. »Was geschehen ist, ist geschehen.« Robinson war so gerührt, daß er den Brief wochenlang zusammengefaltet mit sich herumtrug.

Nachdem sich Bettyes Zustand stabilisiert hatte, wurde sie in das Burke Rehabilitation Center in White Plains, New York, überwiesen. In diesem auf neurologische Schädigungen spezialisierten Reha-Zentrum absolvierte Bettye ein intensives Therapieprogramm, durch das sie schließlich ihre Arme und Beine wieder voll bewegen konnte. Später begab sich Bettye sogar für mehrere Monate in die Betty Ford Clinic, um sich einer Entziehungskur zu unterziehen.

Dennoch vermochten Bettyes Erkrankung und Robinsons neuentdecktes Mitgefühl die Robinsonsche Ehe nicht zu retten. Nachdem sie dem Tod noch einmal von der Schippe gesprungen war, betrachtete Bettye ihr Leben wesentlich kritischer. Sie konnte nicht länger leugnen, daß ihre Ehe kaputt war. Als sie sich sehr rasch wieder erholte, kamen die Robinsons überein, sich zu trennen. Jim zog vom gemeinsamen Apartment im River House in eine kleinere Dreizimmerwohnung in den Olympic Towers um. Zu Anfang des Jahres 1983 erfolgte die Scheidung. Bettye erhielt eine Million Dollar in bar und das Haus der Familie in Sun Valley.

Seit Jahren war Robinson wohlhabend und mächtig. Nun hatte er auch noch den Pluspunkt, wieder Single zu sein. Robinson war eine äußerst gute Partie, und die Frauen nahmen ihn rasch aufs Korn.

Nicht mehr durch die Erkrankung seiner Frau oder ihre Alkoholprobleme in Anspruch genommen, begann er Verabredungen zu treffen. Bei den Frauen, mit denen er ausging, handelte es sich allerdings nicht um die üblichen Karrierefrauen, mit denen er während seiner Bürostunden so häufig zu tun hatte. Robinson fühlte sich zu Berühmtheiten hingezogen. Er mochte junge Frauen, die überwältigend aussahen. Und bald tauchte sein Name in den Klatschkolumnen von New York und Los Angeles auf.

Prinzessin Yasmin, die Tochter der Filmschauspielerin Rita

Hayworth und Aga Khans, wurde häufig mit ihm zusammen gesehen. Einmal stellte Robinson sie sogar seiner Mutter in Atlanta vor.

Die Schauspielerin und ehemalige Skiläuferin Suzy Chaffee und die offenherzige Blondine Morgan Fairchild, am besten bekannt durch ihre Rolle in der Fernsehserie »Falcon Crest«, der Seifenoper zur besten Sendezeit, trafen sich gleichfalls mit dem CEO von AmEx.

»Morgan ist eine der klügsten Frauen, die ich kenne«, erzählte Robinson seinen Kollegen.

Bei American Express drehten sich die Gespräche an den Kaffeemaschinen und Getränkeautomaten fast nur noch um die Affären von Robinson. 1982 bemerkten Robinsons Untergebene sogar eine Änderung im Verhalten ihres Chefs – er war auf einmal weniger steif, weniger förmlich. Robinson war nicht gerade ein Kumpel, doch er schien nicht mehr so distanziert zu sein.

»Jim erschien menschlicher als jemals zuvor«, erinnerte sich James Calvano, der ehemalige Leiter der TRS-Marketingabteilung und spätere Präsident von Western Union Financial Services.

Natürlich stieß Robinsons lockereres Benehmen nicht überall auf Wohlwollen. AmEx-Veteranen wie George Waters, der »Vater der Karte«, regten sich besonders auf, daß Robinson anläßlich einer TRS-Tagung in Orlando, Florida, bis 2.30 Uhr in der Nacht mit AmEx-Mitarbeiterinnen getanzt hatte.

»Entsetzlich«, sagte Waters.

Gegen Ende des Jahres 1983 fand Robinson eine feste Freundin. Ihr Name war Linda Gosden.

Robinson hatte Linda 1982 auf einer Weihnachtsfeier im Washingtoner Haus seines Freundes Drew Lewis kennengelernt. Ein hochrangiger Republikaner, hatte Lewis im Weißen Haus unter Reagan den Posten des Verkehrsministers inne. Er und Robinson (der des öfteren für die Republikanische Partei Spenden sammelte) hatten sich in den späten siebziger Jahren angefreundet. Und 1982 holte sich Lewis häufig Rat bei Robinson. Er hatte genug von der niedrigen Bezahlung und den langen Arbeitstagen in Washington und wollte wieder zurück in die Privatwirtschaft.

Linda war die PR-Chefin des Verkehrsministeriums unter Lewis. Sie kümmerte sich um alles, von den offiziellen Verlautbarungen bis zu Pressekonferenzen. Sie hatte ein besonderes Talent, dem Washingtoner Pressekorps um den Bart zu gehen.

Robinson war zu der Feier ohne Begleitung erschienen; so auch Linda. Doch nachdem Lewis die beiden miteinander bekannt gemacht hatte, sonderten sie sich schnell von den anderen ab. Sie blieben fast den ganzen Abend hindurch für sich und schlossen sich später einem Grüppchen an, das nach dem Ende der Feier noch zum Tanzen nach Georgetown fuhr. Sie schienen voneinander fasziniert zu sein.

Es war deutlich sichtbar, daß Gosden von Robinson fasziniert war. Robinson war zuvorkommend, charmant und überraschend jugendlich. Und er war mächtig, der Führer eines der bekanntesten Unternehmen im Lande. Der CEO von AmEx wiederum fand Linda erfrischend anders als die Frauen, mit denen er sich bislang getroffen hatte.

Hochgewachsen, schlank, rotblond, war Linda kaum eine umwerfende Schönheit. Sie war eher unscheinbar. Aber Linda war hart, selbstsicher und fühlte sich mit dem CEO von AmEx wohl. Obwohl siebzehn Jahre jünger als er, war sie klug, wortgewandt und in der Lage, sich sowohl über Baseball als auch über geschäftliche Dinge kompetent zu unterhalten.

Linda war das genaue Gegenteil von Bettye. Sie war energiegeladen und unabhängig. Robinsons lange Bürostunden und harte Arbeit störten sie nicht, Linda war selbst arbeitssüchtig. Sie war fasziniert von der Wall Street, deren Geschäfte und Persönlichkeiten. Viel mehr noch: Sie wollte dazugehören, nicht nur Beobachterin sein. Sie sprach sogar davon, eines Tages ein eigenes Unternehmen zu leiten.

Robinson beeindruckten Lindas Kontakte. Sie war in Washington und Los Angeles gut bekannt. Zu ihrem Bekanntenkreis gehörten Ronald Reagan und Frank Sinatra.

Als Tochter von Freeman Gosden, der in der ungeheuer beliebten Radioshow »Amos 'n Andy« den Amos spielte, war Linda 1952 in Los Angeles zur Welt gekommen. Gosden war zum Zeitpunkt von Lindas Geburt dreiundfünfzig Jahre alt, und seine Karriere war schon lange davor zu Ende gegangen. Er blieb eine wohlhabende und einflußreiche Persönlichkeit im Unterhaltungsgeschäft wie auch in der kalifornischen Politik. Er und seine Frau Jane waren vertraute Gesichter in Ronald Reagans konservativem republikanischem Bekanntenkreis in Orange County.

Die Gosdens lebten wie Hollywood-Könige. Lindas Familie besaß ein Haus auf dem Gelände des luxuriösen El Dorado Country Club in Indian Wells, Kalifornien, genau im Süden von Los Angeles. Direkt neben ihnen wohnte Dwight D. Eisenhower. Der Vorsitzende von CBS, William S. Paley, war ein enger Freund der Familie.

Als sie sich an der UCLA einschrieb, hatte Linda anscheinend noch keine konkreten Karrierevorstellungen im Kopf. Ihr Vater hatte sie vor dem Showbusineß gewarnt. Zu unberechenbar, sagte er oft. Statt dessen schrieb sie sich an der philosophischen Fakultät ein, nur um gleich im Junior-Jahr die Sache aufzustecken und Stephen Dart, den Sohn von Justin Dart, dem Begründer und Chef von Dart Industries, zu heiraten. Vier Jahre später waren sie geschieden.

Linda ließ sich eine Weile treiben. Nachdem sie kurz als Sekretärin an der Akupunktur-Klinik der UCLA gearbeitet hatte, ging sie zurück auf die Schule und machte ihren Abschluß. Ein Jurastudium folgte, doch auch das gab sie bereits nach einem Jahr wieder auf.

Als Reagan 1979 seine Präsidentschaftskandidatur verkündete, fand Linda für sich etwas Geeignetes. Als Veteranin seiner Gouverneurswahlkämpfe und mit beiden, Ronald wie Nancy Reagan, gut bekannt, hatte Linda keinerlei Schwierigkeiten, einen Job zu bekommen. In der Abteilung für Öffentlichkeitsarbeit war eine Stelle frei, die sie annahm.

Unbeschwert und freimütig wie sie war, besaß sie ein natürliches Talent für den Umgang mit der Presse. James Lake, der leitende PR-Koordinator für den Wahlkampf, setzte sie häufig ein, wenn sie unterwegs waren. Bald begann Linda in der Organisation aufzusteigen. Sie arbeitete eng mit dem Wahlkampfmanager John Sears und mit Charles Black zusammen, Reagans politischem Direktor.

Dann kam New Hampshire. Die erste Vorwahl lief für Reagan schlecht. Das hatte zur Folge, daß die Wahlkampfmannschaft umstrukturiert wurde. Lindas Mentoren, Sears, Lake und Black, waren auf einmal weg vom Fenster. An ihre Stelle traten William Casey, Michael Deaver und Edwin Meese. Auch Linda war draußen. Es ging das Gerücht, sie habe nach einer lautstark geführten und turbulenten letzten Kraftprobe mit Nancy Reagan gekündigt.

Einige Wochen später hatte sie einen anderen Job in der

Politik gefunden. Diesmal arbeitete sie direkt für die Republikanische Partei in Washington. Nicht lange, und sie entwickelte ein freundschaftliches Verhältnis zu Lewis, dem damaligen stellvertretenden Parteivorsitzenden. Zwei Jahre später heuerte Lewis sie als seine persönliche PR-Managerin an.

Sechs Monate, nachdem sie sich kennengelernt hatten, kreuzten sich die Wege von Robinson und Linda erneut. Das hatten sie wieder Lewis zu verdanken. Mittlerweile aus der Regierung ausgeschieden, bereitete sich Lewis gerade darauf vor, die Position des CEO von Warner-AmEx zu übernehmen. Seit der Gründung der Partnergesellschaft war Gus Hauser deren Chef gewesen. Hauser war es zwar gelungen, zahlreiche Kabelverträge in den großen Städten an Land zu ziehen, doch er galt als zu ausgabenfreudig. Robinson wie Ross wollten jemanden an der Spitze haben, der mit dem Budget der Kabel-TV-Firma etwas sparsamer umging.

Robinson brachte Lewis ins Gespräch. Lewis war zwar kaum als Fachmann auf dem Gebiet des Kabelfernsehens zu bezeichnen, doch er war ein guter Verwalter mit soliden Kontakten zu Washington. Ross stimmte zu.

Lewis nahm rasch an. Er fing an, seine Mannschaft zusammenzustellen, die er mit nach New York nehmen wollte. Mit als erstes wurde er bei Linda vorstellig. Lewis bot ihr die Stellung des PR-Chefs von Warner-AmEx an. Dazu gehörten ein sechsstelliges Gehalt und ein zweistelliger Bonus.

Sie lehnte zunächst ab. Washington bestand nur aus Politik, die ganze Stadt war eine Art Unternehmen. Sie war eine Spielerin, gehörte fest zum Cocktailzirkel von Washington. New York hingegen war hektisch und wirtschaftlich orientiert. Es war ein Riesenteich, und sie fürchtete, sie wäre dort nur ein sehr kleiner Fisch.

Lewis hielt sein Angebot aufrecht. Ihm fiel wieder ein, wie prächtig Linda und Robinson sich verstanden hatten, und er bat Jim, sich einzuschalten. Der CEO von AmEx ließ sich nicht zweimal bitten. Nach einem dreistündigen Mittagessen mit Robinson im Club 21 erklärte sich Linda zum Umzug nach Norden bereit. Was nun folgte, war eine klassische Brautwerbung mit allem Drum und Dran, mit Telefongeflüster, Blumensträußen und intimen Abendessen im La Reserve.

Es dauerte nicht lange, und die zwei waren ein Paar. Im Sommer 1983 begleitete Linda Robinson zur Party von Peter und Karen Cohen anläßlich deren fünfzehnten Hochzeitstages. Es war ein luxuriöses Fest im Stil der sechziger Jahre. Die Cohens mieteten das Automat und dekorierten es für das Ereignis eigens um. Auch bei offiziellen Anlässen war Linda immer öfter an der Seite von Robinson zu sehen. Am auffallendsten wohl bei dem hochoffiziellen Dinner zur Feier der Renovierung und Wiedereröffnung der Freiheitsstatue.

Robinson war in Linda so verliebt, daß er seine jahrzehntelange Beziehung zu Ruth Finley schließlich abbrach. Finley hatte stets gewußt, daß Robinson sich mit anderen Frauen traf. Für sie waren das nur »kleine Abenteuer«, kurze und gelegentliche Affären.

»Meinst du, du mußt zu jeder Party eine neue Frau mitbringen?« pflegte Finley Robinson halb im Scherz zu fragen.

Mit Linda war es etwas anderes. Ihre Verabredungen fanden in aller Stille statt und waren privat. Robinson gab nie damit an.

»Diesmal ist es etwas Ernstes«, sagte Robinson zu Finley.

Ruth war am Boden zerstört. Und je mehr sie an Bedeutung für Robinson verlor, desto entbehrlicher wurde sie auch für American Express. Als sich Robinsons Beziehung zu Linda vertiefte, fühlte sich Finley zunehmend isolierter. Schließlich kündigte sie und ging zurück nach Pennsylvania.

Nach neunmonatiger Brautwerbung verkündete Robinson plötzlich am 26. Juli 1984 seinen Mitarbeitern, daß er Linda am nächsten Tag heiraten wolle. »Ich denke, der Pilot wird mein Trauzeuge sein«, meinte Robinson achselzuckend. Es stellte sich heraus, daß an der Hochzeit in Bretton Woods, New Hampshire, als einzige Gäste die Mütter der Braut und des Bräutigams teilnahmen.

Von da an erschien Linda Robinson in einem anderen Licht. Als Robinsons Freundin hatte man Linda mit Respekt, häufig mit Zuneigung behandelt. Als seine Frau nun wurde sie gefürchtet. In den folgenden sieben Jahren sollte sie zur einflußreichsten Beraterin ihres Mannes bei jedem großen Problem, vor das sich American Express gestellt sah, aufsteigen. Je größer Robinsons Macht wurde, desto mehr Einfluß gewann auch Linda.

8

Das Fiasko mit der Fireman's Fund Insurance Company

Es war noch früh am Morgen, als Edwin Cutler im Sitzungsraum des AmEx-Verwaltungsrates im neununddreißigsten Stock ankam, wo er seinen Bericht für 1983 und seine Prognosen für 1984 abgeben sollte. Freundlich und extrovertiert, genoß der CEO von der Fireman's Fund gewöhnlich seine Reisen nach New York. Ein bißchen Geschäft, ein wenig Einkaufen, vielleicht ein Theaterbesuch am Broadway und dann zurück nach Novato, Kalifornien, dem Firmensitz von Fireman's. Dieses Mal aber war er trübsinnig, verzog keine Miene und machte einen fast grimmigen Eindruck.

Als Cutler zum Tischende schritt, um seine Unterlagen zu ordnen, blieb er kurz vor dem Fenster stehen. Draußen war es klar und frostig. Die Herbstsonne schickte goldfarbene Strahlen über den unten gelegenen Hafen. Drinnen jedoch empfand Cutler es als heiß und stickig.

Es war die zweite Novemberwoche, die Zeit der Budgetprüfung bei American Express. In diesen Wochen erschienen traditionell immer die Leiter eines jeden Geschäftsbereichs von AmEx vor den geschäftsführenden Verwaltungsratsmitgliedern, um die Aussichten für das nächste Jahr zu diskutieren. Bislang hatte es dabei kaum jemals Überraschungen gegeben. Shearson lief wie geschmiert. TRS erwartete ein weiteres hervorragendes Jahr. Selbst die Situation der Bank sah dank des Ankaufs von TDB recht gut aus.

Bei der Fireman's Fund lag die Sache anders. Den ganzen Herbst hindurch hatte man von der Versicherungsgesellschaft bedenklich unzusammenhängendes Zeug gehört. Die Manager hatten harte Zeiten vorausgesagt. Die Umsätze gingen zurück. Die Gewinne fielen.

Robinson, der mitten in der IDS-Sache steckte, hatte kaum darauf geachtet. Weill allerdings zeigte sich alarmiert. In seiner beruflichen Laufbahn hatte Weill sein Büro zumeist erst dann verlassen, wenn er Shearsons Geschäftslage während der Nacht berechnet hatte. Er mochte keine Überraschungen. Und er war außerdem der zweitgrößte Aktionär von AmEx.

Im September hatte Weill seinen siebenundzwanzigjährigen Assistenten Jamie Dimon nach Kalifornien geschickt. Dimons Stärke waren Zahlen. Im Hause war er unter dem Namen »Die Zahlenratte« bekannt. In den folgenden Wochen flog er also mehrfach nach Kalifornien. Was er dort vorfand, war eine außer Kontrolle geratene Firma. Die Risikorückstellungen waren gefährlich niedrig. Die Kosten schnellten in die Höhe. Am erschreckendsten jedoch war die Gewinnentwicklung, denn sie sah düster aus.

Selbst die Medien hatten bereits Wind von den Schwierigkeiten bekommen. Die langjährige Finanzjournalistin von *Fortune*, Carol Loomis, begann im September American Express mit Fragen nach der Fireman's Fund zu bombardieren. Carol Loomis war bereits in der Firmenzentrale in Kalifornien gewesen. Es dauerte nicht lange, und sie hatte einige Topmanager von AmEx interviewt, darunter auch Robinson. »Carol versteht ihr Geschäft«, hatte Dimon Weill gewarnt. Ihr Artikel würde mit Sicherheit ins Schwarze treffen und möglicherweise großen Schaden anrichten.

Es war das erste Mal, daß Cutler als CEO vor dem Budgetausschuß erschien. Er war an die Stelle von Myron DuBain getreten, der sich Ende 1982 in den Ruhestand zurückgezogen hatte. Mittlerweile sechsundfünfzig Jahre alt, war Cutler seit fast dreißig Jahren bei der Fireman's Fund. Alles andere als ein Glückskind, verlief sein Aufstieg eher langsam denn kometenhaft. Er begann 1954 als Buchhaltungsassistent, arbeitete später in der Finanzabteilung und wurde 1978 zum Finanzchef ernannt.

Cutlers Zuhörer waren sehr ernst. Um den Konferenztisch hatten sich Robinson, Weill, Cohen, Gerstner, Howard Clark jr. und Gary Beller, der Chef der Rechtsabteilung von AmEx, versammelt. Sie alle wußten, daß sie schlechte Nachrichten zu erwarten hatten. Wie enttäuschend diese ausfallen würden, wußte allerdings noch niemand.

»Ich habe keine besonders guten Neuigkeiten«, eröffnete Cutler seinen Vortrag. Dann bedeutete er seinem Assistenten, das Licht zu löschen, und begann mit seinem Diavortrag.

In den folgenden fünfzehn Minuten zeichnete Cutler mit Hilfe von Balkendiagrammen und graphischen Kurven das Bild eines Unternehmens, das sich in einer Flaute befand. Die Prämieneinkünfte waren mau. Der Wettbewerb war hart. Die Kosten stiegen. Ein Dia nach dem anderen erzählte dieselbe traurige Geschichte. Dieses Jahr war hart, das nächste würde noch härter werden.

Als das Licht wieder eingeschaltet wurde, war Robinson sichtlich erregt. Langsam schüttelte er den Kopf.

»Was heißt das für die Ertragslage?« fragte Robinson in scharfem, wütendem Ton.

»Wir werden vermutlich rund 240 Millionen Dollar zu erwarten haben«, antwortete Cutler. Dieser Betrag lag um runde 50 Millionen Dollar unter den früheren Vorhersagen. »Jim, Sie müssen begreifen, wie schlecht das Geschäft läuft.«

Robinson antwortete nicht gleich. Er stellte im Kopf rasch einige Berechnungen an.

»Das ist kein Gewinn von 15 Prozent«, meinte er dann finster. »Wir haben Glück, wenn es 10 Prozent werden. Das können Sie nicht ernst meinen.«

Überraschenderweise beunruhigte Robinson nicht so sehr der zu erwartende Artikel in *Fortune* als vielmehr die Wahrscheinlichkeit, daß die Fireman's Fund 1983 weit hinter ihrem Ertragsziel zurückbleiben würde. Falls die Versicherungsgesellschaft in bezug auf den Gewinn das erwartete Wachstum in Höhe von 15 Prozent verfehlte, würde die Rekordgewinnsträhne von AmEx reißen. Und die haushohen Gewinne waren eine Erbschaft, die von Ralph Reed an Howard Clark und dann an Robinson weitergegeben worden waren. Sie gehörten zur Unternehmenskultur von American Express, zu seinem Image, ein herausragender Konzern zu sein.

Mehr noch: Diese schlechten Neuigkeiten hätten zu keinem schlechteren Zeitpunkt kommen können. Zum Beweis für die Großzügigkeit von American Express hatte Robinson beschlossen, zum Jahresende 1983 mit dem Verwaltungsrat, den Topmanagern und deren Frauen eine Europareise zu unternehmen. Damit sollte AmEx symbolisch als Weltunternehmen bestätigt werden. Alles in allem ungefähr sechzig Personen sollten sich auf die Reise begeben: eine zehntägige Tour nach Genf und Paris und anschließend nach London zur Abschlußsitzung des Verwaltungsrates für 1983. Robinson wollte keinen Schatten über dieser Reise sehen.

Die anderen Manager von AmEx, die die Stimmung ihres Chefs spürten, äußerten ähnliches Entsetzen über die Neuigkeiten von der Fireman's Fund. Besonders bissig reagierte Gerstner. Als Leiter des Flaggschiffes von American Express konnte Gerstner es sich leisten, frech zu sein. Es war ihm fast zur Gewohnheit geworden, bei geschäftlichen Sitzungen überlegen und etwas hochmütig aufzutreten. Die jetzige Sitzung bildete da keine Ausnahme.

»Ed, gute Firmen machen 15 Prozent Gewinn«, sagte er. Sein Ton hätte nicht herablassender sein können. Dann wandte er sich ab.

Cutler war erbost. Er hatte gewußt, Robinson würde nicht glücklich sein. Doch mit einer derart abweisenden Reaktion hatte er nicht gerechnet. Zog man die in der ganzen Branche herrschende Rezession in Betracht, so hatte Cutler geglaubt, er vollbringe eine wahre Herkulestat. Und nun wurde er wie ein Dorftrottel behandelt.

»Im Vergleich zu unseren Konkurrenten sehen wir gar nicht so schlecht aus«, sagte Cutler. »Werfen Sie einmal einen Blick auf die Konkurrenz!«

Er versuchte seiner Stimme einen heldenhaften Ton zu geben, wirkte statt dessen aber defensiv. Weill, der während Cutlers Vortrag der Leinwand den Rücken zugekehrt hatte, fiel sofort über ihn her.

»Werfen Sie einen Blick auf die Konkurrenz! Werfen Sie einen Blick auf die Konkurrenz!« schrie er. »Diesen Mist höre ich jetzt seit Monaten. Alles, was Sie unternommen haben, war falsch.«

Die Sitzung wurde vertagt.

Seit Howard Clark 1968 die Fireman's Fund Insurance Company aufgekauft hatte, war die Versicherungsgesellschaft stets wie ein entfernter Vetter behandelt worden. Weit ab in Novato, unmittelbar neben San Francisco im Marin County gelegen, war Fireman's Fund eine alte, etablierte Gesellschaft, die bereits 1863 gegründet wurde. Doch sie fügte sich nie besonders gut in die Rolle eines Mitglieds der AmEx-Familie ein. Ihr Kerngeschäft, die Sachschaden- und Unfallversicherung, war ungefähr so aufregend wie eine Bibliothekarsversammlung. Das Ganze bestand rein aus der Schadensabwicklung und versicherungsstatistischen Tabellen.

Clark selbst interessierte sich nicht groß dafür. Die Fireman's Fund war nahezu dreimal größer als AmEx, als Clark die Gesellschaft für ungefähr 500 Millionen Dollar kaufte. Aber die Übernahme war eher eine Vernunftehe gewesen denn ein strategischer Coup.

Ein wenig fasziniert von den Vertriebswegen zu den Verbrauchern, die das Geschäft mit Versicherungen bot, hatte Clark zunächst eine ganze Reihe von Gesellschaften im Auge gehabt, bevor er sich für Fireman's Fund entschied. Die fetten Prämien der Firma und die hohe Zahl an Versicherungsabschlüssen spielten keine entscheidende Rolle. Ausschlaggebend für den Kauf war allein die bei American Express aufkommende Paranoia. Das Unternehmen war zu gewinnträchtig und zu klein, eine leichte Beute für eine Übernahme. Durch die Einverleibung der Fireman's Fund vervierfachte sich AmEx in der Größe. Und das Unternehmen wurde dadurch für die meisten Interessenten, die auf eine Übernahme spezialisiert waren, zu einem schwer verdaulichen Brocken.

Wie sich herausstellte, erwies sich der Kauf als weitaus wohltuender, als Clark sich vorgestellt hatte. In den siebziger Jahren boomte das Geschäft mit Versicherungen. Körperschaften, Stadtverwaltungen und Privatpersonen standen um Policen Schlange. Rentenversicherungen und preisgünstige Risikolebensversicherungen waren bei der Allgemeinheit äußerst beliebt.

Das Investmentportfolio* des Fireman's Fund dehnte sich aus, und genauso stiegen die Erträge. Von 1975 bis 1979 legten die Gewinne alljährlich um kräftige 15 Prozent zu. Völlig unerwartet war die Fireman's Fund ein Riesenerfolg. Zu dem Zeitpunkt, als Robinson an die Stelle von Clark trat, trug die Versicherungstochter 50 Prozent zu den Gewinnen von AmEx bei.

Robinson war der erste Topmanager von AmEx, der erkannte, welchen strategischen Wert die Fireman's Fund darstellte. Bei jeder Expansion ist ein Goldesel im Unternehmen unabdingbar. Die Versicherungstochter von American Express gehörte zum Haus und war leicht zugänglich. Es dauerte nicht lange, und DuBain und sein Stab standen unter starkem Druck

* Investmentportfolio oder Investmentportefeuille bezeichnet den Bestand an Wertpapieren und/oder Wechseln, über den eine Bank verfügt. (A. d. Ü.)

von seiten Robinsons, noch sattere Gewinne einzufahren. New York wurde zunehmend unersättlich und ungeduldig. Es war wie eine Krankheit, das klassische »Was hast-du-jüngst-für-mich-getan«-Syndrom.

Einmal, 1978, einem herausragenden Jahr für die Fireman's Fund, verlangte AmEx-Präsident Morley, daß die Versicherungstochter 10 Millionen Dollar zuschieße, damit TRS seine Datenverarbeitungs-Abteilung auf Vordermann bringen könne. Der Geldtransfer sollte nicht über die Bücher laufen. Auf diese Weise könne TRS den äußeren Schein wahren und seine Ertragszielvorgaben trotzdem einlösen.

Cutler, damals Finanzchef, und Chefberater Borrell »Bo« Kirschen widersetzten sich heftig, doch Morley blieb stur.

»Es gibt keine Möglichkeit, das hintenherum zu machen«, schrie Kirschen während einer Konferenzschaltung nach New York. »Wir müssen uns an die gesetzlichen Bestimmungen halten.«

»Wir wollen es so, also tun Sie es!« sagte Morley.

Bei der Fireman's Fund ärgerte man sich, daß AmEx ihre Gewinne hin und her schob.

Selbst als die Versicherungsbranche Anfang der achtziger Jahre in eine Talfahrt geriet, übte Robinson weiterhin Druck aus. Er hielt nichts von der sogenannten »S«-Kurve, dem berüchtigten Auf und Ab der Versicherungsbranche.

Immerhin befand man sich im Kaufrausch, und Robinson konnte es sich nicht leisten, kürzer zu treten. »Warten wir es ab«, sagte er nach dem Erwerb von Shearson. »Wir müssen noch besser werden«, beschwerte er sich nach dem Kauf von TDB. Robinson wünschte, daß jede Firma bei American Express Profitraten von 15 Prozent im Jahr erzielte. Er war schier unersättlich.

DuBain hatte Robinson gewarnt, daß sich der atemberaubende Gewinnzuwachs notwendigerweise verlangsamen müsse. Die Konkurrenz holte sich ein Stück vom Marktanteil der Gesellschaft. Die Fireman's Fund fiel zurück, 1982 war sie nicht mehr die sechstgrößte Versicherung des Landes, sondern rangierte nur mehr auf Platz zehn. Und noch wichtiger: Der gnadenlose Konkurrenzkampf hatte die Prämien auf ein spärliches Niveau gedrückt. Viele Versicherungsgesellschaften schrieben rote Zahlen oder kamen gerade so auf plus-minus Null.

»Das kann so nicht weitergehen, Jim«, beklagte sich DuBain.

»Das kann ich nicht akzeptieren«, erwiderte Robinson geradeheraus. Er wußte, in welchem Umfang die Gewinne von AmEx auf die Fireman's Fund zurückgingen. »Sie müssen mehr tun als nur Ihre Pflicht«, wies er DuBain zurecht.

1980 allerdings ging den Topmanagern der Fireman's Fund langsam der Spielraum aus. Dank der gewaltigen Preisermäßigungen sanken die Prämieneinkünfte. Die Erträge aus dem Investmentportfolio sanken. Doch Robinson zeigte kein Erbarmen. »Erträge zu erzielen ist Ihre Aufgabe«, hielt er DuBain vor.

Als die Einkünfte sanken, heckten die Spitzen der Fireman's Fund den Plan aus, einen Teil der »Rücklagen« des Unternehmens zu nehmen und damit die absackenden Gewinne zu stützen. Versicherungsgesellschaften müssen per Gesetz frei verfügbare Kapitalreserven, wie Renten und Versicherungspolicen, in Höhe ihrer Verbindlichkeiten unterhalten. Damit sollen die Unternehmen vor einer plötzlichen Welle von Haftungsansprüchen geschützt werden.

Im Laufe der Jahre hatten die leitenden Manager mit dem Umfang der Rücklagen ihr Spielchen getrieben. Die Fireman's Fund leitete einen erheblichen Teil ihrer Gewinne auf die Rücklagenkonten um, wenn die Zeiten gut waren. Ging das Geschäft jedoch schlecht, war die Gesellschaft ausgesprochen knickerig damit. Das war zwar nicht ungesetzlich. Doch es erweckte den Anschein, als würden die Gewinne steigen, was ja nicht der Fall war.

Schon bald ging die Gesellschaft noch einen Schritt weiter. 1980 handelte die Fireman's Fund mit der Insurance Company of North America eine Vereinbarung aus, nach der die Verbindlichkeiten getauscht wurden, wodurch jedes Unternehmen die jeweils erforderliche Höhe der Rückstellungen frisieren konnte. Diese Strategie war in der Branche unter der Bezeichnung »Rückversicherung« bekannt. Auch dies war vollkommen legal.

Die Fireman's Fund transferierte schließlich ihre gesamten Verbindlichkeiten des Pensionsfonds zur INA. Dank dieses Tricks machte die Versicherungstochter von AmEx zwischen 1981 und 1982 Rücklagen in Höhe von 109 Millionen Dollar flüssig. INA erhielt für ihre Bemühungen 43 Millionen Dollar. Damit waren noch Vorsteuergewinne von 66 Millionen Dollar übrig. Somit war gesichert, daß die Rekordgewinnsträhne von American Express nicht unterbrochen wurde. Hätte man auf dem Papier nicht soviel Einfallsreichtum bewiesen, wären die Gewinne der Fireman's Fund 1982 längst im Keller gewesen.

Während Robinson weiterhin über die Verläßlichkeit der Fireman's Fund staunte, wurden andere immer mißtrauischer. 1983 äußerte Wall Street offen Skepsis im Hinblick auf die Buchführung des Unternehmens. Gerry Lewisohn, ein geachteter Wertpapierhändler bei Merrill Lynch, ging so weit, die Glaubwürdigkeit der Ergebnisse der Fireman's Fund in Frage zu stellen. *Wie konnte es diesem Unternehmen inmitten eines Branchentiefs weiterhin so gutgehen?* fragte er sich.

Lewisohns sogar öffentlich geäußerte Mißtrauensbekundungen waren in Wall Street völlig neu. Doch andere Wertpapierhändler schlossen sich dieser Haltung an. So etwa die Versicherungsaufsicht von Kalifornien. Es gingen Gerüchte um, die staatliche Aufsichtsbehörde sei dabei, eine Untersuchung wegen unfairer Preisabsprachen bei der Fireman's Fund einzuleiten.

1983 konnte selbst die »doppelte« Buchführung der Fireman's Fund nicht mehr helfen. Im Juli berichtete die Gesellschaft über einen Gewinn von 17 Millionen Dollar für Juni. Die Erträge sackten im Juli auf 6 Millionen Dollar ab. Die Fireman's Fund hatte selten weniger als 20 Millionen Dollar im Monat zu verzeichnen.

Dennoch bekam die Öffentlichkeit erst mit dem langerwarteten Artikel in *Fortune* am 10. November Wind von den Buchführungspraktiken bei der Fireman's Fund. Robinson hatte jemanden vor das Gebäude von Time-Life gestellt, der sich nach dem offiziellen Ausgabetermin um 5.00 Uhr morgens sofort einige Exemplare schnappen mußte. Nicht einmal dreißig Minuten später blätterte der CEO von AmEx die Seiten der *Fortune*-Ausgabe durch.

Es war, wie Dimon gesagt hatte: Carol Loomis verstand ihr Geschäft wirklich. In einem 1200 Wörter langen Artikel mit der Überschrift »Wie Fireman's Fund die Gewinne hochrechnete« breitete sie aus, wie die Versicherungstochter von AmEx die Gewinne durch Rückversicherungs-»Verträge« aufblies.

In dem Beitrag wurde Robinson zitiert, wie er diese Praxis verteidigte. Der CEO von AmEx hatte, unter Assistenz von Harry Freeman, dem PR-Chef von American Express, sich drei Tage lang auf das Interview mit Carol Loomis vorbereitet. Freeman war der Ansicht, daß man dem Artikel im *Fortune* die

Spitze nehmen könnte, wenn es Robinson gelang, überzeugende Argumente für das Vorgehen von AmEx vorzubringen. Das hatte nicht funktioniert.

In dem Beitrag entschuldigte Robinson die merkwürdige Buchführung bei der Fireman's Fund mit geplanten Gesetzesänderungen auf diesem Gebiet. Er räumte auch ein, daß er Fireman's Fund zu mehr Kreativität gedrängt habe, »endlich damit aufzuhören, mir mit diesem Quatsch von dem Vergleich von zehn Gesellschaften zu kommen«. Weill allerdings wurde damit zitiert, der Tausch an Verbindlichkeiten erlaube eine konkurrenzfähige Preisgestaltung. Cutler hatte noch eine weitere Erklärung geliefert: Gewinn machen zu müssen.

Weill stürmte in Robinsons Büro.

»Haben Sie den Artikel gelesen?« fragte Weill beunruhigt.

Robinson nickte verdrießlich. »Was halten Sie davon?« fragte er dann. »Das ist ganz schön hart.«

Weill stimmte ihm zu. Die *Fortune*-Geschichte war detailliert, und sie mußte Schaden anrichten. Schlimmer noch, die sich widersprechenden Behauptungen der AmEx-Manager ließen Robinson und seine Stellvertreter wie Idioten aussehen.

»Sie weiß mehr über die Sache als wir«, sagte Weill, während er nervös vor Robinsons Schreibtisch auf und ab wanderte.

»Die Jagd ist eröffnet«, fuhr er fort. »Jeder Prüfer, jeder Aktionär, jede gottverdammte Person, die mit der Versicherungsbranche zu tun hat, wird es jetzt auf uns abgesehen haben. Und vergessen Sie nicht das *Wall Street Journal*.«

Einige Tage später sollte sich Weills Voraussage erfüllen. Jede Publikation, von *The Journal* bis zu *Business Week*, beschäftigte sich ausführlich mit den Schwierigkeiten bei der Fireman's Fund. Eine Gruppe von Aktionären reichte prompt Klage wegen Verschleierung gegen American Express ein. Und die Securities and Exchange Commission, die US-Börsenaufsichtsbehörde, setzte eiligst eine Untersuchung in Gang, um festzustellen, ob die Gewinne der Fireman's Fund überbewertet worden seien, um so die Ergebnisse von AmEx zu verbessern.

Selbst der CEO von Alleghany, Fred Kirby, war wütend. AmEx hatte zugestimmt, 773 Millionen Dollar in bar und in AmEx-Aktien für IDS zu bezahlen. Wegen der Fireman's Fund fiel die AmEx-Aktie um zehn Punkte. Kirby hielt die endgültige Zusage seines Verwaltungsrates so lange zurück, bis Robinson einige Berichtigungen vornahm. Für Kirby war es eine Art süßer Rache an Robinson dafür, daß dieser das erste Angebot von Weill für IDS abgelehnt hatte. Schließlich ging American Express darauf ein, 40 Millionen Dollar mehr als ursprünglich vereinbart zu bezahlen.

Robinson berief für den darauffolgenden Monat eine Krisensitzung ein. Der Rekordgewinn von AmEx war in Gefahr. Alle schwitzten Blut und Wasser, vor allem Harry Freeman, dessen Aufgabe es dann sein würde, den Schaden zu begrenzen.

Robinson saß schon an seinem Schreibtisch und arbeitete, als Weill, Beller, Gerstner und Freeman an diesem Montag zur Morgensitzung um 8.00 Uhr auftauchten. Als Frühaufsteher war Robinson gewöhnlich schon um 6.30 Uhr im Büro. Sein Frühstück bestand normalerweise aus Kaffee, einem Teller Corn-Flakes und dem *Wall Street Journal*.

Einer nach dem anderen kamen sie herein. Weill und Beller gingen zur Couch in der Ecke. Freeman und Gerstner setzten sich auf die zwei Stühle vor Robinsons Schreibtisch.

Plötzlich begannen alle gleichzeitig zu reden. Weill schimpfte über das lausige Management der Fireman's Fund. Beller zeigte sich besorgt wegen der SEC, der Börsenaufsicht. Und Freeman verwies auf die schädigenden Presseausschnitte, die er mitgebracht hatte.

»Okay, okay«, sagte Robinson, wieder Ruhe herstellend, »die machen uns fertig. Das können wir uns aber nicht leisten. Was also sollen wir tun?«

Freeman erklärte, er habe das Wochenende am Telefon mit seinen Kollegen von der Fireman's Fund verbracht. »Sagen Sie kein Wort. Verweisen Sie alle Anfragen an New York«, hatte er ihnen befohlen. Damit wollte Freeman die Gerüchte, die es gab, unterbinden.

»Die Presse bekommt die Informationen von uns«, sagte er zuversichtlich. »Machen Sie sich keine Sorgen, Jim.«

Freeman war hochgewachsen und hatte schütter werdendes graues Haar. Sein Gesicht zeigte ein ständiges Grinsen. Freeman war aber mehr als nur der Pressechef von AmEx. Als ehemaliger Rechtsanwalt und Regierungsbeamter in Washington war er 1975 als Chef-Lobbyist zu American Express gestoßen. Als PR-Chef hatte er jede noch so große Krise überstanden.

Der nächste Schritt war einfach: Cutler wurde gefeuert.

»Er muß gehen. Wir brauchen ein neues Management«, sagte Weill. »Wir brauchen jemanden, der den Karren aus dem Dreck zieht.«

Robinson pflichtete ihm ohne Zögern bei. Ein Wechsel in der Geschäftsleitung würde den Kritikern zeigen, daß er schnell und entschlossen handelte. »Das Image ist wichtig, meine Herren. Das dürfen wir nicht vergessen.« Robinson war der Meinung, dies sei der geeignete Zeitpunkt, einen CEO einzusetzen, der American Express mehr Sympathie entgegenbrachte, jemanden, der mehr Verständnis für die Nöte der Zentrale aufbrachte, jemanden, der einen 15prozentigen Gewinnüberschuß schaffen konnte.

»Gleich nach Thanksgiving«, schwor er.

Weill warf ein, Fireman's Fund brauche mehr als nur eine allgemeine Säuberung. Er war der Ansicht, die ganze Gesellschaft müsse auf Zack gebracht werden. Es sei nicht damit getan, nur einen neuen Mann nach Kalifornien zu schicken. Dieser Mann müsse auch die entsprechende Begabung mitbringen. »Wir brauchen jemand, der den Leuten in den Arsch treten kann. Ohne größere Umbesetzungen könnten wir leicht wieder ins Schlamassel geraten«, sagte er zu Robinson.

»Gut«, meinte Robinson. »Aber wen zum Teufel haben wir, der die geforderten Eigenschaften mitbringt?«

Die vier Männer machten sich einige Notizen. Wer besaß die entsprechenden Qualifikationen und wer von diesen Leuten war bei AmEx entbehrlich? Die Liste war nur kurz, umfaßte nur wenige Namen.

George Sheinberg, der Finanzchef von AmEx, war einer von Weills bevorzugten Kandidaten. Weill hatte noch immer nicht verschmerzt, daß Sheinberg ihn seiner Meinung nach bei der Übernahme von IDS hereingelegt hatte. Deshalb hätte Weill seinen ehemaligen Freund mit Freuden nach dem 300 Meilen entfernten Kalifornien versetzt. Doch Robinson war dagegen. Er habe nicht genug Erfahrung im Management, meinte er.

Der nächste Kandidat, über den sie diskutierten, war Bill McCormick. Ehemals als Berater bei McKinsey, hatte man McCormick bei TRS als exzellenten Strategen geschätzt. Doch er nahm kein Blatt vor den Mund. In Gerstners Augen war er sogar ausgesprochen unverschämt.

»Nicht unser Mann«, sagte Gerstner.

Erneut winkte Robinson ab.

Damit blieb noch Bob Smith übrig. Ein Erbsenzähler erster Güte, war Smith Finanzchef bei General Electric gewesen, bevor er als Leiter der Abteilung Finanzen zu AmEx wechselte. Nach der Übernahme von Shearson war er aufs Abstellgleis geschoben worden, um Platz für Sheinberg zu schaffen – um ihm zu demonstrieren, wie harmonisch es bei AmEx zuging. Doch Smith genoß noch immer hohes Ansehen. Er besaß Durchsetzungsvermögen und Ehrgeiz. Seit er seinen Posten an Sheinberg verloren hatte, gierte Smith nach einer Aufgabe, die sein Renommee steigern würde. Vor allem Weill hielt viel von ihm. Denn Smith war vom gleichen Kaliber wie er selbst.

»Er ist ein absolut zäher Typ«, sagte Weill, »dem kann keiner etwas vormachen.«

Robinson lächelte: »Sandy, das ist unser Mann!«

Am Samstagmorgen nach Thanksgiving war es bewölkt und kalt. Ein schneidender Wind fegte über das Vorfeld auf dem Westchester County Airport, als sich die Leute von AmEx im Firmenhangar einfanden, um letzte Informationen entgegenzunehmen. Zur Beförderung dieser vielen Personen hatte die Firma alle Flugzeuge von American Express aufgeboten. Zwei Gulfstream-II-Firmen-Jets wurden bis oben hin mit Kaviar und Champagner beladen. Ein Jet war einzig für das Gepäck bestimmt.

Robinson spielte den jovialen Gastgeber und begrüßte nacheinander jedes Vorstandsmitglied und dessen Ehefrau. Bei der Begrüßung stand ihm seine Mutter Josephine zur Seite. Noch kaum sechs Monate dauerte die Beziehung Robinsons zu Linda, und er hielt es nicht für angebracht, sie auf eine offizielle Geschäftsreise mitzunehmen. Statt dessen hatte er seine Mutter gebeten, ihn zu begleiten. Robinson steckte die Hänseleien, denen er deshalb ausgesetzt war, locker weg.

Als die schnittigen grauen Jets von AmEx einer nach dem anderen abhoben, zeigte sich Robinson überraschend gelöst. Er fühlte sich schließlich doch erleichtert, daß er die Entscheidung getroffen und Smith zur Fireman's Fund versetzt hatte. Die zurückliegenden zwei Wochen waren eine Tortur gewesen, doch in den nächsten zehn Tagen, so hoffte Robinson, konnte er sich entspannen.

Während des achtstündigen Fluges war Robinson fröhlich und gesellig. Im allgemeinen blieb er auf Reisen meist für sich allein und wühlte sich durch den Inhalt zweier gleichartiger Aktentaschen, die ihn auf allen Reisen begleiteten. Diesmal öffnete er sie auf dem ganzen Weg nach Genf nicht ein einziges Mal. Statt dessen nippte er an einem Glas Weißwein und unterhielt sich mit den Verwaltungsratsmitgliedern.

Weit oben auf dem Terminplan stand die Besänftigung von Edmond Safra. Seit AmEx Safras Trade Development Bank im vorausgegangenen Januar übernommen hatte, betrachtete Safra die ganze Sache mit ständig steigender Ernüchterung. Er fühlte sich vernachlässigt, nicht dazugehörig.

Schon kurz nach Unterzeichnung des Fusionsvertrages fühlte sich Safra das erste Mal übergangen, als ihm mitgeteilt wurde, daß Robert Smith von AmEx sein Stellvertreter in der Bank werden würde. Als Safra dies erfahren hatte, war er wie vom Donner gerührt gewesen. Niemand hatte ihn gefragt, er selbst hatte gehofft, diese Stelle mit seinem gegenwärtigen Stellvertreter bei TDB, Albert Benezra, besetzen zu können. Benezra, ein türkischer Jude, war seit Jahrzehnten Safras Vertrauter. Er war der Mann, der für den reibungslosen betrieblichen Ablauf verantwortlich war, der jedes Detail bei TDB, von der Personalpolitik bis zum Kundenkontakt, überwachte.

Die schlimmste Beleidigung für Safra war allerdings, daß Robinson ihn während des Ankaufs von IDS im Sommer 1983 überhaupt nicht zu Rate zog. Safra erfuhr von dem 773 Millionen Dollar teuren Kauf durch den Dow-Jones-Ticker.

Safra hatte wütend Cohen zu Hause angerufen. In Genf war es 10.00 Uhr morgens, in New York aber erst 4.00 Uhr in der Früh, doch Safra wollte sofort eine Erklärung.

»Was ist DSI? Oder SDI?« schrie er ins Telefon.

»Edmond, was ist los? Ach, Sie meinen IDS«, antwortete ein schlaftrunkener Cohen. »Hat Jim Ihnen das nicht erzählt?«

»Mir was erzählt?« donnerte Safra. Sein Ton wurde immer feindseliger. »Ich bin der größte Aktionär des Unternehmens, und kein Mensch hat mir irgend etwas gesagt.«

»Ich bin nicht glücklich«, beschwerte er sich häufig bei Cohen, seinem Freund und engsten Verbündeten bei AmEx.

Safra war zwar wortgewandt und gebildet – er sprach fließend fünf Sprachen –, doch tätigte er seine Geschäfte auf die altmodische Art. Ihm waren ein Handschlag und Augenkontakt lieber als Memoranden und Ausschüsse. Während seiner Verhandlungen mit Cohen quälte er den Chef von Shearson fortwährend mit Fragen nach Robinsons Charakter. »Kann ich ihm vertrauen?« fragte er wieder und wieder. Nun schien es, als sei sein Mißtrauen berechtigt gewesen.

Die Vergnügungsreise nach Europa bot Robinson die Chance, die Kluft, die sich aufgetan hatte, zu schließen. Safra und seine Frau Lily waren offiziell Gastgeber der Reise. Das schien nur angemessen. Als Mitglied des Verwaltungsrates und Leiter der AmEx-Bank war Safra der ranghöchste Topmanager in Europa. Zwar war er in Beirut geboren, lebte jedoch abwechselnd in Genf und in Paris. Safra war Europäer bis ins Herz.

Als die Gruppe auf dem internationalen Flughafen von Genf ankam, war es früher Abend. Alle hatten mit dem Jet-lag zu kämpfen, waren müde und hatten nur noch den einen Wunsch, so schnell wie möglich ins Hotel zu kommen. Safra hatte ein Empfangsteam aufgeboten. Mit nahezu militärischer Präzision wurde das Gepäck entladen und der Zoll abgewickelt. Ein Dutzend Mercedes-Limousinen wartete darauf, die Reisenden zu ihrem Hotel zu fahren.

Safra, ein schwergewichtiger Mann mit beginnender Glatze, rundem, pausbäckigem Gesicht und breiten dichten Augenbrauen, wartete in Robinsons Hotel, als die AmEx-Leute ankamen. Warmherzig und überschwenglich wie er war, fügte er sich nicht recht ins Bild des geheimnisumwobenen internationalen Finanziers.

Er war der geborene Gastgeber. Die Gäste fanden Rosensträuße, Schokolade und goldene Piagetuhren in ihren Zimmern. »Mit den besten Empfehlungen von Lily und Edmond Safra«, stand auf den beigefügten Kärtchen.

Der erste Abend stand im Zeichen eines geselligen Beisammenseins. Albert Benezra, Safras rechte Hand, lud zu einem eleganten Abendessen auf seinem Anwesen am Rande von Genf. Geschäftliches war an diesem Abend verpönt. Das Hauptthema bildete die Reiseroute der kommenden Woche. Abendessen mit Edward Rothschild, Empfang für den Duke of Edinburgh, Prinz Philip, und eine Privatführung durch Notre Dame waren einige der Höhepunkte. Betty Ford, deren Ehemann ebenfalls im Verwaltungsrat von AmEx saß, freute sich auf den Besuch bei Hermès, einer schicken Pariser Boutique.

Am Montagmorgen war Safra dann bereit für geschäftliche

Dinge. Seine früheren Klagen über American Express erschienen nun winzig angesichts der drückenden Probleme mit der Fireman's Fund. Er war nicht nur verblüfft über die Rückschläge der Fireman's Fund, ihn kostete das auch noch Geld. Safra hatte für TDB 550 Millionen Dollar in AmEx-Aktien erhalten. Nun hatte er innerhalb von Tagen Millionenverluste hinnehmen müssen.

Für 9.00 Uhr morgens hatte er ein Treffen mit Robinson in seiner Suite im Hotel Des Bergues vereinbart. Wie üblich war Safra pünktlich auf die Minute.

Robinson sprach bereits über eine Geschäftsangelegenheit mit Weill, als Safra an die Tür klopfte.

»Edmond, guten Morgen«, sagte Robinson mit Wärme in der Stimme, als er die Tür öffnete.

Safra schüttelte ihm knapp die Hand. Die Herzlichkeit, die er in den vergangenen Tagen gezeigt hatte, war verschwunden.

»Jim, ich bin sehr unglücklich«, sagte Safra, als er sich gegenüber von Robinson niederließ. Seine Stimme klang gedämpft, aber entschlossen. »Wegen der Probleme Ihres Unternehmens stehe ich wie ein Narr da.«

»Edmond, ich ...« hob Robinson an, doch Safra schnitt ihm das Wort ab. Er stand auf, wobei seine Stimme immer erregter wurde: »Die Sache mit der Fireman's Fund. Diese Verluste sind empörend.«

Robinson schwieg. Er hatte zwar gewußt, daß Safra wütend war, doch welches Ausmaß seine Wut hatte, wurde ihm erst jetzt klar.

»Was geht hier vor? Das ist doch Ihr Unternehmen, oder nicht?« fragte Safra und deutete mit dem Zeigefinger auf Robinson. »Ist American Express außer Kontrolle geraten?«

Als Safra schwieg, versuchte Robinson, seinen neuesten Topmanager und Aktionär zu beschwichtigen.

»Edmond«, sagte er, »wir haben das Problem erkannt, und wir werden es lösen.«

»Und wie wollen Sie dieses Wunder vollbringen?« fragte Safra bissig. »Das möchte ich wirklich gerne wissen.«

»Das ist ganz einfach«, unterbrach ihn Weill, der während des Ausbruchs von Safra geschwiegen hatte. »Wir werden leitende Köpfe der Fireman's Fund austauschen. Ich garantiere Ihnen, alles wird besser.«

Safra setzte sich wieder. Doch als er erfuhr, daß Smith die Fireman's Fund übernehmen solle, explodierte er erneut.

»Nein. Der nicht«, donnerte Safra.

Smith war Safras Verbindungsmann in New York. Er bildete sozusagen die Brücke zwischen ihm und American Express, und er war sein Beobachter in New York.

»Ich brauche Smith«, sagte Safra. »Da gibt es keine Diskussion.«

Robinson und Weill wurden zwar langsam ungeduldig, doch keiner von beiden wollte Safra vor den Kopf stoßen. Sie erklärten, warum die Wahl logischerweise auf Smith hatte fallen müssen und setzten ihm die Gründe für die Entscheidung auseinander.

Safra ließ das völlig gleichgültig. Seit der Skandal der Fireman's Fund offenbar geworden war, hatte er stets den Verdacht gehegt, daß Robinson die gesunde Verfassung von American Express nur vorgetäuscht hatte. Nun fürchtete er, Robinson wolle versuchen, ihn durch den Abzug von Smith noch weiter zu isolieren.

»Wenn Smith nach Kalifornien geht, verlasse ich American Express«, drohte Safra, und ein rascher Blick in sein Gesicht bewies, daß er es ernst meinte.

Robinson, der geborene Vermittler, versicherte Safra daraufhin, ohne seine Zustimmung werde nichts geschehen.

»Wir werden einen Plan ausarbeiten, mit dem alle zufrieden sind«, sagte Robinson lächelnd, um die Spannung zu lösen.

Safra beruhigte sich: »Gut, aber von jetzt an möchte ich konsultiert werden.« Dann verabschiedete er sich höflich, aber kurz angebunden von den beiden Herren.

Robinson und Weill waren wie vor den Kopf geschlagen, als er das Zimmer verlassen hatte. Beide hatten nicht erwartet, daß Safra derartig zornig war. Die Fireman's Fund war plötzlich erneut zum Problem geworden. Robinson brauchte jemand anderen.

Am Nachmittag hatte Robinson plötzlich eine Idee. Den Mann, der ihm eingefallen war, konnten sowohl Safra als auch der Verwaltungsrat akzeptieren. Robinson rief in Weills Suite an und bat ihn, so schnell wie möglich bei ihm vorbeizuschauen. Weill kam fünf Minuten später.

»Wir müssen tiefgreifende Änderungen bei Fireman's Fund vornehmen«, sagte Robinson. »Wir müssen Fakten schaffen. Wir müssen beweisen, daß wir uns wirklich darum kümmern.«

Weill stimmte dem zu. Doch an wen hatte Robinson gedacht? Die Antwort war wie ein Schock für ihn.

»Ich möchte, daß *Sie* nach Kalifornien gehen, Sandy«, sagte Robinson. »Schaffen wir das Problem mit der Fireman's Fund endgültig aus der Welt.«

Weill blickte starr geradeaus, seine Hände umklammerten die Armlehnen. Er sagte kein einziges Wort.

»Nehmen Sie Bill McCormick mit. Sie beide werden ein großartiges Team abgeben«, fuhr Robinson fort. »Die Probleme schreien nach einer einfallsreichen Lösung. Sie beide werden sie lösen.«

Weill zögerte. Er hatte keinerlei Lust, an die Westküste zu ziehen, 3000 Meilen weit von zu Hause und der Zentrale. Ihm kam es so vor, als wolle Robinson ihn verbannen. Doch er konnte dessen Argumenten nichts entgegensetzen. Bis Ende 1983 hatte man seinen Spielraum weitestgehend beschnitten. An der Spitze wurde er zwischen dem CEO von AmEx und Gerstner zerrieben. Hinter seinem Rücken operierte Cohen. Schlimmer noch: Der Verwaltungsrat blieb weiterhin Robinsons Revier. Weill stand auf der Abschußliste und hatte eigentlich jeden Handlungsspielraum verloren.

»Sie haben sich also bereits entschieden?« fragte Weill.

»Es ist die beste Lösung«, entgegnete Robinson.

»Was ist mit Shearson?« fragte Weill. Shearson konnte er doch mit Sicherheit nicht allein lassen.

»Shearson kann mir unterstellt werden. Machen Sie sich deswegen keine Gedanken, Sandy«, sagte Robinson. »Ja, ich glaube, das wird ausgezeichnet klappen.«

Robinson hatte allen Grund, die Situation zu genießen. Dies war ein tödlicher Schlag gegen Weill: Der AmEx-Präsident war weg von New York und damit vergessen. Außerdem war Weill damit vollkommen von seiner verbliebenen Machtbasis bei Shearson abgeschnitten. Niemand würde mehr davon reden, daß Weill an Robinsons Stuhl sägen konnte. Bei dieser Lösung gewann Robinson doppelt. Wenn Weill die Probleme der Fireman's Fund lösen konnte, um so besser. Falls er aber scheiterte, war Weill definitiv draußen. Der Chef von AmEx freute sich über seinen eigenen Genieblitz: *Jetzt habe ich ihn.*

In den nachfolgenden Wochen wahrte Weill nach außen tapfer das Gesicht. Seinen Kollegen erzählte er, er freue sich über diesen Auftrag. Immerhin besaß er ja noch AmEx-Aktien im Wert von etwa 30 Millionen Dollar. Er sagte auch, er begrüße die Herausforderung. Doch bei American Express war jedermann klar, daß Weill sich auf dem Weg nach draußen befand.

»Ich werde ins Exil geschickt«, vertraute Weill seinen Freunden an.

Sieben Tage später, bei der angesetzten Verwaltungsratssitzung in London, stellte Robinson seine Pläne vor. Der Verwaltungsrat billigte sie. Weill wurde zum Vorsitzenden der Fireman's Fund ernannt. McCormick sollte der CEO der Firma werden. Cohen erhielt den Posten des CEO von Shearson.

Weill wußte nun zwar, daß er Robinson niemals wieder übertrumpfen könne, doch er machte weiter. Er liebte Herausforderungen. Die Schwierigkeiten der Fireman's Fund zu lösen war genau die Art von Aufgabe, die ihm eine Zeitlang Spaß machen würde. Es war wie in alten Zeiten.

Im Januar arbeitete Weill auf Hochtouren. Ein plötzlicher Anstieg der Schadensmeldungen in den letzten Monaten des vorangegangenen Jahres brachte die Fireman's Fund ins Schleudern. Die Erträge für 1983 stürzten auf jämmerliche 30 Millionen Dollar ab – im Vergleich dazu waren im Vorjahr 244 Millionen erzielt worden. Noch wichtiger war, daß AmEx die Risikorücklagen der Firma auffangen und 230 Millionen Dollar frisches Kapital hineinpumpen mußte. Der Gewinn von AmEx sank 1983 um 11 Prozent – der erste Rückgang seit sechsunddreißig Jahren.

Weill und McCormick besuchten die Vertretungen der Fireman's Fund im ganzen Land, von Chicago nach Houston und anschließend noch Los Angeles. Sie sprachen mit Versicherungsvertretern, Büroleitern und Versicherungsträgern. Es wurde ein Crashkurs im Versicherungswesen. »Einführungskurs Fireman's Fund«, nannten sie es scherzhaft untereinander. Nach Ablauf von zwei Wochen ging es dann nach Novato.

Weill mietete ein kleines Apartment drei Meilen weit vom Verwaltungsgebäude der Gesellschaft entfernt. Er wollte seine Familie nicht entwurzeln. Er beschloß, freitags nach New York und montags wieder zurück nach Kalifornien zu fliegen.

Die Monate Januar und Februar hindurch arbeitete Weill die ganze Zeit über in Kalifornien. Für den Rest des Jahres beschränkte er dann seine Anwesenheit dort auf eine Woche im Monat. Zunächst erlebte er, der New York gewöhnt war, so etwas wie einen Kulturschock: Von seinem Büro aus blickte man auf eine Kuhweide.

In Novato wich Weill von seiner üblichen Methode ab. Er wollte die darniederliegende Arbeitsmoral der Leute wieder aufbauen. Cutler war bei allen beliebt, ehrlich und fair gewesen. Für seine Mitarbeiter war er nur der Sündenbock, ein Opfer der Robinsonschen PR-Maschinerie. Weill bemühte sich sehr, die Mitarbeiter für sich zu gewinnen. Er verhielt sich eher wie ein Cheerleader, nicht wie ein Chef. Er sprach von »Teamgeist« und »Zusammenhalt«.

Cutler sprach anläßlich seiner Abschiedsfeier in der Firmencafeteria ebenfalls von diesen Dingen. Seine Rede war hitzig und emotionsgeladen. Zum Abschluß rief er: »Bei Gott, wir werden siegen!« Weill ging spontan auf ihn zu, umarmte ihn und küßte ihn auf die Wange.

Es dauerte nicht lange, und Weill hatte eine Strategie zur Wiedererstarkung entwickelt. Die Fireman's Fund versuchte ja, das gute Leben der siebziger Jahre bei den sich verringernden Erträgen der achtziger fortzuführen. In Novato waren harte Zeiten angesagt.

Weill hielt sich an das Managementhandbuch von Shearson und baute 20 Prozent Personal ab. Fast 1500 Mitarbeiter erhielten zum Jahresende 1984 die fristlose Kündigung. Die Kosten der Firma sanken um 65 Millionen Dollar. Außerdem versuchte Weill, die aufgeblähte Verwaltung der Firma zu straffen.

»Sie schreiben Berge von Aktennotizen – Herr Sowieso an Herrn Sowieso«, erzählte er in einem Interview. »Ich ziehe die Anrede beim Vornamen vor.«

In New York wurde Weills Position bei American Express zunehmend schwächer. Robinson hatte gehofft, wenn er Weill nach Kalifornien ins Exil schicke, brauche er nicht mehr ständig auf ihn zu achten. Tatsächlich verstummten die Gerüchte auch für eine Weile. Doch Weills erfolgreiche Bewältigung der Katastrophe mit der Fireman's Fund verschaffte den Klatschmäulern neue Munition.

Erneut wurde Robinson in die Defensive gedrängt. *Warum verließ Weill nicht endlich AmEx?* Das im März stattfindende Bing-Crosby-Pro-Am-Golfturnier in Pebble Beach, an dem sowohl Robinson als auch Weill teilnahmen, gab Robinson erneut

Anlaß zu einem Zornesausbruch. Zu Weills Spielergruppe, die sich aus vier Spielern zusammensetzte, gehörten Gerald Ford und Jack Nicklaus. Der bemerkenswerteste Mitspieler in Robinsons Gruppe war ein Chirurg aus Florida.

Und nicht nur Robinson hegte Mißtrauen gegen Weill. Obwohl die Hochzeit erst vier Monate später stattfinden sollte, war Linda Gosden allmählich zur wichtigsten Ratgeberin Robinsons in allen Fragen, von der PR bis hin zu Personalfragen geworden. Linda traute Weill nicht mehr über den Weg, sagen Topleute von AmEx. Sandy sei gerissen. Jim sei ein Gentleman. Sie riet Robinson zur Vorsicht: *Sandy will deinen Job.*

Ende März aßen Robinson und Linda mit den Weills im Club 21 zu Abend. Durch seine schnellen Erfolge in Kalifornien gestärkt, legte Weill seine weiteren Pläne für American Express dar. Stärkere Budgetkontrollen und weniger rote Teppiche standen auf Weills Liste ganz oben. Robinson stimmte zu. Linda schwieg. Für sie hörte sich das alles an, als sei Weill erneut auf dem Weg nach oben. Still kritzelte sie auf ihrer Serviette herum. Immer und immer wieder schrieb sie ein Wort darauf: *Macht.*

Bevor das Jahr 1984 zu Ende ging, hatte Robinson schließlich beschlossen, sich der Fireman's Fund zu entledigen. Es war in jener Zeit, daß der CEO von AmEx die Entscheidung getroffen hatte, sich von allen schwachen Firmen zu trennen. Tatsächlich begann Robinson ungefähr zu jenem Zeitpunkt, die notwendigen Schritte für einen Verkauf von Warner-AmEx in die Wege zu leiten. Nach einer erneuten Investition von 200 Millionen Dollar in die Kabelgesellschaft hatte AmEx noch immer keinen Pfennig verdient. Der Verwaltungsrat war beunruhigt, Robinson nervös. Er veräußerte den AmEx-Anteil von 50 Prozent für 450 Millionen Dollar an Ross. Damit trennte er sich von Kabellizenzen im Wert von fast einer Milliarde Dollar, genau zu dem Zeitpunkt, als die Firma rentabel zu werden begann.

Weit schwieriger und schmerzhafter war die Fireman's Fund für Robinson. Er behandelte die Gesellschaft wie einen Leprakranken, das heißt, er schenkte ihr kaum Beachtung. Das ganze Jahr 1984 hindurch hörte McCormick, der CEO der Fireman's Fund, kaum ein Wort von Robinson. Aber im November erfuhr Robinson zu seinem Entsetzen, daß er nochmals 200 Millionen Dollar in die Versicherungsgesellschaft stecken mußte.

Wie gern sich Robinson von dieser Firmentochter trennen wollte, wurde bei einer Managertagung von AmEx deutlich, die

Anfang 1985 in Boca Raton stattfand. McCormick hielt einen vierzigminütigen Vortrag über die Fireman's Fund. Er klang optimistisch und hoffnungsvoll. Doch als er geendet hatte, herrschte Stille im Saal, nicht einer klatschte, nicht einer ließ eine Bemerkung dazu fallen.

»Gut gemacht«, sagte Weill später zu McCormick. »Aber es ist zu spät. Robinson will die Gesellschaft loswerden.«

Einige Wochen danach bekam Weill Wind von einem Gerücht, AmEx sei drauf und dran, die Fireman's Fund zu verkaufen. Er hörte, der westdeutsche Versicherungsriese Allianz habe Robinson ein Angebot unterbreitet. Weill begann nachzudenken.

Er wollte Näheres von Robinson wissen. Der CEO von AmEx bestätigte den Bericht. Ja, es gebe ein Angebot. Ja, die Fireman's Fund stehe zum Verkauf. In diesem Moment schlug Weill zu.

»Schauen Sie, Jim«, sagte er. »Ich bin vielleicht nicht mehr lange im Unternehmen. Warum verkaufen Sie nicht an mich?«

Er denke an einen »Leveraged Buyout«, fuhr er fort.

Anfangs zögerte Robinson noch. Es sehe nicht gut aus, wenn einer seiner leitenden Manager einen großen Happen des Unternehmens erstehen würde. Doch schließlich lenkte er ein.

»In Ordnung«, sagte Robinson. »Aber behalten Sie es für sich.«

Weill stürzte sich nun in Aktivitäten. Innerhalb weniger Tage hatte er einen möglichen Geschäftspartner ausgemacht. Er wußte, er brauchte jemanden mit gutem Ruf, wollte er Robinson und den skeptischen Verwaltungsrat von American Express überzeugen. Weill war sicher, er hatte so jemanden gefunden: Warren Buffet, den CEO der Berkshire Hathaway Group.

Buffet war einer der aus dem Rahmen fallenden Investment-Gurus, er stammte aus dem Mittleren Westen, war unscheinbar und einfach. Er verabscheute Wall Street, baute seine Firma lieber im heimischen Omaha auf. Doch er hatte ein gutes Image. In späteren Jahren sollte Buffet die Leitung von Salomon Brothers angeboten werden, als John Gutfreund mitten im Skandal über einen Handel mit Staatsanleihen zurücktrat. Und Robinson selbst sollte Buffet 1991 bitten, in American Express zu investieren, um auf diese Weise das Vertrauen des Marktes in das Unternehmen zu heben.

Es kam Weill zupaß, daß Buffet für die folgende Woche eine

Geschäftsreise nach New York plante. Er sagte zu, sich zum Frühstück im Plaza Hotel zu treffen.

»Warren«, begann Weill, »ich denke über einen LBO der Fireman's Fund nach.«

Buffet betrachtete ihn neugierig. »Sind Sie sicher?«

»Ich weiß, was Sie jetzt denken. Aber hören Sie bitte zu. Ich setze nicht auf Verlierer.«

Im Laufe der folgenden Stunde erklärte Weill ihm seine Strategie. Er könne die Kosten weiter senken, die Gewinne wieder erhöhen und bezahlen, sobald die Branche sich wieder erhole.

»Haben Sie Interesse?«

»Sandy, ich bin interessiert, aber ich habe ein Problem. Ich mag das Versicherungsgeschäft nicht«, sagte Buffet. »Zu unbeständig.«

»Warren, ich stimme Ihnen zu«, sagte Weill, »aber es gibt eine bombensichere Möglichkeit, die Risiken so gering wie möglich zu halten.«

»Und die wäre?«

Weill zwinkerte Buffet zu. »Gutes Management.«

Buffet war immerhin so fasziniert, daß er Weill zu einem erneuten Treffen nach Omaha einlud. Wieder war Weill höchst überzeugend. Auch Buffet hatte seine Hausaufgaben gemacht. Innerhalb von zwei Tagen kehrte Weill von Nebraska mit einem neuen Geschäftspartner zurück.

Im Mai gaben sie ein Angebot ab. Die Konditionen, die Weill und Buffet unterbreiteten, waren einfach. American Express sollte 40 Prozent der Anteile an der Fireman's Fund behalten. Weitere 40 Prozent sollte Buffet erhalten, und an Weill sollten die restlichen 20 Prozent fallen. Als Preis waren 1,6 Milliarden Dollar im Gespräch.

Robinson ließ sich das Gebot fast einen Monat lang durch den Kopf gehen. Es war attraktiv. Doch der Verwaltungsrat reagierte nicht sonderlich begeistert. »Die Verschuldung ist zu hoch«, klagte Howard Clark sr.

Das weitaus größere Problem war das Image. Robinson befürchtete, daß Weill die Fireman's Fund zu einem höheren Preis weiterverkaufen könnte. Tatsächlich hatten die Anwälte von AmEx gewarnt, daß der Verwaltungsrat mit gerichtlichen Schritten von seiten der Aktionäre rechnen müsse, wenn Weill das Unternehmen mit einem satten Gewinn veräußern würde. Schlimmer noch war die Möglichkeit, daß die Branche sich erholen könnte. Weill würde dann wie ein Genie dastehen, Robinson wie ein Trottel.

Es war folglich keine Überraschung, daß Robinson das Geschäft ablehnte.

Zwei Wochen danach ging Weill zu Robinson ins Büro. Er wollte über seine Zukunft reden. Robinson hatte ihm die Chance geboten, die Fireman's Fund für American Express voll verantwortlich zu leiten. Als Anreiz bot er Weill ein Gehaltspaket über möglicherweise 80 Millionen Dollar für fünf Jahre. Es wäre der dickste Gehaltsscheck in der Geschichte des Unternehmens gewesen.

Weill jedoch wollte AmEx verlassen.

»Jim, ich bin völlig erschöpft, geistig wie körperlich«, sagte er. »Ich will einfach nur gehen.«

Einige Tage darauf, am 25. Juni 1985, gab American Express den Rücktritt Weills bekannt. Gleichzeitig ernannte das Unternehmen Gerstner zum Präsidenten von AmEx.

9

Der mysteriöse Edmond Safra

Für American Express markierte die Sache mit Fireman's Fund einen Wendepunkt. Seit der Sache mit McGraw-Hill war dies der härteste Schlag für Robinsons Image. Er behauptete, er sei von den Schwierigkeiten der Versicherungsgesellschaft völlig überrascht worden. Doch kritische Stimmen bezweifelten offen den Wahrheitsgehalt dieser Aussage des AmEx-CEOs, als die Geschichte bekannt wurde. Wie war es möglich, daß er nichts davon gewußt hatte? Wer war dafür zuständig? Einer der stärksten Zweifler war weiterhin Edmond Safra.

Die Plötzlichkeit, mit der die katastrophale Lage der Fireman's Fund zu Tage trat, und die Tatsache, daß Robinson davon auf dem falschen Fuß erwischt wurde, verschlugen Safra die Sprache. Und sein Gespräch mit Robinson in Genf bestätigte ihn nur in seiner geringschätzigen Meinung über den CEO von American Express. »Sind das wirklich Geschäftsleute?« fragte er seine Kollegen des öfteren.

Es ging ihm vor allem gegen den Strich, daß er durch Presseberichte vom desolaten Zustand der Fireman's Fund erfuhr. Das war genau wie bei IDS. Nicht ein einziges Mal habe man ihn wegen der Versicherungstochter von AmEx zu Rate gezogen, beschwerte sich Safra gegenüber Teilhabern. Der libanesische Bankier schäumte vor Wut. Für ihn stellte Robinsons Vorgehen im Fall der Fireman's Fund das letzte Glied einer Kette taktloser Affronts und unverkennbarer Kränkungen dar.

Schon lange bevor die Neuigkeiten über die Fireman's Fund laut wurden, murrte Safra über seine Beziehung zu American Express und dessen CEO. Er klagte über den mangelnden Kontakt zu Robinson. Und er meckerte über das schlampige Interieur der Firmen-Jets von AmEx. Safras Büro bei AmEx gab Anlaß zu weiterem Zwist. Anstatt ein Büro in der Führungsetage in der Nähe von Robinson im neununddreißigsten Stock des American Express Plaza zu haben, saß Safra im zweiundzwanzigsten Stock inmitten anderer Bankangestellter.

Die chaotische Verwaltung bei AmEx war ebenfalls ein wunder Punkt. Safra wollte einmal einen Bonus in Höhe von 500 000 Dollar, den er von AmEx erhalten hatte, an seine bevorzugte Wohltätigkeitsorganisation, das Internationale Rote Kreuz, spenden. Doch Führungsleute der American Express Foundation blockten die Spende ab. Safra wurde mitgeteilt, das Rote Kreuz habe bereits die höchstmögliche Spende von American Express bekommen. »Das ist doch verrückt«, schrie Safra. »Es ist schließlich mein Geld.«

Und dann war da noch das lästige Marketing von AmEx. Die Fusion von AmEx und TDB war gerade erst abgeschlossen, da wurden Safras Kunden bereits mit Werbeschreiben von AmEx zugeschüttet. AmEx ging mit allem hausieren, von der Lebensversicherung bis zu Shearsons Grundstücksfirmen.

Die Marketingleute von AmEx dachten sich sogar ein neues Produkt, die Black Card, aus. Sie sollte das prestigeträchtigste Glied in der bunten Palette des AmEx-Plastikgeldes sein. Besitzer von Black Cards konnten überall auf der Welt für eine anscheinend endlose Liste von Dienstleistungen AmEx-Hotlines anrufen. Von der Blumenzustellung bis zur Anmietung einer Leibwache war alles zu haben. Die Black Card konnte jeder erwerben, der ein Vermögen von mindestens 500 000 Dollar nachweisen konnte. Einmal stellte AmEx dem Besitzer einer Black Card innerhalb von vierundzwanzig Stunden sogar 50 000 Pfund für die Anzahlung auf ein Haus im exklusiven Viertel St. John's Wood in London zur Verfügung.

Safra war entsetzt über derart aufdringliche Marketingtechniken. Und als sich seine langjährigen Kunden zu beschweren begannen, verlangte Safra, daß Robinson das Programm einstellen solle. »Sie verärgern meine Kundschaft«, teilte er mehrfach dem CEO von AmEx mit. »Sie ruinieren mein Geschäft.« Die modernen Theorien über Leistungsverbund und Mass-Marketing waren Safra tatsächlich ein Greuel. Sie kollidierten mit der Diskretion. Er war Privatbankier Schweizer Stils. Es war Safras Überzeugung, daß Diskretion den Grundpfeiler von TDB bildete und die Anonymität der Kunden zu schützen war. Safra war darüber verärgert, daß Listen seiner Klientel bei American Express in weiten Kreisen herumgingen.

Es ging um Verhaltensmerkmale, die für Safra und die TDB

sehr nützlich gewesen waren. In Genf ansässig und mit Filialen in Paris und London, war die TDB eine der erstklassigen Banken auf der Welt. Sie war das Herzstück des Safraschen Imperiums, zu dem auch die Banco Safra in Brasilien und die Republic National Bank of New York gehörten. 1956 gegründet, bediente die TDB die Bedürfnisse nur der reichsten Privatpersonen. Die Mindesteinlage betrug 500 000 Dollar. Stille Transfers in Höhe von 10 Millionen Dollar waren keine Seltenheit.

Doch es bestand nie ein Mangel an Kunden. Als Safra die Bank im Januar 1983 an AmEx verkaufte, verfügte TDB über Einlagen von rund 5 Milliarden Dollar. Viele Kunden waren von Safras stiller Arbeitsweise angetan. Sie wollten nicht leichtsinnig investieren, statt dessen aber ruhig schlafen können. Es gab keine nennenswerten Junk-Bond-Fonds und kaum Aktienportfolios. TDB – das bedeutete Bankgeschäfte der fadesten Art: niedrigverzinsliche Einlagenkonten.

Dennoch war Safra selbst der wertvollste Aktivposten der TDB. Tatsächlich war der Name Safra 1980 gleichbedeutend mit dem Begriff Privatbank. Mehr noch, die Leute sprachen von einem Safra-Mysterium.

Safra, ein Jude, stammte von einer langen Ahnenreihe syrischer Bankiers ab, die einst in großem Umfang den Karawanenhandel im alten Osmanischen Reich finanziert hatten. Der Goldhandel hatte ebenfalls eine jahrhundertealte Tradition in der Familie. Das zeigte sich auch an seinem Namen. »Safra« ist das arabische Wort für gelb.

Dennoch waren Safras Wurzeln eher international denn regional. Er war in Beirut zur Welt gekommen, besaß einen brasilianischen Paß und lebte abwechselnd in Genf, Paris und in La Leopolda, einer schloßähnlichen Villa an der französischen Riviera, die einmal der Sommersitz des Königs von Belgien gewesen war.

Safra war nie sonderlich begeistert über die Fusion mit American Express im Jahr 1983 gewesen. Während der Ausarbeitung der Fusionsvereinbarung flog er nach São Paulo, um sich mit seinem Bruder Joseph zu beraten. Er besuchte sogar das Grab seines Vaters, um dort vielleicht zu einer Entscheidung zu kommen. »Jedesmal, wenn ich etwas mache, rede ich mit ihm«, erzählte Safra Freunden.

Noch mitten in den Verhandlungen zögerte Safra. Nur drei Stunden vor der Unterzeichnung der Verträge verblüffte er

Robinson dadurch, daß er plötzlich die Gespräche abbrach. Erst nachdem sein Bruder für eine letzte Unterredung nach Montreal geflogen war, setzte Safra die Verhandlung fort.

Trotz seiner bösen Vorahnungen in bezug auf den Verkauf hatte Safra kaum eine andere Wahl. Seine Bank benötigte einen wohltätigen Geldgeber. TDB saß auf schlechten Krediten im Wert von über 800 Millionen Dollar, die Ländern wie Brasilien und Mexiko bewilligt worden waren. Und da eine weitere Verschlechterung des TDB-Darlehensportfolios an die Dritte Welt wahrscheinlich schien, waren Safras andere Bankgeschäfte ebenfalls bedroht.

Vor der Fusion mit American Express hatte Safra bereits nach anderen Wegen gesucht. Eine Lösung bestand darin, daß die Republic die TDB kaufte. Als Bank in den Vereinigten Staaten hätte die Republic und somit auch TDB Zugang zur Federal Reserve gehabt, der amerikanischen Zentralbank, dem Kreditgeber, wenn es zum Äußersten kommt. Doch führende Manager der Zentralbank sträubten sich wegen der möglicherweise fällig werdenden Verbindlichkeiten.

Von allen Führungskräften bei AmEx entwickelte Cohen die größte Sensibilität für das Unbehagen Safras. Die Übernahme von TDB war Cohens Idee. Mehr noch, der libanesische Bankier war ein enger Freund Cohens. »Safra ist für mich wie ein zweiter Vater«, sagte er oft.

Cohen fand sich häufig in der unbequemen und ungeliebten Rolle des Vermittlers: Auf der einen Seite mußte er Safra beschwichtigen, gleichzeitig auf der anderen Seite Robinson einen Anstoß geben. »Er kocht wirklich vor Wut«, pflegte Cohen zu Robinson zu sagen. »Reden Sie mit ihm.« Cohen konnte in dieser Situation nichts gewinnen. Safra zufriedenzustellen, hieß oftmals, gleichzeitig Robinson zu verärgern.

Anfänglich war Robinson ansprechbar für die Nöte Safras. Der Chef von AmEx bewunderte seit langem Safras Ruf und seine internationalen Verbindungen. Er war sicher, eine Allianz mit Safra würde die geschäftlichen Ambitionen von AmEx im Ausland steigern und auch die Geschäfte der Tochterbank von AmEx beleben. Ihm war daran gelegen, Safra die Eingliederung in die AmEx-Bürokratie so schmerzlos und leicht wie möglich zu machen. Häufige Telefonate und gelegentliche Wochenendflüge nach Genf waren zu Anfang keine Seltenheit. American Express stellte sogar einige sephardische Juden von der New

Yorker Filiale der israelischen Bank Leumi ein, damit sich Safra nicht als totaler Außenseiter vorkam.

Doch die Harmonie währte nicht lange. Wenige Monate nach der Übernahme stufte Robinson Safra nicht mehr als legendär, sondern als exzentrisch ein. Obwohl niveauvoll und wortgewandt, war Safra doch stark in seiner jüdischen Herkunft verwurzelt. Er versuchte es zu vermeiden, an einem Montag Verträge zu unterzeichnen, was seiner Meinung nach Unglück gebracht hätte. So bestand Safra zum Beispiel darauf, daß der Übernahmevertrag am 18. Januar unterschrieben wurde, da das hebräische Wort für Leben gleichbedeutend mit der Zahl 18 ist, was ihm glückverheißend erschien.

Es kam noch schlimmer. Robinson beklagte sich, daß Safra nur selten in New York auftauche. Safras Büro in der Zentrale von AmEx stand regelmäßig leer. Er hielt sich entweder in Europa oder Brasilien auf und war nie erreichbar. »Wo steckt er?« fragte Robinson häufig. Einmal, erinnerte sich Harry Freeman, habe sich Safra sogar geweigert, eine Gulfstream II von AmEx zu besteigen, die man ihm für den Flug von Genf nach New York geschickt hatte. Safra fühlte sich gekränkt, weil er wußte, daß AmEx in seiner Luftflotte ein neueres Modell, eine Gulfstream III, hatte. »Man hatte das Gefühl, man hätte es mit dem lieben Gott zu tun«, sagte Freeman später über Safra.

Im Frühjahr 1984 sprachen Safra und Robinson kaum noch miteinander. Safra verständigte sich mit Cohen, während Robinson die meisten Dinge mit Smith besprach. Als Nummer zwei bei TDB hatte auch Smith genug von Safra. Er träumte vom höchsten Posten in der Bank. Deshalb legte er es darauf an, sich bei Robinson einzuschmeicheln. »Er ist nie da«, jammerte Smith regelmäßig.

Safra fühlte sich isoliert und frustriert, es reichte ihm.

»Ich muß hier raus«, sagte er zu Cohen.

Doch anstatt Cohen zu bitten, in seiner gewohnten Rolle als Vermittler tätig zu werden, bat Safra den CEO von Shearson, sich aus der Sache herauszuhalten. Cohen wurde tatsächlich bereits als Verbündeter von Safra betrachtet. Harry Freeman hatte Cohen sogar bezichtigt, ein »Doppelagent« zu sein. »Er gehört nicht zu unserer Mannschaft«, legte Freeman Robinson nahe.

»Peter, ich möchte nicht, daß du ins Kreuzfeuer gerätst«,

sagte Safra zu Cohen. »Jim wird dir mißtrauen, wenn die Dinge zwischen ihm und mir schieflaufen.«

Safra unterrichtete Robinson telefonisch von seiner Entscheidung. Er wolle sich aus der Bank zurückziehen. Das Gespräch verlief kurz und höflich. Die beiden vereinbarten, die Trennung solle freundschaftlich verlaufen. Es sei schlicht eine Sache von Verhandlungen. Dennoch war Robinson außer sich. Ohne den Namen Safra stand für ihn der Wert der TDB in Frage. Die mächtige Publicity-Maschinerie von American Express hatte aus dem Erwerb der TDB eine große Sache gemacht. AmEx hatte Safra lautstark als den Spitzenmann des Unternehmens in Europa bezeichnet.

Außerdem fürchtete Robinson eine peinliche Auseinandersetzung mit dem Verwaltungsrat, und das so kurz nach dem Fiasko mit der Fireman's Fund. Die Übernahme von TDB seitens AmEx war immer schon umstritten gewesen. Mehrere Mitglieder des Verwaltungsrates hielten es für nicht ganz klug, eine so diskret arbeitende Bank mit einer riesigen, nach außen orientierten Gesellschaft wie American Express zusammenzuführen. Der frühere CEO von AmEx, Howard Clark sr., hatte die Opposition angeführt. »Safra paßt nicht hinein. Diese Übernahme könnte Schwierigkeiten mit sich bringen«, warnte er Robinson. Robinson wollte nun nicht daran erinnert werden, daß Clark recht behalten hatte.

Im September begann man mit den Verhandlungen über Safras Aussteigen. Jeffrey Keil, ein Schützling Safras und Präsident der Republic National Bank, führte die Verhandlungen. Keil hegte Argwohn gegen die Absichten von AmEx. Er war einst Investmentbanker bei Shearson gewesen und eng mit Cohen befreundet, und er war sich wohl bewußt, daß AmEx Bitterkeit gegenüber Safra empfand.

»AmEx ist eine PR-süchtige Firma«, warnte Keil Safra. »Seien Sie vorsichtig, oder Sie werden von denen ausgetrickst.«

Um gegen den Publicity-Apparat von AmEx bestehen zu können, entschied Keil, daß auch er PR-Power zeigen müsse. Er wandte sich an Gershon Kekst. Kekst & Company hatte einen hervorragenden Ruf, und Robinson wußte das genau. Kekst hatte Jahre zuvor den PR-Gegenschlag von McGraw-Hill während des mißglückten Übernahmeunterfangens von Robinson geführt.

Trotz der erklärten Absicht von Robinson und Safra, sich in

aller Freundschaft zu trennen, zogen sich die Gespräche monatelang hin. In häufig gespannten, manchmal erbittert geführten Diskussionen konnten beide Seiten kaum eine gemeinsame Basis finden.

Robinsons größte Sorge war die, Safra könne eine neue Bank gründen und viele Klienten von AmEx abziehen. Er verlangte, daß Safra in seinem Trennungsvertrag eine Klausel unterschrieb, nach der er American Express keine Konkurrenz machen werde. Damit hätte man verhindert, daß Safra bis zum März 1988 eine neue Bank gründen oder jemanden aus seinem alten Stab abwerben konnte.

Keil ging darauf ein. Bis März '88 waren es drei Jahre. So lange würde es dauern, eine neue Bank zu organisieren. Dennoch benutzte er diese Klausel als Druckmittel. Er wollte Robinson dazu bringen, Safra wieder die Genfer Zentrale von TDB zu verkaufen. Was das Schweizer Bankwesen anbelangte, so war das sechsgeschossige Gebäude mit Blick auf den Genfer See beinahe so etwas wie ein Wahrzeichen.

Die nächste Stufe erwies sich als noch wesentlich härter. Safra und Robinson mußten dem Wortlaut der Presseverlautbarung zustimmen, mit der Safras Ausscheiden bekanntgegeben werden sollte. Die erste Version von AmEx beinhaltete, daß Safra der Job nicht liege. Bei all seinen anderen Verpflichtungen könne Safra nicht genug Zeit erübrigen für die American-Express-Bank, besagte die Verlautbarung. Das war eine eindeutige Kränkung.

»Jim, das kann ich nicht hinnehmen«, teilte Keil Robinson mit. »Edmond kündigt. Sie drehen es so, als würde er gefeuert.«

Schließlich stimmte Robinson einem anderen Wortlaut zu. Doch das hielt die Führungskräfte bei American Express nicht von Seitenhieben in der Presse ab. *The Wall Street Journal* zitierte Smith mit dem Satz: »Ich glaube, es ist äußerst schwierig, einen Milliardär zu motivieren. Ich glaube nicht, daß er mit dem Alltagsgeschäft eines so komplexen Unternehmens wie dem unseren etwas zu tun haben wollte.«

Nach Abschluß der Verhandlungen war Safra der Meinung, nun seien seine Beziehungen zu American Express endgültig beendet. Doch in Wahrheit hatten sie gerade erst begonnen.

Nach Ansicht von AmEx hatte sich Safra nicht nur seinen Verpflichtungen entzogen, viel schlimmer war die Aussicht, Safra könne eine neue Bank gründen. In der Zentrale von American Express war Safra plötzlich der Erzfeind.

Besonders Freeman machte sich große Sorgen. Als einer von drei geschäftsführenden Vizepräsidenten fielen die Beziehungen des Unternehmens zur Regierung und auch die Werbung in seinen Aufgabenbereich. Er war der Verantwortliche für das Image von AmEx.

Freeman gehörte zu denen, die am meisten Wert auf die Klausel legten, wonach Safra AmEx keine Konkurrenz machen dürfe. »Er macht uns nieder, wenn wir ihm auch nur den Hauch einer Chance lassen«, sagte er zu Robinson. »Wir müssen an unser Image denken.«

Safra war publicityscheu, führte ein zurückgezogenes Leben und war damit der Alptraum eines jeden PR-Menschen. Abgesehen von einigen wenigen Anfragen unmittelbar im Anschluß an die Fusion überging Safra regelmäßig die Bitten Freemans, sich der Presse gegenüber etwas aufgeschlossener und offener zu zeigen. »Er wird seiner Aufgabe nicht gerecht«, beschwerte sich Freeman immer wieder. »Er läßt uns wie Idioten dastehen.« Schon bald entwickelte Freeman einen regelrechten Haß auf Safra.

Mehr noch, er hatte Angst vor ihm. Safras diskretes Vorgehen verstärkte das Mißtrauen Freemans, das dieser von Natur aus besaß, noch. »Er roch an allen Ecken Verrat«, erinnerte sich ein ehemaliges Mitglied des AmEx-Verwaltungsrates. »Das macht sein ganzes Leben aus: Komplotte und das Aufdecken von Verschwörungen.« In seinen schwärzesten Augenblicken sah er sogar eine Allianz von Safra, Cohen und Weill voraus, die Robinson vom Thron stoßen könnte.

Freeman sprach laufend mit Robinson über seine Ängste. Mit den Jahren war er nämlich zu dessen engstem Berater aufgestiegen, zum Sprachrohr für alle Probleme, die vom Personal bis zur Politik reichten. Robinson und Freeman trafen sich allmorgendlich pünktlich um 7.00 Uhr in Robinsons Büro, wo sie über die Punkte auf der Tagesordnung des Vorsitzenden sprachen. »Die Krise des Tages bewältigen«, so beschrieb Freeman seine Aufgabe.

Nach einer derartigen Sitzung Ende Oktober verließ Freeman wütend und mit hochrotem Kopf Robinsons Büro. Das Ausscheiden von Safra zeigte erste negative Folgen. Es ging das Gerücht, Aktionäre würden als Reaktion auf Safras plötzlichen Abschied Klagen einreichen. Die Presse stellte offen Spekulationen über die Lebensfähigkeit von TDB an. Die gleichen

Fragen stellte sich auch der Verwaltungsrat. »Safra könnte unsere Bank fertigmachen«, jammerte ein Mitglied des Verwaltungsrates.

Freeman rief seinen Stab zusammen. Ganz oben auf der Tagesordnung stand: Schadensbegrenzung. Er wollte sicherstellen, daß allen die Firmenlinie klar war. Es war alles Safras Fehler. Und er erwartete, diese Erklärung auch in jeder Publikation wiederzufinden, vom *Wall Street Journal* bis zum *Des Moinees Register*.

»Wir halten uns in dieser Frage besser an eine gemeinsame Linie«, sagte er zu ihnen. Kaum jemand konnte sich erinnern, Freeman jemals so gereizt erlebt zu haben.

»Scheiße!« brüllte er. »Wir haben diese Übernahme zur Gründung unserer Bank hochstilisiert. Die Leute meinten, das würde nicht gutgehen – und es ist nicht gutgegangen.«

Freemans stärkster Verbündeter bei der Anti-Safra-Kampagne war Smith. Nach dem Ausscheiden von Safra spielte Robinson mit dem Gedanken, sich für TDB nach einem Käufer umzusehen.

»Was machen wir als nächstes?« fragte Robinson Smith. »Schaffen wir es allein? Können wir in Europa mit Safra mithalten?«

Smith wandte sich heftig gegen einen Verkauf. Nachdem Safra ausgeschieden war, sah Smith die einmalige Chance, die Leitung der Bank zu übernehmen. Er mußte allerdings Robinson davon überzeugen, daß er genauso erfahren wie sein Vorgänger war. Er mußte wie ein zweiter Safra sein.

»Selbst wenn wir sie schlecht führen«, meinte Smith zu Robinson, »können wir noch Geld verdienen.«

»Ich werde nach Europa reisen und den Kunden Händchen halten, wenn es ein muß. Ich kann das. Da setze ich die Prioritäten.«

Smiths Argumentation war voller Power und sehr überzeugend. Außerdem war Robinson überzeugt davon, daß AmEx weiterhin eine schlechte Presse erhielt, falls man TDB abstieß. Ein plötzlicher Verkauf würde nur noch mehr Fragen aufwerfen, in welche Richtung AmEx eigentlich steuere. Bis Ende 1984 war Robinsons Vision eines Finanzdienstleistungsimperiums arg ins Wanken geraten. Die Fireman's Fund war eine Katastrophe, und er war gerade dabei, sich zu überlegen, den Anteil von AmEx an Warner-AmEx loszuschlagen.

Smith wurde zum neuen Leiter der AmEx-Bank ernannt. Nur Tage nach der Bekanntgabe von Safras Ausscheiden machte sich die mächtige PR-Maschinerie von American Express daran, Smith als einen erstklassigen internationalen Bankier, der es mit Safra aufnehmen könne, aufzubauen.

Doch trotz dieser gewaltigen PR-Anstrengungen wurde deutlich, daß Smith es mit Safra nicht aufnehmen konnte. Im Grunde ein Buchhalter, fehlte ihm das Charisma. Smith sprach mit leiser monotoner Stimme in kurzen barschen Sätzen. Im Gegensatz zu seinen Kollegen, die Maßanzüge bevorzugten, hatte Smith eine Vorliebe für Modelle von der Stange, zumeist in der Farbe Blau. Im Hause nannte man ihn den »Banker von Dubuque«.

Smiths größtes Problem blieb weiterhin Safra. Endlich befand er sich in einer Position, in der seine Talente bei American Express anerkannt wurden. Doch Safra konnte nur zu leicht seine Karriere sabotieren. Obwohl es nach dem Ausscheiden Safras nicht dazu gekommen war, daß eine große Anzahl von Einlagen abgezogen wurden, war Smith sicher, daß dies auf lange Sicht dennoch eintreten würde. Um jedem möglichen Schritt von Safra entsprechend zu begegnen, begaben sich Smith und seine Helfer auf die Suche nach jeder Information, die Safra schaden konnte. Wenn man Safra in Mißkredit bringen konnte, so meinte Smith, gerate auch die Loyalität seiner Klienten ins Wanken.

Schon bald hatte Smith Privatdetektive und Rechnungsprüfer auf der ganzen Welt angeheuert, die negative Informationen über Safra ausgraben sollten. Mehr als zwei Jahre lang nach Safras Ausscheiden erforschten sie jede nur denkbare Möglichkeit. Zum Beispiel untersuchte AmEx, ob Safra mit seinem Firmen-Jet auch Privatreisen unternahm. Auch Safras steuerliche Verpflichtungen in den Vereinigten Staaten wurden unter die Lupe genommen.

Die letzte Kampagne nahm stetig an Intensität zu. 1987 wurde das Projekt für Smith schließlich zur Besessenheit, als er den Verdacht hegte, Safra verstoße gegen seinen Vertrag. Mehr als zwanzig Mitarbeiter von TDB hatten gekündigt und waren zu Safras Republic Bank gewechselt. Smiths Beunruhigung steigerte sich noch, als ein wichtiges Computerband mit Informationen über Kapitaleigner unauffindbar war.

»Ich hatte das Gefühl, daß er sich nicht an seinen Vertrag

hielt«, erklärte Smith später die Ermittlungen. »Es gehörte zu meinen Aufgaben als Leiter der Bank, etwas zu unternehmen. Ich wurde dafür bezahlt, die Aktionäre vor unfairem Wettbewerb zu schützen.«

Safra stritt jeden Verstoß seinerseits ab. Obwohl mehrere ehemalige Mitarbeiter von TDB zur Republic wechselten, beharrte Safra darauf, daß er sie nicht abgeworben habe. Ihnen sei lediglich die Organisation von Safra lieber als die von American Express. Tatsächlich gab es keine absoluten Beweise, mit denen Safra irgendwelche unfaire Praktiken nachgewiesen werden konnten, obwohl die AmEx-Detektive sogar mindestens einen geschäftsführenden Direktor von TDB in London beschatteten, um herauszufinden, ob er Kontakte zu Leuten in den nahegelegenen Büros der Republic unterhielte.

Doch Smith gab nicht auf. Und Robinson, der noch immer unter den Niederlagen litt, die ihm von Safra und der Fireman's Fund beigebracht worden waren, setzte seinen neuen Bankchef weiter unter Druck. Robinson war verbittert. Jetzt wirkte der Aufkauf der TDB überhastet und schlecht geplant. Ohne Safra in höchsteigener Person war seine Bank geschwächt. Für Robinson bedeuteten die Probleme mit Safra mehr als lediglich einen Persönlichkeitskonflikt. Es dauerte nicht lange, und er glaubte, er sei betrogen worden. Er hegte Zweifel, ob der Gründer der TDB überhaupt jemals die Absicht gehabt hatte, bei American Express zu bleiben. Er wollte lediglich seine in Schwierigkeiten geratene Bank loswerden. Robinson hatte ihm dabei unwissentlich als Komplize zur Seite gestanden.

»Zwischen Jim und mir bestanden niemals Unstimmigkeiten über das, was wir taten«, sollte sich Smith später erinnern. »Er sagte mehrfach zu mir, alles sei vollkommen in Ordnung, und ich solle so umfassend wie nur möglich vor den Gerichten zuschlagen.«

Smith war nicht der einzige Direktor bei AmEx, der Safra schmutzige Geschäfte unterstellte. Auch Freeman tat das. Er war der Meinung, Safras Leute würden in der europäischen Presse Geschichten des Inhalts verbreiten, daß AmEx nie in der Lage sein werde, auf dem Gebiet der Privatbanken mitzuhalten. Schließlich überredete er Robinson, ihm zu erlauben, der Sache auf den Grund zu gehen. »Wir lasen dauernd, wie doof und dumm wir wären«, sagte Freeman.

Freeman ließ die Nachforschungen zunächst langsam angehen. Es erschienen ja nicht viele diesbezügliche Zeitungsartikel. Dann, im November 1986, veröffentlichte *The New York Times* einen Beitrag, in dem behauptet wurde, der ehemalige Stabschef des Weißen Hauses, Robert McFarlane, habe während der Iran-Affäre das Firmenflugzeug der Republic National Bank benutzt. Der Artikel, der europäische Presseberichte zitierte, deutete an, der Jet von Republic habe McFarlane nach Teheran gebracht, wo er sich mit iranischen Regierungsbeamten getroffen habe, um über den Austausch von Geiseln gegen Waffenlieferungen zu verhandeln.

Dieser Zeitungsartikel war für Safra außerordentlich schädlich. Freeman glaubte, damit endlich Safras schwache Stelle gefunden zu haben. Falls Safra tatsächlich in die Iran-Affäre verwickelt war, war er aufgrund der sich anschließenden Nachforschungen von seiten des Kongresses, der schlechten Presse und sogar möglicher Strafverfahren sicherlich aus dem Geschäft. »Wir haben den Rubikon überschritten«, verkündete Freeman triumphierend bei Robinson.

Diese unerwartete »Gelegenheit« freute auch Robinson. Er brauchte für die Verwicklung Safras in diese Affäre stichhaltige Beweise, denn Safra hatte bei den Schweizer Behörden bereits eine neue Bankkonzession beantragt, und Robinson wußte, diese würde sofort abgelehnt werden, wenn es Grund zu der Annahme gab, daß der libanesische Bankier in den Iran-Skandal verstrickt war. »Bringen Sie mir den Beweis«, wies er Freeman an.

Im Februar 1987 wandte Freeman sich an Susan Cantor. S. Cantor war ehemals Co-Produzentin für ABC News gewesen, sie hatte in Yale ihren Magister gemacht mit dem Thema »Internationale Beziehungen«. Als Mitglied der Ermittlungsabteilung bei ABC war sie eine Expertin, was lateinamerikanische Fragen anbelangte. Man erzählte von ihr, sie sei besonders gut über die Iran-Sache und den langwierigen Bürgerkrieg in Nicaragua zwischen den Sandinisten und den Contras unterrichtet. Tatsächlich wurde behauptet, sie stehe den Contraführern nahe.

Freeman beschloß, Cantor für sein Safra-Projekt zu gewinnen. »Hier ist der Artikel aus der *New York Times*. Wie überprüfen Sie ihn?« fragte Freeman sie.

Wenige Wochen später war S. Cantor nach Europa geflogen,

um dort Hinweise zu überprüfen. Sie kontrollierte die Ankunfts- und Abflugsaufzeichnungen auf den Flughäfen in Zürich, Genf und Paris, um Safras Firmen-Jet auf die Spur zu kommen. Sie suchte sogar nach Beweisen für Scheinfirmen, mit deren Hilfe Safra Waffen und Geld hätte versenden können.

Bald bat Susan Cantor bei Freeman um Unterstützung. Sie brauche einen erfahrenen Ermittler mit Kenntnissen in Finanzfragen, sagte sie. Freeman stimmte zu und betraute Paul Knight mit der Aufgabe, den geeigneten Mann zu suchen. Knight war Leiter der Sicherheitsabteilung von AmEx in Europa und im Mittleren Osten. Seine Aufgabe war es, Kartenbetrug und die Fälschung von Reiseschecks zu unterbinden. Knight brachte alle Voraussetzungen für diesen Job mit. Früher war er Agent des Federal Bureau of Narcotics, des Vorläufers der Drug Enforcement Agency, des amerikanischen Drogenbekämpfungsamtes, gewesen, und er besaß viele Verbindungen zu Interpol und anderen Kriminalbehörden auf der ganzen Welt. Freeman erinnerte sich später daran, daß Paul Knight keinen Augenblick zögerte, als er sich bei ihm nach einem Ermittler erkundigte. »Ich habe für Sie absolut den richtigen Mann«, sagte er. Sein Name lautete Antonio Greco.

Greco hatte Knight ein paar Jahre zuvor bei einer großen Ermittlung in Sachen Kartenbetrug geholfen und auch seitdem immer wieder für ihn gearbeitet. Was Knight, nach Aussage Freemans, allerdings nicht erwähnte, war Grecos Vorstrafenregister, das auch mehrere Verurteilungen wegen Diebstahls und Hehlerei in Italien umfaßte. In den Vereinigten Staaten war Greco gleichfalls mehrere Male verhaftet worden, es ging dabei von unerlaubtem Waffenbesitz bis zum Schmuggel. Die Verfahren in den Vereinigten Staaten waren alle eingestellt worden.

»Wollen Sie ihn kennenlernen?« fragte Knight Freeman.

»Wenn Sie ihn bereits überprüft haben, ist das nicht nötig«, antwortete Freeman.

Anfang 1987 reichte AmEx Klage wegen unfairen Wettbewerbs gegen Safra in Genf ein. Die AmEx-Anwälte ließen dieser im Mai ähnliche Klagen bei der Schweizer Bankenaufsicht folgen. Seltsamerweise wurde Safras Name in den Klageschriften an keiner Stelle erwähnt, denn AmEx konnte den libanesischen Bankier selbst nicht mit illegalen Praktiken in Verbindung bringen. Auf der verzweifelten Suche nach Beweisen legten die AmEx-Anwälte den Artikel aus der *New York Times* bei, in dem Safras Flugzeug erwähnt wurde.

Später sollte sich herausstellen, daß diese Versuche, Safras Glaubwürdigkeit in Frage zu stellen, noch sehr milde waren. Es sollte sich zeigen, daß die Kampagne von American Express gegen Edmond Safra erst in den Anfängen steckte.

10

Macht, Politik und Peter Cohen

Die Geschichte mit Safra beschäftigte Robinson stark. Geradezu *besessen* war er allerdings von seinen eigenen Karrierezielen. 1987 hielt er, nachdem er seit zehn Jahren als CEO AmEx leitete, Ausschau nach neuen Herausforderungen. Doch anstatt neidische Blicke auf andere Firmenimperien zu werfen, konzentrierte sich Robinson auf Washington.

Robinson startete im stillen eine Kampagne für seine Ernennung zum Handels- oder Finanzminister in der nächsten Regierung, obwohl er *öffentlich* jedes Interesse an einem Amt in Washington verneinte. George Bush, in jener Zeit Ronald Reagans Vizepräsident, war der Spitzenkandidat der Republikaner. Robinson arbeitete fieberhaft daran, seinen eigenen Namen ins Spiel zu bringen.

»Jim wollte unbedingt einen Sitz im Kabinett«, erinnerte sich ein Kongreßabgeordneter, der häufig mit Robinson zu tun hatte. »Das war in Washington jedermann klar.«

Zwar konnte man ihn kaum als überzeugten Anhänger der Republikaner bezeichnen, dennoch hatte Robinson Anziehungskraft für die Republikanische Partei. Auf dem Papier konnten es seine Errungenschaften mit denen von Donald Regan, dem kampflustigen CEO von Merrill Lynch, durchaus aufnehmen, der zunächst zum Finanzminister unter Reagan und dann zu dessen Stabschef ernannt wurde. American Express war groß, gewinn- und prestigeträchtig. Außerdem hatte Robinson die Republikanische Partei finanziell großzügig unterstützt. Er gehörte zum sogenannten Team 100, einer Gruppe von Privatpersonen, die Spenden in Höhe von mindestens 100 000 Dollar für das Republican National Committee aufgebracht hatten. In New York hatte sich Robinson sogar als führender Spendensammler von George Bush etablieren können.

Außerdem hatte Robinson gute Connections. In den sechziger Jahren hatten diese eine wichtige Rolle beim Aufbau seiner beruflichen Karriere gespielt. Ein Kader neuer Freunde und Bekanntschaften sollte für seine politische Karriere in den achtziger Jahren die gleiche Rolle spielen. Mit den Jahren hatte Robinson wichtige Persönlichkeiten der Republikaner, wie Drew Lewis, Henry Kissinger und Gerald Ford, in den Verwaltungsrat von American Express geholt. Jeder einzelne von ihnen half ihm, seine politischen Kontakte auszuweiten.

Diesen Leuten wiederum war die Verbindung mit American Express ähnlich lohnend erschienen. Als Leiter von Warner-AmEx erhielt Lewis in den drei Jahren in dieser Position insgesamt 12,6 Millionen Dollar an Gehalt, Aktienoptionen und Bonussen. Kissingers Sitz im Verwaltungsrat wurde nicht nur mit 36 000 Dollar honoriert, sondern er bekam weitere 420 000 Dollar als Berater und Vortragsredner für AmEx und Shearson. Ford, als Berater für Shearson, nahm 200 000 Dollar mit nach Hause.

Ende 1987 war Robinson mindestens einmal jede Woche in Washington anzutreffen. AmEx erweiterte seine Luftflotte sogar um einen Hubschrauber, damit der Boß direkt vom Hubschrauberlandeplatz in Wall Street aus fliegen konnte. Häufig war er auf Capitol Hill zu finden. Demonstrativ unterhielt er sich dort mit wichtigen Kongreßabgeordneten über Fragen des Handels und der Finanzen. Dieses sich ständige Zeigen war von unschätzbarem Wert.

»Robinsons Modus operandi bestand darin, ohne für sich persönlich zu werben, trotzdem dauernd in Washington präsent zu sein«, erinnerte sich Ron Walker, der ehemalige Personalchef für das Weiße Haus in der Regierungszeit Reagans. »Er war sehr effektiv.«

Robinson ließ sich auch zunehmend in der Öffentlichkeit sehen. 1988 trat er die Nachfolge von David Rockefeller als Vorsitzender der einflußreichen New York City Partnership an, einer Firmengruppe, die zwecks Förderung der wirtschaftlichen Entwicklung und des Bildungswesens in New York City ins Leben gerufen worden war. Auch Presseinterviews standen nun ständig auf der Tagesordnung. Als Tony Bianco, ein Journalist von *Business Week*, Robinson im Sommer 1987 wegen eines umfassenden Porträts ansprach, erklärte sich der CEO von AmEx nur zu gerne dazu bereit. Er ermöglichte Bianco Zugang in bislang nie gewährtem Umfang, sprach im Laufe von vier Monaten etwa vierzig Stunden lang mit ihm. Diese Bereitschaft zur Zusammenarbeit war keineswegs charakteristisch. Doch sie verhalf Robinson zu einer glänzenden Titelgeschichte im Januar 1988 mit der Headline »Do You Know Me – Kennen Sie mich«.

Viele Leute bei American Express glaubten, daß hinter Jims Drang nach öffentlicher Profilierung Linda Robinson stecke. Für Robinson hatte die Heirat mit ihr einen Wendepunkt bedeutet. Weit davon entfernt, es nun ruhiger angehen zu lassen, wurde Robinsons Leben noch weniger zurückhaltend. Zusammen stiegen Jim und Linda zu einem der begehrtesten Ehepaare in der Gesellschaft New Yorks auf. Sie gehörten zur High-Society. Zu ihrem Freundeskreis zählten Barbara Walters, Tom Brokaw, Frank Sinatra und Norman Pearlstine, der geschäftsführende Herausgeber des *Wall Street Journal*.

Waren die Robinsons nicht im Four Seasons, Le Cirque oder Robinsons Lieblingslokal, dem Club 21, anzutreffen, so gaben sie sicher gerade ein Fest in ihrer Achtzimmer-Maisonettewohnung im exklusiven Museum Tower, in unmittelbarer Nachbarschaft des Museum of Modern Art in der West 53rd Street. Die Wochenenden verbrachten sie auf ihrem 36 Morgen großen Landsitz in Litchfield County, Connecticut, der mit einem achtseitigen Artikel im *Architectural Digest* bedacht wurde. Oder sie flogen zu ihrem Haus auf dem Gelände des Palm Beach Polo and Country Club in Wellington, Florida.

Häufig tauchten die Robinsons in den Klatschspalten auf. 1985 berichtete die Kolumne »Suzy Says« der *New York Post* über die Überraschungsparty anläßlich des fünfzigsten Geburtstages von Robinson. Linda hatte für den Abend das Mark Hellinger Theatre gemietet, wo Jim und zweihundert Gäste eine Privatvorstellung des erfolgreichen Bühnenstücks »Tango Argentino« erlebten. Zu diesem Ereignis stand auf der Anzeigetafel: »Nur heute abend. James D. Robinson III in Tango Argentino«.

Auch geschäftlich erwies sich Linda als mächtige Verbündete. 1986 hatte sie zusammen mit Jim Lake, ihrem ehemaligen Chef während des Reagan-Wahlkampfes, und Kenneth Lerer, dem Manager des Wahlkampfes von Bess Myerson um einen Sitz im Senat 1980, ihre eigene PR-Firma gegründet. Robinson legte aber Wert darauf, daß American Express Lindas Firma nicht bevorzugt einschaltete. Doch es war allgemein bekannt, daß der CEO von AmEx sich für seine Frau großen Erfolg wünschte. Im Spätjahr 1987 warb Linda Walter Montgomery ab, den nachdenklichen, bärtigen Mann, der seit vier Jahren Sprecher von American Express war. Robinson griff nicht ein.

Dank des Einflusses ihres Mannes und der engen Kontakte Lindas zu den Medien entwickelte sich Robinson, Lake, Lerer & Montgomery zu einer der mächtigsten Firmen in New York. Linda selbst spielte eine entscheidende Rolle in Wall Street, als das Fusionsfieber einsetzte und die Stars dieses Spiels sich von ihr in bezug auf die PR beraten ließen. Viele wollten auch durch Linda ihre Beziehung zu Robinson vertiefen. Zu Lindas Klientel zählten Wirtschaftspersönlichkeiten wie der Junk-Bond-König Michael Milken, der Texaco-CEO James Kinnear und Ross Johnson, der Chef von RJS Nabisco. Ihr Hauptkunde blieb jedoch, wenn auch inoffiziell, Jim Robinson.

Linda war eine große Hilfe für Robinson, doch einen sehr viel größeren Teil seines Erfolges in den späten achtziger Jahren hatte er Peter Cohen zu verdanken. In typischer Robinson-Manier hatte sich der CEO von AmEx zurückgehalten und Cohen freie Hand bei Shearson gelassen. Und für Robinson sollte sich Cohens Management reichlich auszahlen. Shearsons Handelsvolumen nahm aufgrund der andauernden Haussespekulation stetig zu. Noch wichtiger, die Übernahmemanie in den Achtzigern sorgte für wachsende Einkünfte. 1986 erreichte der Gewinn von Shearson die Rekordhöhe von 346 Millionen Dollar, eine Steigerung um 100 Prozent im Vergleich zum Vorjahr.

Bei American Express genoß Shearson ein neues gehobenes Ansehen. Das rasante Wachstum des Kartengeschäfts flachte sich im letzten Viertel der achtziger Jahre ab. TRS war noch immer eine Geldmaschine. 1986 fuhr die Firma einen Gewinn von 650 Millionen Dollar ein. Doch Visa, MasterCard und selbst Sears, Roebuck and Co. und dessen Discover Card übten zunehmend mehr Anziehungskraft auf die Verbraucher aus.

1986 sprach Gerstner die gleichen Warnungen aus, die Robinson bereits Ende der siebziger Jahre gehört hatte. »Das Geschäft ist langsam ausgereizt«, sagte Gerstner häufig. »Wenn wir weiter wachsen wollen, müssen wir nach Übersee gehen.« Finanzieren wollten Robinson und Gerstner diesen Vorstoß ins

Ausland mit Shearson. Cohens Macht bei American Express schien gesichert.

Er gehörte zum inneren Kreis um Robinson, war ein enger Berater bei allen Fragen von der Wirtschaft bis zur weltweiten Expansion. Cohen pflegte oft mit Robinson zu speisen. Er und seine Frau Karen trafen sich auch häufig privat mit Jim und Linda.

Cohen genoß diese Aufmerksamkeit. Nach Jahren harter Arbeit und von Selbstzweifeln geplagt, stand er nun endlich ganz oben. Seit man Sandy Weill zur Fireman's Fund ins Exil geschickt hatte, war Cohens Führungsposition bei Shearson stets unangefochten geblieben. Von Natur aus hart und häufig aggressiv, glaubte Cohen, endlich die Anerkennung zu erhalten, die er seit langem verdiente. Doch sein brennender Ehrgeiz war noch nicht befriedigt. Cohen hatte für sich und Shearson noch größere Pläne. Er war entschlossen, Shearson zu einer Riesenfirma auf dem ganzen Globus zu machen, wie es Robinson mit American Express gelungen war. Und auch er war dem Kaufrausch verfallen, der Shearsons Macht weit über die Grenzen von Wall Street hinaus ausdehnen sollte.

Cohens Expansionsstrategie hatte drei Jahre zuvor mit dem Aufkauf der alten Investment-Bank-Firma Lehman Brothers, Kuhn Loeb begonnen. Cohen war stets daran gelegen, sich in das Geschäft mit Fusionen und Aufkäufen zu werfen. An Wall Street zwar ein Riese, galt Shearson jedoch als »Wirehouse«, als eine Firma, die den Handel mit Privatpersonen nur telefonisch abwickelte. Cohen zuckte jedesmal bei dieser Beschreibung zusammen, als sei sie abwertend gemeint. Die achtziger Jahre waren von Firmenaufkäufen, von Übernahmen bis zu Leveraged Buyouts geprägt. Cohen wollte unbedingt bei diesem Geschäft mitmischen.

Der Kauf von Lehman, der ältesten Handelsgesellschaft der Wall Street, hätte ihn auf seinem Weg zu seinen ehrgeizigen Zielen ein gutes Stück vorangebracht. In der Welt der Kauf- und Übernahmespezialisten galten die Anlagebankiers von Lehman als Aristokraten. Die Klientel von Lehman rekrutierte sich überwiegend aus den »Fortune 500«, und die dort tätigen Banker gehörten zur ersten Garnitur. Es wurde erzählt, die Gesellschafter säßen wie auf heißen Kohlen, um nur ja vollwertige Geschäftspartner zu werden.

Cohen befaßte sich ernsthaft mit Lehman, nachdem er einem

im März in *Fortune* erschienenen Beitrag entnommen hatte, daß die Firma zum Verkauf stehe. Die Firma war durch die unglückselige Rivalität ihrer beiden CEOs gespalten. Pete Peterson, der frühere Vorsitzende von Bell & Howell und unter Richard Nixon Handelsminister, war gutaussehend und hatte ein aristokratisches Auftreten. Sein Gegenspieler, Lewis Glucksman, war gelernter Verkäufer, der jahrelang in den Niederungen von Wall Street gelernt hatte. Ihre Führungsstile waren unterschiedlich wie Tag und Nacht. Als sich daraus ein regelrechter Krieg zwischen den beiden entwickelte, begann das Geschäft zu leiden.

»Wenn jemand diese Firma kauft, dann wir«, sagte Cohen zu Robinson. »Das würde uns weit über unseren Fünfjahresplan hinausbringen.«

Robinson befürwortete Cohens Idee. Die Expansion von Shearson würde seine eigene Zukaufpolitik nur noch fördern. Noch wichtiger war, daß Lehman vornehm und hoch angesehen war. Die Firma hatte das Image, gut bei Kasse zu sein und würde sich folglich nahtlos bei American Express einfügen. Außerdem hoffte Robinson, daß Lehmans Glanz auf Shearson abfärben würde.

Obwohl Shearson mittlerweile seit drei Jahren zum Imperium von AmEx gehörte, hatte die Firma noch immer das Image, derb und bodenständig zu sein. Anläßlich der Feier des vierzigsten Geburtstages von Howard Clark jr. im Jahr 1984 hatten die Manager von Shearson ein Striptease-Girl bestellt und sie, als Buchhalter verkleidet, zu einer Sitzung, in der es um Steuerplanung ging, mitgebracht. Sobald Clark die Sitzung eröffnet hatte, holte sie einen Kassettenrecorder hervor und schälte sich im Rhythmus einer exotischen Melodie aus ihren Kleidern. Die Leute von Shearson brachen unter Pfiffen und Applaudieren vor Lachen fast zusammen. Die AmEx-Direktoren saßen wie versteinert. Lou Gerstner war entsetzt. Clark lächelte nervös.

Der feine Stil von Lehman konnte zugleich auch einigen Einfluß auf Cohen ausüben, der zuweilen recht rauhbeinig war. Da Cohen Mitglied des AmEx-Verwaltungsrates und einer von Robinsons Top-Stellvertretern war, hatte man ihn unter Druck gesetzt, sein eigenes Image aufzupolieren. Auf Robinsons Drängen hin hatte Cohen begonnen, sein Image zu verbessern. Er nahm bei Berlitz Privatunterricht in Französisch und Italienisch. Und er, der sonst seine Abende am liebsten mit Softball und Bier verbrachte, fing an, mit Verwaltungsratsmitgliedern von American Express Golf zu spielen. Hinsichtlich seiner Kleidung entwickelte er mehr Geschmack. Italienische Anzüge wurden zu einem Muß. Der Chef von Shearson hatte bald einen Lieblingsschneider in Mailand.

Trotz der Unterstützung von seiten Robinsons war der Aufkauf von Lehman alles andere als ein Kinderspiel. Sandy Weill, damals Präsident von AmEx, war überhaupt nicht begeistert davon. Der sparsame Gründer von Shearson fühlte sich von Lehmans Ruf, er sei besonders ausgabenfreudig, abgestoßen. Der Weinkeller bei Lehmans war gefüllt mit Haut-Brion, und die Büroräume strotzten geradezu von impressionistischen Gemälden und anderen Objets d'art. Selbst der augenblickliche Chef von Lehman diskutierte darüber, ob eine Heirat zwischen Lehman und der plebejerhaften Firma Shearson gutgehen könne.

»Wenn Shearson Lehman kauft, ist es fast dasselbe, als wenn McDonald's plötzlich das 21 übernimmt«, meinte William Proops, der an der Hotelfachschule im schweizerischen Lausanne und im Cordon Bleu in Paris ausgebildet worden war.

Cohen blieb hart. Zu jenem Zeitpunkt lehnte er Weills Einmischung ab und brachte die Sache direkt vor den Verwaltungsrat. Er führte ins Feld, Lehman besitze das Potential, in jedem großen Deal mitmischen zu können, der sich auftun könnte. Cohen warnte gleichzeitig davor, daß Merrill Lynch, der langjährige Gegner, sich auf Lehman stürzen würde, falls Shearson nichts unternehme.

»Vielleicht denken Sie, wir könnten uns dieses Geschäft nicht leisten«, hielt er dem Verwaltungsrat vor. »Doch angesichts der Konzession, die wir damit erwerben, bleibe ich dabei, daß wir es uns nicht leisten können, auf dieses Geschäft zu verzichten. Und wir müssen es jetzt abschließen.«

Der Verwaltungsrat stimmte zu. Shearson erstand Lehman für 360 Millionen Dollar.

Überraschenderweise führte die Fusion tatsächlich zu den Imageveränderungen, die Robinson sich erhofft hatte. Nachdem Cohen selbst sich Lehman genau angesehen hatte, begann er über den Ruf von Shearson nachzudenken. Ein echtes Weltklasse-Unternehmen konnte sich ein derart derbes Image nicht leisten. Es dauerte nicht lange, und er bemühte sich, den eleganten Stil von Lehman auch in seiner Firma einzuführen. Er kaufte für Shearson einen Gulfstream-Jet. Er legte eine Kunstsammlung für die Führungsetage von Shearson an, die auf 30 Millionen Dollar geschätzt wurde. Mit Robinsons Segen ließ Cohen außerdem für 23 Millionen Dollar ein Firmenanwesen in Vail, Colorado, errichten. Das 23 Morgen große Gelände mit dem Namen Beaver Creek verfügte über einen Swimmingpool in olympiareifem Format, vierzehn luxuriös ausgestattete Bungalows und ein Tagungszentrum.

»Vor der Zeit mit Lehman haben wir Geschäfte bei einem Mittagessen in Chinatown gemacht. Danach gingen wir ins Four Seasons«, sagte ein Shearson-Direktor.

Mit dem Erwerb von Lehman war Cohens Expansionspolitik noch keineswegs abgeschlossen. Auch in Übersee weitete Shearson seine Präsenz aus. Als der Londoner Markt im Oktober 1986 geöffnet wurde, gehörte Shearson zu den ersten ausländischen Firmen, die in der City Fuß faßten. In Japan erstand Cohen mit 5 Millionen Dollar einen Platz an der Tokioter Börse. Auch in Tokio wurde Shearson zu einer der größten US-Firmen.

Als begeisterter Chef eines wachsenden Imperiums reiste Cohen persönlich umher, um seine Leute anzutreiben. Diejenigen, die Ergebnisse produzierten, belohnte er sofort. Gratisreisen auf die Bahamas und millionenschwere Bonuszahlungen waren nur einige der Sondervergütungen. Manche Geschenke bezahlte Cohen aus eigener Tasche. Peter und seine Frau Karen schenkten Ellen Donnelly, Cohens Sekretärin, einmal einen schwarzen Lamamantel im Wert von 6000 Dollar. Das war mehr, als Robinsons Mitarbeiter jemals erhielten. Es wurde getratscht, daß der Chef von AmEx seine Geschenke stets über das Spesenkonto der Firma laufen lasse.

Der Erfolg von Shearson stärkte auch Cohens Stellung innerhalb von AmEx, und er liebte es, die Rolle des Goldjungen zu spielen. Bei Verwaltungsratssitzungen nahm seine Stimme einen harten, arroganten Ton an. Häufig wischte er die Argumente der Direktoren mit einem kurzen »Sie haben keine Ahnung vom Geschäft« beiseite. Selbst der CEO von AmEx war nicht von Cohens überheblichem Benehmen ausgenommen. Cohen ignorierte oft Telefonanrufe von Robinson. »Ich bin im Augenblick beschäftigt«, sagte er dann zu seiner Sekretärin. »Sagen Sie ihm, ich melde mich bei ihm.« Bei

Shearson nannte man Cohen wegen seines naßforschen Verhaltens »Der Cowboy«.

Seine Respektlosigkeit war Gesprächsthema im ganzen Unternehmen. Cohen hatte seine Mitarbeiter angewiesen, nicht mehr als 10 Prozent seiner monatlichen Firmen-American-Express-Rechnung, die sich im Durchschnitt auf 12000 Dollar belief, zu begleichen. Das war ein subtiler Hieb gegen die TRS-Manager, der sie daran erinnern sollte, daß ihre Firma nicht die einzige im Boom befindliche im Rahmen von AmEx war. Das brachte die Leute bei TRS auf die Palme. Ein voller Rechnungsausgleich wurde von jedem Karteninhaber erwartet. »Wenn alle wie Mr. Cohen wären, könnten wir aufgeben«, beschwerten sich Prüfer von TRS bei Cohens Sekretärin.

Robinson zeigte sich von Cohen gleichermaßen abgestoßen wie fasziniert. Er bewunderte dessen unverfrorene Art. Er respektierte seine Arbeitsmoral. Der Shearson-Chef war sozusagen eine grobere Ausgabe von Weill, ein Draufgänger wie Sandy Lewis. Cohen war der Schwadroneur, der Robinson eben nicht war. Im Gegensatz zu Robinson, der Konfrontationen eher aus dem Weg ging, sagte Cohen jedem unverfroren seine Meinung. Obwohl diese Art bei einigen auf Ablehnung stieß, ließ sich Robinson davon nicht beirren.

Doch selbst wenn er Cohen hätte kontrollieren wollen, hatte Robinson nicht die Mittel dazu. Eine Auseinandersetzung kam nicht in Frage. Statt dessen ließ Robinson es an leisen Ermahnungen nicht fehlen oder flehte hintenherum Cohens Berater an, doch etwas zu unternehmen. »Sagen Sie Peter, er soll doch zu den Leuten netter sein«, sagte er zu Jeffrey Lane, dem Präsidenten von Shearson. Lane hatte Cohen kennengelernt, als sie beide die Columbia Business School besucht hatten. Cohen sei der »Klugscheißer«, Lane der Nachdenkliche, scherzten sie untereinander. Beide waren sie von Sandy Weill herangezogen worden.

So wie der Erfolg von Shearson stieg, änderte sich Cohens Privatleben ebenfalls. Peter und Karen hatten in der Gesellschaft New Yorks einen Status, der mit dem von John und Susan Gutfreund oder dem Chef von Kohlberg Kravis Roberts & Co., Henry Kravis, und seiner Frau Carolyn Roehm zu vergleichen war. Sie gaben häufig Gesellschaften in ihrem Haus in East Hampton. Und ihr Freundeskreis erweiterte sich um eine Reihe von Berühmtheiten. Nachdem Peter Michael Douglas einige

Tips für dessen Rolle des Gordon Gekko in dem Film »Wall Street« gegeben hatte, war der Schauspieler ein häufiger Gast im Hause der Cohens.

Karen entwickelte selbst gesellschaftliche Ambitionen. Aus Cincinnati gebürtig, hatte Karen Peter Cohen während ihrer gemeinsamen Studienzeit an der Ohio State University kennengelernt. Als Innenarchitektin hatte sie früher das Einrichtungszentrum bei B. Altman's geleitet. Doch 1973 hatte sie ihren Beruf aufgegeben, um sich nur noch der Familie zu widmen. Je mehr Cohens Status wuchs, desto mehr genoß Karen die Vergünstigungen, die ihr eigener Status als Frau des Chefs mit sich brachte.

Bei Shearson hatte sie zwei Sekretärinnen, die ihre gesellschaftlichen Termine mit den geschäftlichen ihres Mannes koordinieren sollten. Eine weitere Leidenschaft von ihr war das Einkaufengehen. Sie ging oft zu Gucci's und Yves St. Laurent auf der Fifth Avenue.

Freunden zufolge stand Cohen wegen des gesellschaftlichen Drucks und der Ambitionen seiner Frau unter Erfolgszwang. In den Achtzigern war es einfach nicht genug, ein guter CEO zu sein. Und Cohen wußte das genau.

Im Sommer 1987 vollzog sich an der Wall Street ein tiefgreifender Wandel. Die Japaner waren mit aller Macht eingestiegen. Nach der Eroberung des Automarkts starteten die größten Brokerhäuser und Versicherungsgesellschaften Japans einen Frontalangriff auf die Finanzbranche. Firmenriesen wie Nomura Securities und Nikko errichteten in den Vereinigten Staaten Zweigstellen und warben Spitzenleute von den Firmen in Wall Street ab. Andere japanische Finanzgesellschaften, die durch Japans langanhaltenden Wirtschaftsboom reich geworden waren, kauften Anteile von bestehenden US-Investmenthäusern. Und sie bezahlten Spitzenpreise. Im Jahr davor hatte Sumitomo satte 600 Millionen Dollar für einen Anteil von 12,5 Prozent an der erlauchten Firma von Goldman, Sachs & Company auf den Tisch geblättert.

Bald zeigten sie auch Interesse an Shearson. Im Juni erwarb die Nippon Life Insurance Company für glatte 530 Millionen Dollar einen 13-Prozent-Anteil an Shearson. Henry Kissinger, Robinsons Freund und Kollege im Verwaltungsrat von AmEx, sorgte für die Anfangskontakte. »Das könnte es sein, wonach Sie gesucht haben«, sagte Kissinger zu Robinson.

Wirklich hatte Robinson nach einer Allianz mit einem japanischen Unternehmen gesucht, um so die Kreditkarte besser puschen zu können. Noch dringlicher war allerdings der Bedarf an Bargeld. Die Kampagne, mit der die Kreditkarte in Übersee eingeführt werden sollte, erwies sich als langwierig und kostspielig. Die Ausländer griffen nicht so leicht nach dem Plastikgeld wie die Amerikaner. In Deutschland und Japan spöttelte man über das Konzept der Kreditkarte. Wenn Gerstner Erfolg haben wollte, brauchte er Kapital.

Ein weiterer Grund, weshalb der japanische Markt auf Robinson so verlockend wirkte, war sein wachsender Wunsch, seinen Anteil an Shearson zu verringern. Der sich ausweitende Insiderhandelsskandal an Wall Street beunruhigte ihn zunehmend. Die Ermittlungen in Sachen unerlaubter Aktiengeschäfte hatten beinahe Robinson selbst erfaßt.

Als die Ermittler im Frühjahr 1987 begannen, Sandy Lewis wegen Aktienmanipulation unter die Lupe zu nehmen, bekam Robinson Schwierigkeiten mit den Justizbehörden. Lewis Name war im Zuge der Regierungsuntersuchungen des Händlers Boyd Jefferies aus Los Angeles aufgetaucht. Die Ermittlungen ergaben den Beweis, daß Lewis den Preis der Fireman's Fund künstlich hochgetrieben hatte, indem er durch Jeffries Aktien ankaufen ließ, unmittelbar bevor sich AmEx von seinem verbliebenen Anteil an der Gesellschaft in Höhe von 41 Prozent trennte. Nach Einschätzung der Regierung erhöhte der Kauf den Aktienwert der Fireman's Fund von $37^{7}/_{7}$ Dollar auf 38 Dollar.

Obwohl die Regierungsermittlung sich auf Lewis konzentrierte, durchleuchteten Generalstaatsanwalt Rudolph Giuliani und seine Leute auch American Express auf der Suche nach anderen Schuldigen genau. Wirklich stieß man bei den Untersuchungen auf fünf Telefonanrufe zwischen einem AmEx-Direktor und Lewis just an dem Tag, an dem angeblich die Manipulation erfolgt sein sollte. In der Führungsetage von American Express breitete sich Panik aus.

»Jim, es kommt entscheidend darauf an, darüber mit niemandem zu sprechen, weder innerhalb der Firma noch außerhalb«, warnte Kenneth Bialkin, der unabhängige Rechtsberater von American Express. »Was immer Sie sagen, könnte auf Sie zurückfallen. Seien Sie äußerst vorsichtig.«

Robinson beherzigte Bialkins Rat. Er sprach niemals wieder

mit Lewis. Im April 1987 wurde Lewis wegen Aktienmanipulation angeklagt. Er wurde 1989 schuldig gesprochen und zu drei Jahren auf Bewährung verurteilt. Für Robinson war die Sache mit der Verurteilung von Lewis allerdings noch keineswegs ausgestanden. Noch im Jahr 1990 glaubten die Führungsleute bei AmEx, die Ermittlungen seien nicht abgeschlossen. Die Generalstaatsanwaltschaft verweigerte jeden Kommentar.

Abgesehen von der Geschichte mit Lewis, waren im Verwaltungsrat von AmEx nicht alle glücklich bei dem Gedanken an die Nippon-Transaktion. Manche reagierten nervös auf die Verbindung des Namens American Express mit einem japanischen Unternehmen zu einem Zeitpunkt, als Washington und Tokio sich wegen diverser Handelsfragen in den Haaren lagen. Andere waren der Ansicht, das Geschäft mache wenig Sinn. »Shearson geht es hervorragend«, argumentierte der Alleghany-CEO Fred Kirby in einer Verwaltungsratssitzung. »Warum, zum Teufel, wollen wir ein Stück davon verkaufen.«

Cohen selbst befürwortete das Geschäft. Der Verkauf an Nippon stärkte nicht nur die Anstrengungen von Shearson in Japan, er verhalf Cohen auch zu mehr Autonomie. Einige Monate später machte sich Cohen erneut stark, als AmEx beschloß, einen weiteren 18prozentigen Anteil von Shearson zum freien Verkauf anzubieten. »Wir sind wieder selbständig«, jubelte Cohen.

Wie sich herausstellte, war dieser Verkauf gerade noch so durchgerutscht. Ende des Sommers war das Schild »Zu verkaufen« an der Wall Street abmontiert. Die Zuversicht, die so lange die Finanzwelt beherrscht hatte, sank.

In einer Branche, deren zeitliche Perspektive sich in Tagen berechnete, war alles zu lange zu gut gegangen. Die wirtschaftliche Expansion, die 1981 eingesetzt hatte, trat ungebrochen in ihr sechstes Jahr. Die Spekulation auf eine Hausse nahm seit fünf Jahren immer mehr zu. Der Dow Jones Industrial Average war um mehr als 1000 Punkte in die Höhe geklettert. Es mußte einfach etwas passieren.

Die Ökonomen gaben Prognosen zur Unbeständigkeit des Dollars aus, zur Entwicklung der Zinssätze und zu dem sich stetig ausweitenden Handelsdefizit. Die Ära des Wohlstands neigte sich dem Ende zu. Viele warnten vor einer bevorstehenden Rezession.

Die Unternehmen fingen an, ihre Ausgabenpläne zu kürzen und Projekte zu stoppen. Und auch die Anleger wurden nervös. Nur die Andeutung einer schlechten Nachricht genügte, und der Markt stürzte um 50 oder 75 Punkte ab.

Im Herbst war die Angst förmlich spürbar. Jedermann erwartete einen Marktrückschlag. Die Wertpapierhändler sprachen von einer »Bereinigung«. Am Ende erlebte Wall Street einen Börsenkrach. Der 19. Oktober sollte als Schwarzer Montag in die Geschichtsbücher eingehen.

Von der Möglichkeit höherer Zinssätze und einer wirtschaftlichen Verlangsamung in Panik versetzt und wegen des Sturzes um 108 Punkte vom vorherigen Freitag nervös geworden, begannen die Kapitalanleger ihre Anteile in wilder Aufregung abzustoßen. Und je weiter der Dow Jones fiel, desto größer wurde die Panik. Am Ende des Tages war der Dow Jones bei dem stärksten Handel, den man an der New Yorker Börse jemals erlebt hatte, um 508 Punkte gefallen. Der Zusammenbruch übertraf sogar noch den des Jahres 1929. Und der Schaden war weltweit. In London, Paris, Frankfurt und Tokio stürzten die Aktienmärkte. In Hongkong schlossen die Behörden den Markt.

An der Wall Street schwirrten die Gerüchte. In einem falschen Bericht wurde behauptet, Goldman habe 500 Millionen Dollar verloren und stehe vor dem Konkurs. Andere Brokerhäuser befanden sich den Berichten nach in Gefahr.

Shearson glich einem Irrenhaus. Im Handelsraum herrschte ein Höllenaufruhr. Rosafarbene Verkaufsstreifen hingen überall. Und die gefeierte Mannschaft von Shearson, die normalerweise auch im größten Tumult beherrscht blieb, verlor jeden Überblick. Ein Händler kaufte irrtümlich einen Kontrakt auf Futures für den Standard & Poor's-Aktienindex, als er einen verkaufen sollte. Am Ende hatte Shearson 15 Millionen Dollar verloren.

Auch die Einschußkonten der Brokerhäuser, Shearsons Standbein im Privatgeschäft, erlitten Einbußen. Als die Aktienpreise in den freien Fall übergingen, riefen die Shearson-Broker ihre Kunden an und baten darum, mehr Geld einzusetzen. Doch es kam nur wenig dabei heraus. Viele hatten nicht genug Bargeld in der Hand. Als der Handel um 16.00 Uhr schloß, hatte Shearson 60 Millionen Dollar verloren.

Noch alarmierter reagierten die Führungsleute bei Shearson, als sie zusehen mußten, wie sich ihre Privatvermögen in Luft auflösten. Lane versuchte die sinkende Moral zu heben, indem er denjenigen mit den schwersten Verlusten Sofortkredite anbot. »Konzentrieren Sie sich auf das Geschäft vor der Tür«, sagte Lane zu seinem Stab.

Cohen war nicht da, was die Angelegenheit noch verschlimmerte. Als der Markt zusammenbrach, befand sich der Shearson-Chef auf der anderen Seite der Welt. In den letzten Wochen war Cohen durch Asien gereist und hatte die Rolle eines Staatsmannes gespielt. Er hatte in Tokio, Singapur, Hongkong und Manila Station gemacht. Als der Markt zu bröckeln begann, beendete Cohen gerade einen Empfang für chinesische Würdenträger im Winterpalast von Peking.

Die Reise nach China sollte der Höhepunkt der zwölftägigen Tour von Cohen sein. An jenem Tag aß Cohen mit dem Bürgermeister von Peking zu Mittag, trank Cocktails mit leitenden Angestellten der Bank of China und traf sich zu einer langen Sitzung mit Ingenieuren der China State Construction Co. Zu jener Zeit hatte Shearson ein Joint-venture mit Tishman-Speyer zum Bau eines Wohnkomplexes mit 250 Einheiten in Peking für ausländische Arbeiter. »American Express Center« lautete der vorläufige Name.

Das Ganze war Cohens Idee gewesen. Und Robinson hatte darauf höchst begeistert reagiert. Es war die Zeit der Wirtschaftsreformen. Kapitalistische Chuzpe war gerade damals stark gefragt. Jede Woche wurden Joint-venture-Vereinbarungen mit westlichen Firmen unterzeichnet. Der CEO von AmEx wollte auch in China sichtbar vertreten sein. »Das wird uns bei den Chinesen nützen«, hatte Robinson einmal zum Lobe des Cohenschen Projekts geäußert. »Scheuen wir keine Kosten.«

Als Cohen den Hauptsaal des Winterpalastes betrat, waren die meisten seiner Gäste bereits eingetroffen. Mit Canapés und Weingläsern in den Händen scharten sie sich rasch um den Shearson-CEO. Nach dem Absturz des New Yorker Aktienmarktes am Freitag befanden sich die asiatischen Märkte bereits im Trudeln. Man bombardierte ihn mit Fragen. *Wird der Markt in New York zusammenbrechen? Was passiert in Europa? Wird Ihre Regierung irgend etwas unternehmen?*

Cohen beruhigte seine Gäste. Er war der geborene Aktienbroker, mit viel Übertreibung und gerade soviel Wahrheit, daß er realistisch wirkte. Eine Bereinigung, so beschrieb er das

Geschehen. Er riet ihnen, nicht die Geschehnisse in Tokio und Hongkong überzubewerten, da diese Aktienmärkte erfahrungsgemäß leicht in Panik gerieten.

Doch in Wirklichkeit hatte Cohen eine Heidenangst. Er konnte zwar den Zusammenbruch nicht voraussehen. Nur wenige konnten das. Aber er saß auf der anderen Seite der Welt fest und konnte es nicht erwarten, nach Hause zu kommen.

Als er am 20. Oktober wieder in New York ankam, war es später Nachmittag. Die Panik in Wall Street hielt fast unvermindert an. Die Leute sprachen über die beängstigenden Parallelen zum Jahr 1929. Die Angst war allgegenwärtig. Alle starrten den ganzen Tag über auf die Quotron-Terminals, die in Wall Street genauso verbreitet waren wie die gelben Binder und roten Hosenträger. Die Restaurants blieben in der Mittagszeit leer. Nach Arbeitsschluß füllten sich die Bars. Zwar stürzte sich niemand aus dem Fenster, doch der Schatten der großen Depression hing drohend über Wall Street. Das könne nicht mehr passieren, sagten die Fachleute zuversichtlich. Doch kein Mensch schloß eine dramatische Rezession aus. Der Börsenkrach hatte Aktienwerte in Höhe von 500 Milliarden Dollar vernichtet. Praktisch über Nacht fühlten sich Millionen von Amerikanern ärmer. Die Ära des Wohlstands geriet ins Wanken. Nationalökonomen warnten, daß die Verbraucher sich zurückhalten würden, und je weniger gekauft würde, desto schlechter ginge es der Wirtschaft. Selbst Shearsons eigener Chefökonom Allen Sinai hörte sich düster an. »Ich hielt eine Rezession 1989 für wahrscheinlich, nun müssen wir uns um 1988 Sorgen machen«, teilte er in einem Interview mit.

Bei AmEx befürchteten Robinson und seine Gehilfen das Schlimmste. Die AmEx-Aktien waren am 19. Oktober von 30 auf 22 Dollar abgerutscht. Doch die größte Sorge galt den kommenden Wochen und Monaten. Die Kreditkarte befand sich in Gefahr. Eine Rezession würde die Ausgabenwelle, die die Firmenerträge in den achtziger Jahren nach oben getrieben hatte, stoppen. »Das könnte uns umbringen«, stöhnte Gerstner.

Für Shearson waren die Aussichten noch schlechter. Der Dow Jones schaffte am Tag nach dem Krach eine Erholung um 102 Punkte. Doch das war nur eine vorübergehende Atempause. Von Zuversicht, von Rekordhöhen war nicht mehr die Rede.

Die Kapitalanleger wollten aus den Aktienfonds heraus. Die Fidelity Investments Company, einer der größten Kapitalanlagenverwalter, berichtete von 200000 Telefonanrufen am Schwarzen Montag von Kunden, die ihr Geld aus den Aktienfonds herausholen wollten.

Bei Shearson ignorierte Cohen den Stapel von Nachrichten, die auf ihn warteten. Er hatte bereits vom Flugplatz aus mit seiner Frau telefoniert. Zu jenem Zeitpunkt war er seit vierzig Stunden auf den Beinen und absolut nicht in Stimmung, Klienten zu beruhigen. Statt dessen berief er eine Krisensitzung mit seinen wichtigsten Mitarbeitern ein: Lane, George Sheinberg, Finanzchef, Herb Freiman, der Chef der Kapitalmärkte, und Dick Fuld, Shearsons Handelschef.

Gegen 15.00 Uhr rief Robinson an. Er fragte Cohen, in welcher Verfassung sich Shearson befinde und wann er glaube, daß sich der Markt stabilisieren würde. Dann wechselte er schnell zur Frage des Image. Der Börsenkrach hatte der ganzen Finanzwelt einen Schlag versetzt, sagte Robinson. Falls Shearson geschädigt wirke, würde das das öffentliche Erscheinungsbild von American Express beeinträchtigen. Robinson brauchte das keineswegs näher auszumalen.

Robinson drängte Cohen, »proaktiv« zu reagieren. Das war eine für Robinson typische Ausdrucksweise. Er wollte, daß Cohen sich möglichst viel in der Öffentlichkeit zeige, im Fernsehen und im Rundfunk. Er wünschte ferner, daß Cohen freiwillig seine Dienste dem Finanzministerium und der Börsenaufsicht anbiete, denn beide Behörden verkündeten grollend, die Ursachen für den Börsenzusammenbruch untersuchen zu wollen.

»Wir müssen uns da beteiligen«, sagte Robinson zu Cohen.

Im Laufe der folgenden Wochen beruhigte sich der Markt, doch in Wall Street ging noch immer die Angst um. Man sprach von amtlichen Ermittlungen und Marktreformen. Dennoch hielten sich die Kapitalanleger scharenweise vom Markt fern. Das Schlußquartal von Wall Street würde katastrophal ausfallen.

Trotz des Kollapses und der Befürchtungen in bezug auf die Wirtschaft blieb Cohen unbeeindruckt. Bei Shearson ging alles seinen üblichen Gang. Der Börsenkrach hatte Cohens Expansionsdrang kaum zu dämpfen vermocht. Tatsächlich hatte er zwei Monate nach dem Börsenkrach ein neues Zielobjekt im Auge: E. F. Hutton.

Seit die Firma sich 1985 des Betrugs in 2000 Fällen für schuldig erklärte, hatte sie sich in anhaltendem Niedergang befunden. Die Staatsanwälte hatten Hutton des Scheckbetrugs bezichtigt, man habe Schecks ausgestellt, noch bevor die Mittel dafür zur Verfügung gestanden hätten. Wegen der schlechten Publicity schrumpfte die Liste der gehobenen Klientel, die sich vor allem aus Ärzten von der Park Avenue und arabischen Scheichs zusammensetzte, stetig zusammen.

Selbst eine Umbesetzung in der Geschäftsleitung konnte dagegen nichts ausrichten. 1986 hatte der Verwaltungsrat von Hutton Robert Rittereiser, die Nummer drei bei Merrill, abgeworben, damit dieser die Kundenabwanderung stoppe. Rittereiser war knallhart und hatte ein blitzsauberes Image. Doch die Kunden waren weiter abgewandert. Und der Börsenkrach tat ein übriges. Im November beschlossen Rittereiser und der Verwaltungsrat, es sei an der Zeit, Hutton zu verkaufen.

Rittereiser wandte sich zunächst an William Schreyer, den unbeschwerten und leutseligen Vorsitzenden von Merrill. Anfänglich war Schreyer höchst interessiert, doch änderte er seine Meinung bald, nachdem er einen Blick in die Bücher von Hutton geworfen hatte. Mit den Jahren hatte Hutton ein lukratives Geschäft mit Kommanditgesellschaften aufgebaut. Diese waren mit Anteilen an verschiedenen Spekulationsobjekten vergleichbar und wurden hauptsächlich an Privatpersonen verkauft. Aber Hutton hatte Anteilsscheine im Wert von fast einer Milliarde Dollar an risikoreiche Öl- und Erdgasförderunternehmen verkauft. Die meisten dieser Unternehmungen würden schiefgehen, rechnete sich Schreyer aus, was für Huttons neuen Besitzer eine Flut von Gerichtsprozessen und Verbindlichkeiten in Millionenhöhe zur Folge haben würde.

Nur Tage später verhandelte Rittereiser mit dem nächsten auf seiner kurzen Liste möglichen Käufer: mit Peter Cohen. Shearson mag für ihn zweite Wahl gewesen sein, doch Rittereiser erkannte, wenn überhaupt jemand Interesse hatte, dann Cohen.

Jahrelang war der Shearson-CEO besessen von der Leitung der größten Firma an Wall Street gewesen. Tatsächlich hatte Cohen im Jahr zuvor für Hutton 1,5 Milliarden Dollar geboten. Das Gebot, unerwartet und zu niedrig, wurde schließlich vom

Hutton-Verwaltungsrat abgelehnt. Doch alle wußten, daß Cohen noch immer scharf auf die edle Firma Hutton war.

Es war der Montag vor Thanksgiving, kurz nach 8.00 Uhr morgens, als Rittereiser anrief. Der Anruf kam für Cohen nicht überraschend. Er hatte erwartet, daß bei Hutton nach dem Schwarzen Montag, dem 19. Oktober, irgend etwas passieren würde.

Rittereiser wirkte verdrießlich und müde und hielt sich nicht lange mit allgemeiner Konversation auf.

»Wir sind auf der Suche nach einem Käufer«, sagte der CEO von Hutton. »Sind Sie interessiert?«

»Vielleicht«, antwortete Cohen. Er versuchte so gleichgültig wie nur möglich zu klingen. »Mit wem sind Sie noch im Gespräch?«

Rittereiser sagte, er habe mehrere Anfragen erhalten. Doch er lehnte es ab, Firmen zu nennen.

Merrill, PaineWebber und Dean Witter schossen Cohen durch den Kopf. Später brachte er in Erfahrung, daß sogar sein alter Chef, Sandy Weill, ein Gebot abgegeben hatte. Dadurch wurde Hutton für Cohen besonders verlockend. Er sehnte sich danach, seinen früheren Boß zu übertrumpfen. Wie sich herausstellte, hatte Weill nur 18 Dollar je Aktie oder 600 Millionen Dollar geboten – und wurde prompt abgewiesen.

In Wirklichkeit war Cohen der heißeste Kandidat.

»Wir wußten, daß Cohen scharf darauf war«, sollte sich ein ehemaliger Topmanager von Hutton später erinnern. »Wir wollten ihn glauben machen, daß er scharfe Konkurrenten habe. Wir legten den Köder für Cohen aus – er hat angebissen.«

Cohen jubilierte. Wenn er Hutton aufkaufte, war Shearson die größte Maklerfirma von Wall Street, noch größer als Merrill. Am Telefon aber blieb er beherrscht.

»Hört sich interessant an«, sagte er zu Rittereiser. »Ich werde mich wieder bei Ihnen melden.«

Sobald er den Hörer aufgelegt hatte, schrie er seiner Sekretärin zu, ihm sofort Robinson ans Telefon zu holen. Kaum ein Jahr zuvor hatten Robinson und Gerstner verkündet, daß American Express in all seinen Geschäftsbemühungen zur Spitze gehören müsse.

Cohen faßte seine Unterhaltung mit Rittereiser für den AmEx-CEO kurz zusammen. Die beiden diskutierten, ob so kurz nach dem Börsenkrach der richtige Zeitpunkt für eine Übernahme sei. Doch Cohen warnte Robinson auch vor der Konkurrenz.

»Es könnte uns durch die Lappen gehen, wenn wir nicht schnell handeln«, riet er zur Vorsicht.

Der CEO von AmEx stimmte damit überein, daß rasch etwas geschehen müsse.

»Fangen wir an«, sagte Robinson zu Cohen. Am nächsten Tag berief Cohen den Verwaltungsrat von Shearson zu einer Sondersitzung ein.

Es war kurz nach 16.00 Uhr, als der Verwaltungsrat von Shearson in Cohens Büro im achtzehnten Stock des American Express Tower im World Financial Center zusammentrat. Cohens Büro machte dem von Robinson hinsichtlich der Eleganz den Rang streitig. Der Eingang wurde von handgefertigten Eichentüren gerahmt. Die Einrichtung war elegant. Sie wurde von einem schweren Eichenschreibtisch beherrscht.

Robinson und Gerstner kamen als erste, gefolgt von Lane, Fuld und Howard Clark jr. Der Vorstandschef von Olivetti, Carlo de Benedetti, Nobuyuki Adachi, ein geschäftsführender Vizepräsident von Nippon und ein Dutzend weitere Shearson-Direktoren waren über Telefon zugeschaltet.

Cohen befand sich eindeutig in Hochstimmung. Zuvor hatte er die Hutton-Sache dem vollständig versammelten Verwaltungsrat von AmEx unterbreitet. Von dort hatte er grünes Licht für die Verhandlungen erhalten. Nun war es am Verwaltungsrat von Shearson, einen Plan zu entwerfen.

»Ihr Nettowert ist lausig«, räumte Cohen ein, als er die Sitzung eröffnete. Am vorangegangenen Tag hatten die Buchprüfer von Shearson die gleichen schwachen Kommanditgesellschaften entdeckt, die bereits Merrill verschreckt hatten.

Doch Cohen war nicht zu beirren. »Es sind noch zahlreiche andere Firmen an Hutton interessiert«, warnte Cohen erneut. »Und aus gutem Grund.« Hutton verwaltete Aktien und Bonds im Wert von rund 75 Milliarden Dollar für seine Kunden. Weitere 25 Milliarden Dollar waren in Huttons Investmentfirmen gebunden. Sobald sich der Markt wieder fange, würde Shearson den größten und stärksten Verkaufsstab von Wall Street besitzen.

»Wir holen uns 8000 Broker. Denken Sie allein daran«, schwärmte Cohen.

»Es ist verlockend«, stimmte Gerstner bei, wobei er sich zu Robinson wandte, als wolle er seinen Boß überzeugen.

Seit er von der Sache mit Hutton erfahren hatte, war Gerstner ständig hinter Cohen her gewesen, diese Gelegenheit nicht zu verpassen. Ihm lag zwar kaum daran, Cohens Terrain zu vergrößern. Gerstner war auch kein ausgesprochener Fan von Cohens draufgängerischem Stil. Seine Meinung zu Cohen, die er aber für sich behielt: Als Stratege ein Fliegengewicht, ein mittelmäßiger Manager. Doch er brauchte Shearson zur Unterstützung von TRS, vor allem, wenn die Wirtschaft in Reaktion auf den Börsenkrach abflaute.

Cohens Hauptsorge galt dem Preis. Seiner Meinung nach waren 850 Millionen Dollar oder 27 Dollar pro Aktie fair zu nennen. Jede höhere Summe würde er erst mit dem Verwaltungsrat besprechen.

»Wir können bei dem jetzigen Klima nicht zuviel bezahlen«, sagte er und hörte sich damit ganz uncharakteristisch vorsichtig an.

»Nein!« donnerte Gerstner, während er sich erhob und die Faust auf Cohens Schreibtisch niedersausen ließ.

»Vermasseln Sie den Deal nicht wegen ein oder zwei Dollar pro Aktie«, fuhr er fort. »Wir müssen es machen!«

Robinson nickte. Obwohl er in bezug auf die Bilanz von Hutton mißtrauisch war, widerstrebte es dem CEO von AmEx, Cohen und Gerstner zu überstimmen. In jener Zeit entwickelte Robinson weit mehr Interesse für internationale Fragen, wie Handel und Verschuldung der Dritten Welt. Das waren die weltpolitischen Fragen, die Robinson sehr stark interessierten.

Doch die Aussicht auf einen neuen Deal versetzte ihn in Erregung. Es würde ein verblüffendes Zeichen der Stärke sein zu einem Zeitpunkt, zu dem der Rest der Finanzwelt noch immer seine am Schwarzen Montag erlittenen Wunden leckte.

»Ziehen Sie es durch, Peter«, sagte er.

Nachdem der Verwaltungsrat zugestimmt hatte, wandte sich die Diskussion dem heiklen Thema zu, wie für Hutton zu bezahlen sei. American Express hatte herkömmlicherweise für Firmen mit Aktien bezahlt. Doch der Börsenkrach hatte die Shearson-Aktien schwer gedrückt. Ein Swap hätte den Aktienbestand noch weiter verringert.

»Die Japaner werden einen Aktienhandel nicht mitmachen«, jammerte Robinson. »Das können Sie vergessen.«

Das bedeutete, daß man Bargeld aufnehmen mußte, ein riskantes Manöver angesichts der ungewissen Aussichten für die Wirtschaft.

Cohen äußerte Besorgnis. »Wir strapazieren damit wirklich unsere Ressourcen«, sagte er.

De Benedetti sagte es unverblümter. »Was für ein Druck!« ächzte er.

Aber Robinson lenkte nicht ein. Die Beziehung zu den Japanern war einfach zu wertvoll.

»Wir befassen uns später damit«, sagte Robinson, als er zur Tür schritt.

Zwar hatten sich die meisten Konkurrenten bis Ende November zurückgezogen, doch Cohen blieb dennoch überzeugt, daß alle, von Merril bis zu Sandy Weill, noch immer hinter Hutton her seien. Er war mehr als je zuvor entschlossen, das Geschäft zu machen. Nach Gerstners heftiger Reaktion hatte er das Gefühl, er könne sich nicht aus dem Deal zurückziehen. Robinson verstärkte den Druck noch. »Wir können es uns nicht leisten, die Sache zu vermasseln«, sagte er des öfteren zu Cohen.

Zufällig rief an diesem Tag Lee Kimmell, ein geschäftsführender Gesellschafter von Salomon Brothers und Huttons führender Investmentbanker, an. Salomon erholte sich noch von dem Börsenkrach und versuchte gerade seine Effektenbank zu stützen. Die Firma hoffte, mit satten M&A-Honoraren die äußerst geringen Gewinne des Handelsgeschäfts ausgleichen zu können. Kimmell wollte wissen, wo Shearson stand.

»Ich bin bereit, morgen zu Ihnen hinaufzufahren und ein Geschäft abzuschließen, wenn Sie mit niemand anderem sprechen«, bot ihm Cohen an.

Es überrascht nicht, daß Kimmell höchst entgegenkommend war. Kimmell war sehr klug, und er war weise. Viele andere Salomon-Bankiers glichen sich im Auftreten, in der Kleidung und in der Sprache. Sie neigten dazu, in einer Reihe zu gehen, als ob sie unsichtbar miteinander verbunden seien. In Wall Street wurden sie deshalb spöttisch die »Würste« genannt.

Kimmell jedoch war kein Abziehbild des Durchschnittsbankers von Salomon. Hart und offen brachte er regelmäßig seine Vorgesetzten mit seinen unverfrorenen Bemerkungen aus der Fassung. Thomas Strauss, der Präsident von Salomon, fürchtete Kimmell, allerdings nicht wegen seines aggressiven Wesens. Von Kimmell hieß es, er befinde sich auf dem Weg nach oben.

John Gutfreund, der Chef von Salomon, lobte Kimmells Unabhängigkeit und suchte häufig dessen Rat.

Am darauffolgenden Tag saßen Cohen, Lane und Jack Nusbaum, einer von Shearsons firmenunabhängigen Anwälten, im Verwaltungsratsraum von Hutton. Bis 20.00 Uhr hatten sie den Kauf ausgearbeitet. Shearson würde 925 Millionen Dollar oder 29,25 Dollar je Aktie für Hutton bezahlen. Zum Zeitpunkt der Vereinbarung betrug der Buchwert von Hutton nur 7,63 Dollar pro Aktie.

Dennoch, Cohen freute sich. Shearson machte nun Merrill als größte Firma in Wall Street den Rang streitig. Auch Robinson jubelte, nun die Nummer eins zu sein. Er ahnte nicht, daß dies für eine Weile die letzte gute Nachricht war.

11

Ende der achtziger Jahre

Robinson trat nun in eine der schwierigsten Perioden seiner beruflichen Laufbahn, und das lag an zwei Menschen, die in seinem Leben eine bedeutsame Rolle spielten: einmal an seinem alten Feind Edmond Safra und zum anderen an dem immer stärker zur Belastung werdenden Peter Cohen.

Der erste, der Robinson ärgerte, war Peter Cohen. Der Vorstoß des Shearson-CEO zum Aufbau eines Imperiums nach dem Börsenkrach erwies sich als katastrophal. Wenige Monate nach der Übernahme von Hutton verlor die Firma einen Großteil ihrer Spitzenleute. Viele meinten, Cohen reagiere unvorhersehbar. Andere spotteten darüber, mit dem Image der Knickerigkeit von Shearson in Verbindung gebracht zu werden. Schlimmer noch, Cohen unternahm keinen ernsthaften Versuch, die Broker von Hutton zum Bleiben zu überreden. Er blieb ihnen gegenüber reserviert und gleichgültig. Mehr als 1500 Leute bzw. 19 Prozent von Huttons Börsenmaklern wechselten zu anderen Firmen, z. B. zu Merrill Lynch oder Dean Witter.

Diejenigen, die blieben, mußten sich anstrengen, das Geschäft anzukurbeln. Seit sie sich bei dem Börsenkrach die Finger verbrannt hatten, hielten sich die Anleger zurück. Sie wollten mit dem Aktienmarkt nichts mehr zu tun haben. Cohen sah sich mit hohen Personalkosten und sinkenden Einkünften konfrontiert. Noch schwerer wog, daß Shearson bei der Übernahme von Hutton 1,8 Milliarden Dollar für den »ideellen Firmenwert«, also den Differenzbetrag zwischen Huttons Buchwert und dem von Cohen hingeblätterten Aufpreis, hingelegt hatte. Dieser »ideelle Firmenwert« sollte in den nächsten vierzig Jahren abgeschrieben werden. Shearson war nun nicht mehr der kleine Goldesel, den Sandy Weill geschaffen hatte. Es war inzwischen eine aufgeblähte Riesenfirma, die rote Zahlen schrieb.

Robinson wurde immer besorgter. Er drängte Cohen, die Kosten zu senken. *Die Dinge müssen sich ändern. Sie müssen sich auf die Probleme konzentrieren.* Doch Robinson weigerte sich erneut, direkt einzugreifen. Cohen verschanzte sich bei Shearson. Er blieb dabei, Robinson zu ignorieren. *Jim, ich weiß, was ich tue.*

Trotz aller Versicherungen Cohens blieb Robinson nervös. Mittlerweile begann es auch im Verwaltungsrat wegen Shearsons zunehmender Schwierigkeiten zu rumoren. Außerdem machte es Robinson wütend, daß alle weiteren leichtsinnigen Schritte von Cohen seiner eigenen beruflichen Leistung, aber auch seinen Ambitionen für die Zeit nach AmEx schaden könnten.

Er hatte allen Grund zur Besorgnis. Robinsons im stillen eingeleitete politische Kampagne geriet im März 1988 böse ins Wanken, als er eine eigene politische Initiative zur Lösung der Verschuldungsprobleme der Dritten Welt in Umlauf brachte. Robinsons Lösungsvorschlag, den er vor einem Wirtschaftsforum in Washington darlegte, trug die Bezeichnung »Institute for International Debt and Development« (Institut für internationale Verschuldung und Entwicklung), kurz I2D2 genannt. Die Behörde sollte 40 Prozent der bestehenden Schulden der Entwicklungsländer in Höhe von 250 Milliarden Dollar als Verlust verbuchen.

Die Banker schrien auf. Die meisten waren der Meinung, so etwas sei fahrlässig und möglicherweise der Ruin für das Bankwesen. Anläßlich einer Zusammenkunft von Finanzgrößen in der Zentrale der Citicorp zog der Vorsitzende John Reed Freeman in sein Büro. »Ihr seid verrückt«, rief Reed, »ihr seid dabei, das Bankwesen kaputtzumachen.«

Es kam noch schlimmer. Robinsons Idee hatte den Wahlkampfstab von Bush in Rage versetzt. Insbesondere James Baker, der als Finanzminister von Reagan zurückgetreten war, um den Wahlkampf für Bush zu leiten, war aufgebracht. Er hatte Robinson persönlich gewarnt und ihm mitgeteilt, daß die Berater von Bush an einem eigenen Plan arbeiten würden.

»Wer glauben Sie denn, daß Sie sind«, schrie Baker durchs Telefon Robinson an, nachdem der CEO von AmEx seinen Vorschlag der Öffentlichkeit präsentiert hatte.

Robinsons politische Pläne waren für Cohen allerdings von keinerlei Interesse. Cohen war nicht zu bremsen. Er glaubte, er sei unaufhaltbar. Während ein Großteil der Wall Street nach dem Börsenkrach noch immer völlig am Boden lag, bemühte sich Cohen weiterhin stark um Neueroberungen, vor allem im Bereich des Effektengeschäfts. Er hielt sich für den führenden Aufkaufspezialisten von Shearson, und er wünschte mit den M&A-Machern wie Henry Kravis und Bruce Wasserstein gleichzuziehen. »Bringen Sie mir einen Deal, einen großen«, wies Cohen seinen Stab an.

Steve Waters und J. Tomilson Hill III, die beiden Leiter der M&A-Abteilung bei Shearson, wurden häufig zur Zielscheibe für Cohens Forderungen. Im Februar trug Hill einen verlockenden Übernahmeplan vor. Bei dem Objekt, das er vorschlug, handelte es sich um die Koppers Company, einen verschlafenen Hersteller von Chemikalien und Zusatzstoffen, die in Baumaterialien Anwendung fanden. Hill rechnete sich aus, Koppers würde ihnen einfach in den Schoß fallen. Deren CEO, Charles Pullin, stand kurz vor der Pensionierung, und die Firma hatte gerade einige magere Jahre hinter sich. Im vorausgegangenen Jahr hatte sie nur 11 Millionen Dollar Gewinn erbracht, selbst Shearsons interner Bonuspool war höher.

Hill meinte, Koppers könne über Nacht in der Versenkung verschwinden, und niemand würde die Firma vermissen. Er war der Meinung, man brauche sich keine Gedanken wegen sogenannter White Knights, also Käufern, die das erworbene Unternehmen in der momentanen Form erhalten wollen, oder anderer möglicher Retter zu machen. Mehr noch, die Firma lag in Pittsburgh und damit auch nicht im unmittelbaren Blickfeld der Medien.

Auf Hills Liste von Kaufinteressierten rangierte ganz oben Beazer PLC. Diese britische Firma war auf Baustoffe spezialisiert und hatte bereits eine Reihe von Zukäufen getätigt. Beazer hatte die Bekanntschaft leitender Mitarbeiter von Shearson gemacht, als das Unternehmen 1986 eine Baustoffirma aus Texas erwarb.

Daß Shearson nun selbst mitmischte, galt als Zeichen seiner neuen Rolle. Nicht mehr nur ein Vermittler, war Shearson nun flügge geworden und stellte selbst die Weichen. Shearson erklärte sich bereit, 50 Millionen Dollar für den Abschluß des Kaufs zuzuschießen und 200 Millionen Dollar in Form eines Überbrückungskredits bereitzustellen. Shearson trug sich nicht mit der Absicht, die erworbenen Firmenanteile zu behalten. Statt dessen hoffte man, sie mit gutem Gewinn nach Abschluß des Kaufes weiterveräußern zu können.

Das Ganze war ein wagemutiges und dreistes Unternehmen, und Cohen war begeistert. Im März begannen Beazer und Shearson mit ihrer Attacke. Koppers erhielt ein offizielles Gebot über 1,27 Milliarden Dollar oder 45 Dollar je Aktie. Hill und Cohen sagten voraus, Koppers werde rasch kapitulieren.

Pullin sah das anders. Einfach und anspruchslos, fuhr Pullin in einem Oldsmobile zur Arbeit und schrieb seine Briefe immer noch selbst. Der einzig nennenswerte Schmuck in Pullins Büro bei Koppers war ein Ölgemälde, auf dem ein Steinbruch zu sehen war. Doch Pullins war alles andere als der Bauerntölpel, für den ihn Hill gehalten hatte.

Als das Gebot bei ihm eintraf, geriet Pullin in Wut. Zufällig hatte genau eine Woche zuvor ein örtlicher Manager von Shearson Pullin dazu zu überreden versucht, Shearson anzuheuern, um Koppers gegen ein mögliches unfaires Übernahmeangebot zu schützen.

»Sie wollten, daß ich beim Einbrecher eine Diebstahlversicherung kaufe«, kreischte Pullin.

Schlimmer noch war: Koppers war seit vielen Jahren ein vertrauensvoller Kunde von American Express. Seine Vertreter und Führungskräfte hatten allesamt Firmenkarten von AmEx.

Der Chef von Koppers ging zum Angriff über. Er und sein Stab wußten, daß AmEx auf jede Art von schlechter Publicity sehr empfindlich reagieren würde, und so beschlossen sie, die Öffentlichkeit zu provozieren. Als erstes starteten sie eine Briefkampagne an den »Business Roundtable«. Pullin war bekannt, daß Robinson ein führendes Mitglied dieser exklusiven CEO-Vereinigung war.

»Ist das die Art, wie sich eine Investment-Bank verhalten sollte?« schrieb Pullin. Er beschuldigte Shearson und American Express unmoralischer Geschäftspraktiken. Nicht nur, daß Shearson einer ausländischen Firma helfe, ein amerikanisches Unternehmen zu schlucken, das Brokerhaus habe auch noch die Rolle eines Gangsters übernommen.

Führende Politiker in Pennsylvania fielen in den Chor der Kritiker ein. Der republikanische Senator John Heinz drohte, im Kongreß ein Gesetz einzubringen, mit dem Übernahmen verboten würden. Gouverneur Robert P. Casey schloß Shearson aus dem Kreis der Finanzberater für die geplante Emission einer Staatsanleihe in Höhe von 150 Millionen Dollar aus. Der Finanzminister von Pennsylvania, C. Davis Greene, schickte Cohen einen Brief, in dem er ihm kundtat, daß der Bundesstaat jegliche Geschäftstätigkeit mit Shearson einstelle.

Der nächste Schritt war eine öffentliche Kampagne, mit der die Medien wachgerüttelt werden sollten. Am 23. März startete Koppers vor seiner Zentrale in der Stadtmitte eine Demonstration. Mehrere hundert Angestellte und auch ortsansässige Regierungsbeamte versammelten sich auf der Straße. Viele trugen gegen AmEx gerichtete T-Shirts, auf denen eine hellrote Linie quer über der American Express Card prangte.

Roger Beidler, der PR-Chef von Koppers, rief die Leute auf, ihre AmEx-Card zu zerschneiden und sie an American Express zurückzuschicken. Seine Mitarbeiter verteilten sogar Scheren zu diesem Zweck. Chemiker von Koppers stellten eine spezielle Säure vor, »The Card Killer«, die Plastikkarten auflöste, sobald sie mit ihnen in Berührung kam.

Dieser Gegenangriff von Koppers war schmerzhaft für AmEx und für jedermann ersichtlich. Der Protest gelangte nicht nur in die Presse von Pittsburgh, sondern wurde landesweit vermerkt. Ein Bericht darüber erschien sogar in den Nachrichtensendungen der Fernsehanstalten. Die Shearson-Büros in Pittsburgh und Harrisburg wurden mit Anrufen wütender Leute bombardiert. Firmen und Privatpersonen begannen ihre Konten aufzulösen.

»Jesus, wir bekommen Haßbriefe«, beklagte sich ein Filialleiter bei Lane.

In New York kochte Robinson vor Zorn. Er rief Cohen über seine Direktverbindung an.

»Haben Sie das gesehen? Haben Sie das im Fernsehen gesehen?« schnaubte er durchs Telefon. »Diese Leute zerschneiden ihre Karten!«

»Jim«, entgegnete Cohen, »es kommt alles wieder in Ordnung.«

Sein Tonfall war zuversichtlich, fast als wolle er ein Kind beruhigen. Doch dieses Mal hörte Robinson nicht auf ihn. Es war offensichtlich, daß Cohen und seine Leute die Möglichkeit eines Rückschlages falsch eingeschätzt hatten.

»Alles Mist, Peter!« schoß Robinson zurück. »Ihr Jungs habt

eure Hausaufgaben nicht gemacht. Das ist schädlich. Ich will uns da raus haben, sofort!«

Cohen ging in die Defensive. Er warnte Robinson, daß Shearsons Ruf als M&A-Spezialist auf dem Spiel stehe. Falls er das Gebot für Koppers zurückziehe, würden Shearson und American Express schwach und unentschlossen wirken.

»Wir würden wie die Idioten dastehen«, riet Cohen zur Vorsicht.

»Idioten!« schrie Robinson. »Genau so stehen wir jetzt da.«

Robinson fürchtete, daß die Sache mit Koppers und der Rückschlag in der Provinz nur noch mehr Schaden anrichten würden.

In den folgenden Tagen setzte Robinson Cohen weiter unter Druck. *Besteht irgendeine Möglichkeit, wie wir aus der Sache rauskommen? Nein? Warum nicht?* Cohen spielte auf Zeit. Jedesmal wischte er Robinsons Argumente arrogant beiseite.

»Es wird gut ausgehen«, sagte er zu Robinson.

Seinen Mitarbeitern gegenüber beklagte sich Cohen. »Robinson treibt mich zum Wahnsinn.«

In der darauffolgenden Woche reisten Cohen, Jeffrey Lane und Hill auf Drängen Robinsons nach Pittsburgh, um rasch ein bißchen PR zu machen. Sie trafen den Bürgermeister, örtliche Bürgervereinigungen und sogar die CEOs führender Firmen aus Pittsburgh, wie etwa Alcoa und Westinghouse. Es gebe keine Entlassungen, alles laufe weiter wie bisher, versprach Cohen.

Im April war der Handel abgeschlossen. Koppers fiel an Beazer. Genau wie Cohen versprochen hatte, erwies sich Beazer als Musterbürger. Doch Robinsons Wut auf Cohen war noch nicht verraucht. Shearson und seine leitenden Manager waren nun eine Belastung, eine Bedrohung für das Image von AmEx, eine Gefahr für Robinsons Zukunft. Shearson befand sich im Chaos, und Cohen war außer Kontrolle geraten. Es war an der Zeit, sich beider zu entledigen.

Es dauerte nur wenige Wochen, und American Express gab die Absicht bekannt, seinen verbliebenen Anteil an Shearson zum überwiegenden Teil zu veräußern. Die Strategie lautete, Shearson zu »dekonsolidieren«, das heißt, den Besitzanteil von AmEx auf unter 50 Prozent zu verringern. Damit würde Shearson aus den Vierteljahresberichten von American Express verschwinden.

Von diesem Zeitpunkt an gab es zwischen Robinson und Cohen noch mehr böses Blut. Das gegenseitige Mißtrauen erreichte seinen Höhepunkt sechs Monate später, als es Shearson nicht schaffte, den Leveraged Buyout von RJR Nabisco über die Bühne zu bringen.

Trotz aller bösen Vorahnungen in bezug auf Cohen war Robinson von Anfang an scharf auf den Deal mit RJR Nabisco gewesen. Ross Johnson, der draufgängerische CEO von RJR, erklärte Robinson seinen Plan für einen LBO (Leveraged Buyout) im Wert von 18 Milliarden Dollar erstmals Ende August 1988. Damit sollte der flaue Aktienwert von RJR etwas Schwung bekommen. Und er war darauf erpicht, daß Shearson das Geschäft aushandelte. Als Mitglied des AmEx-Verwaltungsrates und Kumpel von Robinson konnte sich Johnson stets aus der Nähe über die Entwicklung von Shearson informieren. Auch hoffte er, die Strategie der Firma zu beeinflussen.

Robinson war fasziniert, und ihm lag daran, daß Shearson die Sache makelte. Er wollte nicht nur Johnson, seinem Verbündeten im Verwaltungsrat, unbedingt einen Gefallen tun, sondern die Größe des Geschäfts beeindruckte ihn tief. Es sollte der größte LBO der Geschichte werden, die Art von Firmenkauf, mit deren Hilfe Shearsons Ruf wieder hergestellt werden und auch ein bißchen Glanz auf ihn selbst abfallen konnte.

Selbst die Möglichkeit, daß andere Mitglieder des Verwaltungsrates über einen derart hochrangigen Deal die Stirn runzeln könnten, brachte Robinson nicht davon ab. Im Spätjahr 1988 waren LBOs politisch nicht mehr so leichtverdaulich wie früher. Es kam zu offenen Protesten wegen der Logik der Buyouts. Ein Unternehmen privat zu erstehen, es dann aufzusplitten und anschließend in Teilen zwecks Begleichung des Kaufbetrags zu veräußern, galt nach dem Börsenkrach nicht mehr als fein. Auch der Kongreß rümpfte darüber die Nase.

»Wenn die Sache vorangeht, wird der Handel so groß und so offensichtlich sein«, sagte Robinson zu Cohen, »daß Sie die Sache selbst leiten müssen, und ich werde hinter Ihnen stehen.«

Cohen mußte kaum überredet werden. Er war geradezu begeistert. RJR würde sich hinsichtlich der Honorare und seines eigenen Rufs satt bezahlt machen. Wenn er den Deal durchziehen konnte, würde Shearson in die Spitze der Effektenbanken katapultiert werden. Sie wäre dann die zugkräftigste Firma an der Wall Street. Cohen war dann der König der LBOs, der einzige Titel, der ihm bislang noch fehlte.

Von Anfang an gab es Probleme. Robinson verlangte jeden Morgen von Cohen oder seiner Assistentin Andrea Farace einen Bericht über den Stand der Dinge mit RJR. Und genau bei diesen Sitzungen kam es zwischen Robinson und Cohen häufig zu Meinungsverschiedenheiten hinsichtlich der einzuschlagenden Strategie. Der erste Konflikt brach wegen des Managementvertrages von Johnson aus, falls der Deal gelang. Er und seine Partner stellten Bedingungen, die sich netto auf 2,5 Milliarden Dollar belaufen konnten. Dagegen hatte Cohen entschieden etwas einzuwenden.

»Das kann es nicht sein«, sagte er zu Robinson bei einer ihrer Strategiesitzungen. »Das könnte unsere Achillesferse werden.«

Auch Robinson sprach sich dagegen aus. Doch er wollte nicht, daß Cohen den Rückzug antrat. Robinson dachte nicht daran, Johnson aufzufordern, seine Bedingungen zu ändern. Der AmEx-Chef war unnachgiebig, die Sache mußte so abgewickelt werden, wie Johnson sich das vorstellte.

»Muß ich mich persönlich darum kümmern?« fragte Robinson verärgert. »Sorgen Sie dafür, daß das sofort so gemacht wird.«

Und dann mischte auch Linda mit. Johnson heuerte Linda Robinsons PR-Firma, Robinson, Lake, Lerer & Montgomery, an, um seine Beziehung zum AmEx-Chef zu festigen. Zu Anfang hatte Cohen nichts dagegen einzuwenden, selbst als andere Führungskräfte von Shearson sich wegen ihrer Beteiligung besorgt zeigten.

Einigen von Cohens Untergebenen war Linda zu vorwitzig. Im Frühjahr 1985 hatte Cohen sich eifrigst bemüht, Ted Turner, dem König des Kabelfernsehens aus Atlanta, bei seiner beabsichtigten unerwünschten Übernahme von CBS zu helfen. Shearson hatte monatelang an der Ausarbeitung einer Strategie gearbeitet. Tatsächlich waren Cohen und Turner Freunde geworden. Turner hatte sich die äußerste Freiheit herausgenommen – nämlich Cohen »Pete« zu nennen. Cohen zuckte zusammen, sagte jedoch nichts. Shearson sollte rund 100 Millionen Dollar an Bankgebühren einsacken.

Robinson war auch begeistert gewesen, bis sich Linda einmischte. Sie lehnte eine Beteiligung von Shearson entschieden ab. »CBS ist das Establishment! Ein derartiger Deal könnte sehr schlecht ausgehen und dich alt aussehen lassen«, sagte sie zu ihrem Mann. Es verging nicht viel Zeit, und Robinson wies Cohen an, sich aus dem Handel zurückzuziehen, was einige in der Führungsetage von Shearson in Wut versetzte.

Je weiter das Geschäft mit RJR voranschritt, desto weniger beschränkte sich Linda auf die reinen PR-Aufgaben, sondern beteiligte sich aktiv an dem Deal. Sie wurde einer der wichtigsten Ratgeber Johnsons, während sie gleichzeitig, nach Meinung einiger Leute, große Publicity-Flops produzierte. Entgegen den Vorstellungen von Cohen ermutigte Linda Johnson, der Zeitschrift *Time* im November, also mitten in der Schlacht um RJR, ein großes Interview zu gewähren. Noch schlimmer war es, wie Cohen meinte, daß Linda bei dem Interview in Atlanta nicht zugegen war. Es war niemand da, der darauf hätte achten können, was Johnson sagte. Es erschien dann auch eine ausgesprochen kritische Titelgeschichte mit der Überschrift »Ein Spiel der Gier«. Später wurde weithin angenommen, dieser Artikel habe zahlreiche Mitglieder des RJR-Verwaltungsrates veranlaßt, Johnson die Unterstützung zu entziehen.

Auf dem Höhepunkt des Kampfes um die Kontrolle über das Unternehmen, als Konkurrenzgebote auftauchten, arrangierte Linda sogar ein Treffen zwischen Johnson und Henry Kravis, bei dem ein Friedensvertrag herausgeholt werden sollte. Kravis, der regierende König der LBOs in der Wall Street, gab ebenfalls ein Gebot für RJR ab, kurz nachdem Cohen sich eingeschaltet hatte. Erstaunlicherweise erfuhr Cohen nichts von diesem Treffen.

»Ich kann es nicht glauben! Ihre Frau hat mich dumm aussehen lassen«, sagte Cohen Monate später zu Robinson. »Warum, zum Teufel, haben Sie mir nichts von diesem Treffen erzählt? Warum nicht, Jim?«

Robinson antwortete nachsichtig: »Ich dachte, Sie wüßten davon, Peter.«

Am Ende gewann Kravis die Schlacht. Der Preis für RJR betrug letztlich 25 Milliarden Dollar. Durch diesen Deal war

Cohens Ruf schwer angeknackst. Als »halsabschneiderischen Strohmann« bezeichnete der Verfasser eines Beitrags in *Vanity Fair* Cohens Rolle im Spiel um RJR Monate später.

Schlimmer noch, auch für Robinson war das ein erneuter Fehlschlag. In der Öffentlichkeit hatte er sich hastig und geschickt von dem RJR-Handel distanziert und es Cohen überlassen, am Ende die ganze Schuld auf sich zu nehmen. Doch obwohl alle mit dem Finger auf Cohen zeigten, war Robinson dennoch ebenfalls zutiefst enttäuscht. Zuerst war es Hutton, dann Koppers und nun RJR. American Express sammelte nicht mehr länger Punkte, wie es zu Anfang der achtziger Jahre der Fall gewesen war. Nun hatte es den Anschein, als stolpere AmEx von einer Niederlage zur nächsten.

Die Geschichte mit Peter Cohen und Shearson war nicht die einzige Krise, die Robinson 1988 durchstehen mußte. Plötzlich erschien auch Edmond Safra wieder auf der Bildfläche.

Im Januar 1988 erteilte die Schweizer Bankenaufsicht Safra eine neue Banklizenz. Die Klagen von AmEx waren verworfen worden. Innerhalb weniger Tage nach Edmond Safras Sieg vor Gericht über American Express gab er seine Absicht bekannt, im März eine neue Bank zu eröffnen. »Jim, Safra wird uns in Europa kaputtmachen«, sagte Freeman zum AmEx-Chef. »Das ist eine äußerst gefährliche Situation. Höchst gefährlich.«

Robinson kannte die Konsequenzen nur zu gut. Monatelang hatte er über Möglichkeiten nachgedacht, wie er einen direkten Wettbewerb mit Safra vermeiden könnte. Zu einem bestimmten Zeitpunkt erwog er sogar, die Bank zu verkaufen, als Smith und zwei andere Topleute, Robert Savage und Robert Budenbender, Interesse an einem Leveraged Buyout äußerten. Smith hatte gemeint, Robinson sei dabei, die Bank zu verschleudern. Obwohl der Umfang an Einlagen gestiegen war, tat die Last der Schulden seitens der Dritten Welt TDB doch weh. 1987 mußte die AmEx-Bank zusätzlich 900 Millionen Dollar für die Rücklagen für unsichere Kredite zuschieben.

Ende Dezember erklärten Smith, Savage und Budenbender Robinson bei einem Frühstück, sie könnten die Bank über einen LBO privat erstehen, vielleicht mit einer anderen Bank zusammengehen und dann das Ganze wieder in eine Aktiengesellschaft umwandeln. Smith hatte den Plan und das Treffen sorgfältig durchdacht. Er wollte den Anschein erwecken, als habe Robinson die Idee dazu gehabt. »Achten Sie darauf, daß sich Jim nicht bedroht fühlt«, hatte Smith seinen Partnern geraten. »Machen Sie ihn glauben, es sei seine Idee.« Trotz der anfänglichen Begeisterung von Robinson brachen die Gespräche bald ab, als sich beide Seiten nicht auf einen Preis einigen konnten.

In der Zentrale von American Express in New York bemühte sich Bob Smith verzweifelt, den Schaden, den das Wiederauftauchen Safras verursachte, so gering wie möglich zu halten. Er zog Freeman zu Rate, der meinte, mit einer wirkungsvollen PR-Kampagne könne die Bank wieder besser aussehen. Diese Anweisung war von entscheidender Bedeutung.

Als er überprüfte, welche mächtigen PR-Firmen Erfahrung in Europa besäßen, stieß Smith auf Lindas Firma. Smith machte Punkte bei seinem Boß, als er Robinson Lake einen Vorschuß in Höhe von 90 000 Dollar gab. Obwohl darüber geredet wurde, dies könne einen Interessenkonflikt auslösen, hatte Robinson nichts dagegen einzuwenden. Dennoch wurde die Angelegenheit dem Verwaltungsrat vorgetragen, um jeden Anschein von Unschicklichkeit zu vermeiden. Der Verwaltungsrat vermochte keinen Konflikt zu erkennen und billigte die Anwerbung der Ehefrau des Vorsitzenden. Doch nach Meinung einiger Leute erwies sich die Strategie von Robinson Lake als wenig wirkungsvoll. Linda und ihr Partner Walter Montgomery hatten eine Kampagne entworfen, mit der die Reputation von Smith aufgepäppelt werden sollte. Sie hofften, Reporter dazu überreden zu können, günstige Artikel über die Bank zu schreiben. Ein weiterer Plan bestand darin, Beiträge für die »Op Ed«-Seite der *New York Times*, auf der sich Nichtjournalisten äußern können, zu verfassen, in der Hoffnung, dies würde Smith und der Bank zu mehr Prominenz und Glaubwürdigkeit verhelfen. Doch *The Times* zeigte keinerlei Interesse an Beiträgen von Smith, selbst nicht zu dessen Lieblingsthema über die Verschuldung der Dritten Welt. »Er wurde wieder und wieder umgeschrieben, bevor *The Times* ihn letztendlich doch ablehnte«, erinnerte sich ein Mitarbeiter, der das Projekt kannte. »Es war eine schlechte Idee, überhaupt damit anzufangen.«

Sei's drum. American Express hatte noch andere Möglichkeiten. Obwohl Safra vor Gericht gesiegt hatte, wurde Freemans

Ermittlungskampagne nie eingestellt. Selbst nachdem Susan Cantor Freeman um eine Führungsposition gebeten hatte und zur Jahresmitte 1988 in der AmEx-Bank untergebracht worden war, arbeitete sie weiter am Safra-Projekt. Als einziger in der Bank wußte Bob Smith, daß Cantor gegen Safra ermittelte. Ihm wurde erzählt, ihre Ergebnisse würden an die Schweizer Behörden weitergereicht. »Ich mischte mich nicht ein. Sie arbeitete für Freeman«, sagte Smith.

Ihre Kollegen bei der Bank hegten bald den Verdacht, Susan Cantor sei keine normale Mitarbeiterin. Sie diktierte nur hinter verschlossenen Türen. Sie kam nie mit ihren Vorgesetzten zusammen. Und Cantor behandelte Smith eher wie einen Gleichrangigen denn als Chef. »Es ging das Gerücht, sie wäre Robinsons Spionin«, erinnerte sich ein ehemaliger leitender Angestellter der AmEx-Bank.

Smith hatte lediglich die Ausgaben von Susan Cantor abzuzeichnen. Bis 1988 war das Safra-Projekt äußerst kostspielig geworden. Von 1987 bis 1988 erhielt Greco allein an Gehalt und Spesen 937 000 Dollar von American Express, sagte Freeman. Lou Gerstner vor allem regte sich eines Tages zu Anfang des Jahres 1988 auf, als Freeman sein Budget für Firmenangelegenheiten um 40 000 Dollar überzog. Freeman hatte ein Jahresbudget von 12 Millionen Dollar zur Verfügung.

»Jesus, Freeman. Was ist da los?« fragte Gerstner. »Wann wird diese Safra-Sache endlich vorbei sein?«

»Lou, ich wünschte, sie wäre morgen zu Ende«, antwortete Freeman.

Gerstner gab jedoch nach, als Freeman ihn aufklärte, daß Robinson das Projekt gebilligt habe.

Trotz der Begeisterung und der hohen Ausgaben von Freeman war Cantor nicht in der Lage, irgendeinen echten Beweis zu liefern, der auf Safras Verwicklung in den Iran-Skandal oder ein anderes schmutziges Geschäft hätte schließen lassen. Dennoch war Freeman überzeugt, daß Safra geradezu ein Meister darin war, seine Geschäfte zu verschleiern. Safra sei »definitiv verwickelt« in den Iran-Skandal, glaubte Freeman. Doch man habe gegen ihn nicht ermittelt oder ihn bloßgestellt, da er sehr enge Bande zur CIA, zum israelischen Mossad und zum französischen Geheimdienst unterhalte.

Einmal nahm Freeman Kenneth Bialkin beiseite und teilte ihm seine Überlegungen mit. Zu jener Zeit war Bialkin, ein alter

Freund von Sandy Weill, noch Anwalt bei Skadden Arps und Berater von Robinson. »Ich habe meinem Anwalt mitgeteilt, daß, falls mir irgend etwas zustößt, dies auf Grund einer Gewaltausübung seitens der Safra-Leute erfolgt«, verkündete Freeman feierlich.

In der Zwischenzeit kam Safra in Europa kaum zur Ruhe. Kurz nachdem er seine Bank aufgemacht hatte, wurde er durch eine seltsame Geschichte, die in *La Dépeche du Midi*, einer in Toulouse erscheinenden Zeitschrift, erschienen war, alarmiert. Der Artikel brachte ihn und seine Geschäftstätigkeit mit Geldwäscherei, Drogenhandel, der CIA und selbst der Iran-Affäre in Verbindung.

Im Laufe des Jahres 1988 erschienen noch mehr derartige Berichte. Im Juli tauchten in einem Beitrag von *Hoy*, einer in Lima, Peru, herausgegebenen Zeitung, ähnliche Unterstellungen auf. Dann druckte *Uno Mas Uno* in Mexico City die Mutmaßungen aus dem Artikel in *Hoy* nach. In keinem der Fälle konnten die Publikationen konkrete Beweise erbringen. Doch das war für Safra wenig tröstlich.

Schließlich veröffentlichte im August *Minute* in Paris einen Beitrag, in dem Safras Laufbahn als Geldwäscher angeblich nachgezeichnet wurde. Dieser Artikel und die vier folgenden Geschichten, die *Minute* noch nachschob, legten den Verdacht nahe, daß gegen Safra seitens des amerikanischen Senats Ermittlungen liefen. Es wurde sogar behauptet, Safra habe erhebliche Geldsummen für das Medellinkartell und den Diktator von Panama, Manuel Noriega, gewaschen. Der *Minute*-Artikel war für Safra besonders übel, da diese Publikation, die von vielen als zum rechten Flügel gehörig und antisemitisch eingestellt betrachtet wurde, von weiten Kreisen der Bevölkerung gelesen wurde.

Diese Artikel waren auch deshalb unangenehm, da Safra gerade den Verkauf von Aktien seiner neuen Firma, der Safra Republic Holding S.A., vorbereitete. Die Aktienausgabe im Herbst versprach eine der größten Erstemissionen in der Geschichte Europas zu werden. Das anhaltenden Gerede über Safras Verwicklung in schmutzige Geschäfte gefährdete den Plan zur Kapitalaufbringung.

»Edmond ist höchst besorgt«, erzählte Jeff Keil Cohen. »Wir können den Daumen nicht drauflegen, doch dahinter scheint Methode zu stecken.«

Auch Cohen hatte guten Grund, nervös zu sein. Entgegen der Wünsche zahlreicher Verwaltungsratsmitglieder von American Express hatte er sich mit Erfolg darum bemüht, daß Shearson für die Emission der Anteile an der Safra Holding als federführende Emissionsbank für die Ausschreibung fungieren durfte.

»Wofür, zum Teufel, machen wir das eigentlich?« ging ein Mitglied des AmEx-Verwaltungsrates Cohen an. »Wir bekämpfen den Kerl, während er hier arbeitet. Wir schleifen ihn vor Gericht, damit er nicht ins Geschäft kommen kann. Und nun wollen wir ihm helfen, durch den Verkauf von Aktien zu Geld zu kommen. Das hört sich doch verrückt an, absolut verrückt.«

»Grundsätzlich: Wenn wir es nicht machen, werden es eben andere tun«, entgegnete Cohen, womit er auf die gleichen Argumente zurückgriff, mit denen er bereits den Kauf von Lehman Brothers im Jahr 1984 und den Kauf von Hutton 1987 durchgesetzt hatte.

Überraschenderweise unterstützte ihn Robinson nach Kräften, der glaubte, eine Beteiligung von Shearson an einem derartig großen Geschäft werde der Firma helfen, in Europa Fuß zu fassen.

»Das ist eine goldene Gelegenheit für Shearson«, sagte Robinson. »Das ist eine Sache, bei der Shearson einfach zulangen muß.«

Ende des Sommers vermuteten Safra und seine leitenden Mitarbeiter, daß diese Art von Zeitungsartikel ganz bewußt und organisiert lanciert würden. Einige Ratgeber Safras meinten, daß American Express dafür verantwortlich sei. Die Firma besaß dafür nicht nur die notwendige globale Schlagkraft, auch die Gefühle von AmEx gegenüber Safra waren nach dem langwierigen Kampf, in dem man die neue Bankkonzession des Finanziers zu verhindern versucht hatte, allgemein bekannt.

Doch ein Beweis, daß AmEx die Finger in der Sache hatte, sollte erst Monate später gefunden werden. Zum damaligen Zeitpunkt hatte Safra *Minute* wegen Verleumdung verklagt. Zu seiner Verteidigung legte *Minute* eine Faxkopie einer 1967 im Magazin *Life* erschienenen Geschichte über die Mafia vor. Zuerst fiel den Anwälten Safras nichts weiter auf. Safra wurde darin nicht einmal erwähnt. Doch dann stach jemandem eine Fax-Nummer am oberen Rand des Blattes ins Auge. Die Zeile lautete: FEB 25 '88 21:26 AMEX CORP COMM NYC. Der Artikel war von einem Faxgerät aus der Kommunikationsabteilung von AmEx verschickt worden.

In den folgenden Monaten setzte Safra, als negative Artikel auch in amerikanischen Veröffentlichungen auftauchten, eine eigene Armee von Privatdetektiven in Marsch. Er heuerte sogar den New Yorker Rechtsanwalt Stanley Arkin an, der weitere Artikel unterbinden sollte. Arkin galt als hart und streitlustig. Er hatte mit Energie einige Leute, die im Zuge der unerlaubten Insidergeschäfte an der Wall Street angeklagt worden waren, verteidigt. Im Frühjahr waren Safras Detektive auf die Namen Greco und Cantor gestoßen.

Zuerst erwog Safra, Robinson und American Express vor Gericht zu bringen, doch er wollte die Publicity vermeiden. Statt dessen flog er im März 1989 nach New York, um die Sache mit Robinson persönlich zu klären. Beiden Seiten nahestehende Personen sagten übereinstimmend, Safra habe Robinsons Leute unverblümt bezichtigt, eine Schmutzkampagne gegen ihn zu führen.

Robinson war erstaunt. Er sagte, er werde der Sache nachgehen. Nicht einmal zwei Wochen später rief Robinson Safra an und stritt jede Beteiligung von AmEx ab. »Sie irren sich, was uns anbelangt, Edmond«, sagte er. »Wir hacken nicht weltweit auf Ihnen herum.«

Safra bebte vor Zorn. Für ihn waren die Beweise eindeutig. Entweder log Robinson, oder er hatte die Kontrolle über seine Firma verloren. Immer noch widerstrebte es Safra, die damit verbundene Publicity auf sich zu nehmen. Er forderte seine Leute auf, Alternativen vorzuschlagen, und im Mai hatte Arkin eine Idee. In seiner regelmäßigen Kolumne für das *New York Law Journal* schrieb Arkin über eine hypothetische Firma mit einem publicitybewußten CEO, der sich auf eine Schmutzkampagne eingelassen habe.

»Die Verbreitung böswilliger Gerüchte oder glatter Lügen ... kann sich sehr wohl zum strafrechtlichen Tatbestand des Betrugs summieren«, schrieb Arkin.

Die Rechtsabteilung von AmEx war wie vor den Kopf geschlagen. Der Chefjurist von AmEx, Gary Beller, telefonierte mit Bialkin, der sich zu diesem Zeitpunkt gerade geschäftlich in Jerusalem aufhielt. »Können Sie das glauben?« fragte Eller Bialkin.

»Stanley kämpft wirklich mit harten Bandagen«, antwortete Bialkin. »Doch wir müssen ein Gerichtsverfahren vermeiden.«

Nach wenigen Wochen legten Safras Anwälte AmEx ihre Beweise vor. Robinson räumte ein, es sei an der Zeit zu verhandeln. Nach einem Gespräch mit Freeman hatten sowohl Beller als auch Bialkin dem CEO von AmEx geraten, sich gütlich zu einigen. Obwohl Freeman es verneinte, vermuteten die Anwälte, daß es doch eine Schmutzkampagne gegeben habe.

»Ganz gleichgültig, wie man es betrachtet, Jim, das ist möglicherweise ein schwerer Schlag«, sagte Beller zu Robinson. »Jim, Sie müssen sich bei ihm entschuldigen. Es ist eindeutig, daß Leute, die im Namen von American Express handelten, Informationen über Safra weitergaben.«

Robinson pflichtete ihm bei. Doch er bestand darauf, daß über die Entschuldigung Stillschweigen bewahrt würde, die Medien davon nichts erfahren sollten.

In der Zwischenzeit heuerte Beller drei unabhängige Anwaltskanzleien an, die eine internationale Ermittlung überwachen sollten. Einer der Anwälte war John Martin jr., ein ehemaliger Staatsanwalt, der seine Aufmerksamkeit auf Freeman zu konzentrieren begann, dessen Safra-Projekt in der Führungsetage allgemein bekannt war. Smith, der einzige andere mögliche Drahtzieher, hatte sich im Februar 1989 in den Ruhestand zurückgezogen, nachdem AmEx-Anwälte einige seiner Finanztransaktionen zu hinterfragen begonnen hatten. Es ging unter anderem darum, daß er einen Oldtimer mit einem Scheck der AmEx-Bank bezahlt haben sollte.

Auch Cantor und Greco gerieten in Verdacht. Führungskräfte bei American Express waren der Ansicht, deren detektivische Bemühungen seien zu einer Schmutzkampagne verkommen. Cantor arbeitete weiter für AmEx, obwohl sie von vielen ihrer Kollegen geschnitten wurde.

Die eigentliche Zielscheibe der internen Untersuchung bei AmEx war allerdings Freeman. Obwohl er eine dicke Akte von Zeitungsausschnitten über Safra besaß, leugnete er, an einer Schmutzkampagne beteiligt zu sein. Doch Martin lockerte den Druck nicht. Bald glaubte Freeman, er werde zum Sündenbock aufgebaut. Robinson hatte Freeman die Teilnahme an allen Sitzungen, bei denen es um Safra ging, untersagt.

»Muß ich meinen Rücktritt einreichen?« fragte Freeman Robinson.

»Machen Sie sich keine Gedanken«, beruhigte Robinson ihn. »Sie haben nichts falsch gemacht.«

Anfang Juli arbeiteten die Rechtsanwälte von AmEx und von Safra mit Hochdruck an einer gütlichen Einigung. Safras Vertreter stimmten zuerst zu, daß die Entschuldigung geheim bleiben könne. Doch sie verlangten außerdem, daß Robinson eine umfangreiche Spende an die von Safra bevorzugten Wohltätigkeitseinrichtungen leiste. Safra wollte Robinson damit auf jeden Fall beschämen.

Robinson ging auch darauf ein. Anläßlich eines Abendessens in seiner Wohnung am 27. Juli, an dem Freeman, Rechtsanwälte von AmEx und seine Frau Linda teilnahmen, äußerte Robinson sich zuversichtlich, daß die Sache bald ausgestanden sei. Er werde noch an diesem Abend den Vertretern Safras eine Entschädigung in Höhe von 500 000 Dollar anbieten. Robinson war überzeugt, daß sie annehmen würden.

Doch als er später am Abend von seinem Treffen mit Safra zurückkehrte, war Robinson geschockt. Safra hatte, laut Freeman, 25 Millionen Dollar verlangt. Robinson hatte zugestimmt, über zwei Jahre hinweg 8 Millionen Dollar zu zahlen.

»Zumindest bleibt die Vereinbarung geheim«, sagte Robinson.

Freeman schüttelte den Kopf.

»Geheim?« fragte er ungläubig. »Warum sollten sie es geheimhalten wollen? Die ganze Idee hinter dieser Entschuldigung ist doch, sie irgendwie in die Öffentlichkeit zu bringen.«

Zwei Tage später äußerte Smith eine gleichlautende Warnung, als er Robinson in dessen Wohnung aufsuchte. Nun als Berater für AmEx tätig, schlug Smith vor, Robinson solle gegen die Vereinbarung sein Veto einlegen.

»Ich glaube, Sie sind nicht ganz bei Verstand, diese Sache gütlich beizulegen! Safra würde davor zurückschrecken, Sie zu verklagen! Diese Sache wird in allen Zeitungen stehen, Jim.«

»Nun, Bob, ich denke, das ist der beste Ausweg. Wir werden alle Erklärungen unterschreiben. Das Schreiben wird nicht veröffentlicht, Bob.«

»Ja, Jim. Ja, sicher. Ungefähr eine halbe Minute lang wird es geheim bleiben.«

In einem privaten Brief an Safra mit Datum vom 24. Juli 1989 entschuldigte sich Robinson und räumte ein, daß »gewisse Personen, die im Namen von American Express handelten, eine unerlaubte und schändliche Anstrengung unternahmen, Sie mittels der Medien zu verleumden.« Robinson stritt jede Kenntnis von der Schmutzkampagne ab.

Am nächsten Tag wurde Beller, wiederum laut Freeman, von Safras Anwälten mitgeteilt, sie müßten den Brief veröffentlichen, um die Bestimmungen der britischen Aufsichtsbehörde zu erfüllen. Nun war Robinsons öffentliche Demütigung vollständig.

Die Geschichte, der die Presse schnell das Etikett »Die Safra-Affäre« verpaßt hatte, war ein schwerer Schlag für den Ruf von American Express. Mehrere Aktionäre leiteten in der Folge Gerichtsverfahren ein. Fragen nach Robinsons Beteiligung schwirrten durch die ganze Finanzwelt. *Wie kam es, daß er davon nichts gewußt hat? Wer hat die Kontrolle?*

Am nächsten Tag, als der Verwaltungsrat und die Aktionäre auf Rache sannen, rief Robinson Freeman abends in dessen Haus an. Freeman erinnerte sich später an das Gespräch wie folgt:

»Ich glaube, Sie werden mehrere Monate lang abwesend sein müssen. Es wird weitere Ermittlungen geben«, sagte Robinson.

Der CEO von AmEx wirkte am Telefon überraschend gefühlsbetont. Er begann richtiggehend zu weinen. Als Linda merkte, daß er nicht mehr weiterreden konnte, nahm sie ihm den Hörer aus der Hand.

»Vielleicht sollten Sie herüberkommen«, flehte Linda Freeman an. »Es ist eine fürchterliche Nacht. Jim ist wegen alldem völlig zusammengebrochen. Vielleicht können Sie ihm helfen?«

Freeman vermochte seine Wut kaum zu unterdrücken. Es war alles eindeutig: Er wurde gefeuert, doch es war Robinson, dem Mitgefühl zustand. Freeman lehnte ab.

»Ich muß einige Telefonate führen«, sagte er; anschließend sprach er mit seiner Frau in Washington und danach mit seinem Rechtsanwalt. Beide gaben ihm denselben Rat. *Sie hängen dir die Sache an. Mach, daß du wegkommst.*

Am nächsten Tag teilte Freeman Robinson mit, er werde zum Jahresende in den Ruhestand treten. Im November, einen Monat vor seinem Ausscheiden, wurde Freeman informiert, daß der Verwaltungsrat beschlossen habe, ihm den Bonus in Höhe von 300000 Dollar, den er für 1989 zu erwarten hatte, nicht auszuzahlen. Robinson behauptete, der Verwaltungsrat sei noch immer wegen der Safra-Affäre verärgert.

»Ich habe mit Nachdruck darauf hingewiesen, daß sie damit einem guten Mann einen schlechten Dienst erweisen«, erklärte Robinson.

Freeman brachte kaum Mitgefühl auf. »Es zeigt sich mehr und mehr, daß ich zum Sündenbock werde.«

Ein paar Wochen danach hatte Robinson einen Ausweg gefunden. Er fand eine Möglichkeit, Freemans Aktienoption zu realisieren und schenkte ihm 7000 Anteile am AmEx-Stammkapital. Robinson willigte ferner ein, Freeman einen Vertrag zu geben, sobald dieser wieder nach Washington zog und dort eine eigene Unternehmensberatung aufzog.

Vom Jahresende 1988 bis zum Ende des Sommers 1989 vollauf mit Safra beschäftigt, hatte Robinson Cohen und Shearson nicht besonders scharf im Auge behalten. Aber das sollte sich nun ändern. Robinson schob nach wie vor die Schuld an dem mißlungenen Deal mit RJR Nabisco auf Cohen. Und schließlich war da noch die freundschaftliche Beziehung Cohens zu Safra, dem Erzfeind von American Express. Vormals hatte Robinson diese Freundschaft als Pluspunkt empfunden, nun war sie eine Belastung.

Bei Shearson fragten sich die Untergebenen, ob ihr Boß wohl noch lange unter ihnen weilen würde. In den Fluren ebenso wie in der Herrentoilette, überall hörte man das gleiche. *Peter paßt besser auf seinen Arsch auf.*

Cohen war nicht länger das »Wunderkind«. Seit dem Rekordjahr 1986 sank Shearsons Stern immer mehr. Die Gewinne hatten sich um 88 Prozent im Vergleich zu ihrem Höchststand verringert. Die freigehandelten Aktien von Shearson sackten ab. Die Firma wurde nur noch, grob gerechnet, für die Hälfte ihres Höchststandes von 34 Dollar gehandelt, den sie im April 1987 erreicht hatte.

Shearson benötigte dringendst eine Kapitalspritze. Cohen beschwor Robinson, mit dem Rückkauf der Anteile zu beginnen, die AmEx vor längerer Zeit abgestoßen hatte. Das sei ein Zeichen der Zuversicht und würde ihm, Cohen, ermöglichen, etwas Bargeld aufzutreiben. Robinson lehnte ab. Da nur eine geringe Wahrscheinlichkeit bestand, daß die Wall Street sich voll erholen würde, sah für Shearson die Zukunft düster aus.

Der Großteil der begabten Leute von Shearson verließ das sinkende Schiff. Peter Solomon, der Spitzen-Handelsbanker, gründete eine eigene Firma. Ebenso Dan Good, der zum großen Teil die großen Geschäfte von Shearson an Land gezogen hatte.

Die Presse hatte die Jagd auf Cohen eröffnet. Erste negative Überprüfungen erschienen kurz nach dem Ende der Sache mit RJR Nabisco. Doch anstatt wieder abzuflauen, nahm die Kritik noch an Intensität zu. In einem Artikel mit der Überschrift »Das Peter-Prinzip« behauptete der *Forbes*-Autor Joe Queenan, Cohen seien die Schuhe von Sandy Weill eine Nummer zu groß. Andere stellten ähnliche Fragen. Es dauerte nicht lange, und Cohen begann zu glauben, es sei jemand am Werk, der ihn in der Presse in ein schlechtes Licht rücke. Schließlich hatte Cohen Linda Robinson im Verdacht.

Auch Robinson benahm sich ihm gegenüber immer kühler und zurückhaltender. Der AmEx-Chef, ein Meister in solchen Dingen, ging rasch daran, sich von Cohen zu distanzieren. Sie wurden nicht mehr bei gesellschaftlichen Anlässen zusammen gesehen. Dieses Mal war es Robinson, der nach Telefonanrufen von Cohen nicht zurückrief. Es war Robinson, der keine Zeit für ein Treffen hatte. Des öfteren äußerte sich der AmEx-Chef gegenüber anderen Führungsleuten besorgt über Cohen. *Peter steht stark unter Streß. Sieht Peter nicht erschöpft aus? Ich mache mir Sorgen um Peters Gesundheit.*

Eine Zeitlang kursierte das Gerücht, Robinson wolle Cohen ersetzen. Bot Cohen sogar an, im Frühjahr 1989 zurückzutreten. Als er Robinsons wachsende Unzufriedenheit mit seiner Leistung spürte, fühlte sich Cohen ausgebrannt und zutiefst niedergeschlagen. Doch der AmEx-Chef wollte davon nichts hören. »Ich brauche Sie hier«, sagte Robinson. Als dann die Geschichte mit Safra auf vollen Touren lief, brauchte Robinson Cohen, um die Sache mit dessen altem Freund Edmond hinzubiegen.

Cohens Überleben wurde außerdem dadurch gesichert, daß das Schicksal Gerstners eine Wende nahm. Bis zum Jahresende 1988 hatten Robinson und der Verwaltungsrat Gerstner mehrfach beruhigt, er werde spätestens 1991 die Leitung von American Express übernehmen. Robinson war ziemlich optimistisch, nach dem Sieg von George Bush eine Position im Kabinett zu bekommen. Gerstner war der perfekte Nachfolger. Doch Robinsons Ernennung erfolgte nicht. Baker war noch immer wütend auf Robinson wegen seines Exkurses in politischen Fragen im vergangenen Jahr. Bush entschied, Nicholas Brady auf seinem Posten als Finanzminister zu belassen. Der Job im Handelsministerium ging an Robert Mosbacher, einen Öltycoon aus Texas, ein enger Freund von Bush.

Gerstner wurde im stillen informiert, daß Robinson weiterhin bei AmEx bleibe. Er war wütend. Ende 1988 hatte er bereits angefangen, sich nach einem anderen Job umzusehen. Verschiedentlich galt er als ernsthafter Kandidat für die Spitzenpositionen bei United Air Lines und Pillsbury. Ironischerweise nahm Gerstner schließlich das Angebot von Henry Kravis an, RJR Nabisco zu leiten. Sein Gehalt sollte angeblich in fünf Jahren 28 Millionen Dollar betragen.

Robinson war am Freitag, dem 10. März 1989, in Washington, als er davon erfuhr. Gerstner teilte ihm in nüchternem Ton telefonisch mit, daß er gehe. Und zwar auf der Stelle. Es gebe keine Kündigungsfrist, keine Verzögerung, sagte Gerstner.

Obwohl er erwartet hatte, daß Gerstner ausscheiden würde, war Robinson von der Plötzlichkeit des Abgangs doch wie vom Donner gerührt. Gerstner war der Leitstern hinter TRS gewesen, der Mann, dem der größte Teil des Erfolgs mit der Karte zu verdanken war. Und nun war er weg. Selbst Safra hatte Robinson zwei Monate vor seinem Ausscheiden eine Vorwarnung zukommen lassen.

Robinson war nervös. Er mochte keine Überraschungen, und es blieb ihm keine Zeit für eine Schadensbegrenzung. Was war mit dem Markt? Was mit dem Verwaltungsrat? Was mit einem Nachfolger? Am Freitagnachmittag sickerten Gerüchte über Gerstners Weggang durch. Am späten Nachmittag erhielt Freeman Anrufe von den Presseleuten von RJR Nabisco in Atlanta. Auch Reporter riefen bereits an.

Am Wochenende bastelten die hohen Tiere von AmEx hastig eine Presseerklärung zusammen, mit der Gerstners Rücktritt bekanntgegeben wurde. Aldo Papone sollte ihm als Leiter von TRS nachfolgen. Ein Jahr später sollte Papone aus gesundheitlichen Gründen in den Ruhestand gehen und durch die beiden AmEx-Veteranen Edwin M. Cooperman und G. Richard Thoman ersetzt werden. Robinson lehnte es ab, einen neuen Präsidenten zu ernennen. Tatsächlich wurde diese Position erst im September 1991 neu besetzt.

Nach Gerstners Ausscheiden glaubte Cohen, nach Aussagen von Kollegen, für kurze Zeit, er habe Chancen auf den Präsidentenstuhl. Er schien wieder voll bei der Sache zu sein. »Wir werden sehen, wir werden sehen«, antwortete er seinen Mitarbeitern, wenn sie zu ihm sagten, logischerweise komme er dafür in Frage. Doch er erhielt nie ein Angebot. Und Cohens Verzweiflung wuchs.

Mitte März machten Cohen und seine Frau Karen Urlaub mit einem befreundeten Ehepaar, Tom Strauss, dem Präsidenten von Salomon Brothers, und dessen Frau Bonnie. Die vier hatten schon häufig die Ferien zusammen verbracht, waren in Palm Beach, aber auch in Paris gewesen. Diesmal unternahmen sie eine Safari in Kenia.

Als er Ende März zurückkam, befand sich Cohen in noch schlechterer Verfassung. Mit seinem Vollbart, dem ersten seit seiner Collegezeit, wirkte Cohen zerstreut. Bei der Arbeit schloß er häufig die großen Doppeltüren zu seinem Büro. Bis dahin hatte Cohen stets die Türen weit offen gelassen. Es war gut für die Moral gewesen, den Boß bei der Arbeit zu sehen.

Er hatte nie besonders viel getrunken, nicht einmal in Gesellschaft, doch nun zog Cohen sich gelegentlich mit einem Styroporbecher, der zur Hälfte mit Scotch gefüllt war, in sein Büro zurück. Zwar war er nie betrunken, doch für seine Mannschaft war es dennoch bestürzend, dies mit anzusehen.

»Peter, was soll das?« fragte einer von ihnen. Cohen entgegnete müde: »Es hilft mir, mich zu entspannen.«

Nach Aussage verschiedener Kollegen entschloß sich Cohen, einen Psychiater aufzusuchen und erhielt ein Rezept für ein Mittel gegen Beklemmungen.

Im April war Cohen dann total ausgelaugt und hatte genug vom Kampf – dem Kampf gegen Robinson, gegen den AmEx-Verwaltungsrat, gegen seine Untergebenen. Als es mit Shearson weiter bergab ging, fing er an, seinen Stab dafür verantwortlich zu machen. »Wir müssen die Kosten senken«, schrie er bei den allwöchentlichen Strategiesitzungen. »Wir brauchen einen verdammten Plan, um den Prozeß umzukehren.«

Von Cohens Wutausbrüchen wurde niemand verschont, nicht einmal sein Freund Lane. Cohen hatte Lane für einen der Begabtesten bei Shearson gehalten. Er bewunderte besonders die Art und Weise, wie Lane mit den Entwicklungen an der Wall Street auf dem laufenden blieb, gleichgültig wie unwichtig sie auch waren. Cohen und seine Frau schenkten Lane einmal einen alten Staubsauger zum Geburtstag als Anerkennung für seine Fähigkeit, allen Klatsch und Tratsch aufzusaugen.

Jetzt sah Cohen die Talente von Lane zunehmend nüchterner. Ein für Cohen und Robinson besonders bestürzender Vorfall ereignete sich im Dezember 1988, als eine interne Untersuchung Beweise aufdeckte für »Buchhaltungsfehler« bei The Boston Company, Shearsons vielgepriesenem Geldmanagement-Haus. In dem Versuch, sich bei der Zentrale lieb Kind zu machen, hatte James von Germeten, der Präsident von The Boston Company, die Vorsteuererträge der Tochtergesellschaft für das Jahr 1988 um 30 Millionen Dollar zu hoch angesetzt. Er wurde prompt gefeuert. Anschließend schieden zwei weitere Führungskräfte aus.

»Jeffrey läßt mich im Stich«, beklagte sich Cohen bei seinen Kollegen in der Wall Street.

Im November degradierte Cohen Lane vom Präsidenten bei Shearson zum Geschäftsführer der Geldmanagement-Firma. Lane reichte noch vor Jahresende die Kündigung ein.

Bei Shearson machte der Tratsch die Runde, daß Cohens Sekretärin Ellen Donnelly für Robinson spioniere.

Sechs Monate später verstärkten sich die Verdachtsmomente, als E. Donnelly ausschied und ein Abfindungspaket in Höhe von 200 000 Dollar erhielt.

Bis zum Herbst hatte Shearson Entlassungen und Budgetkürzungen durchgeführt. Doch nichts vermochte das Ausbluten der Firma zu stoppen.

Privat stand Cohen unter demselben Druck. Die erbarmungslose Bombardierung durch die Presse machte langsam auch seiner Frau zu schaffen. Im Anschluß an einen sehr wenig schmeichelhaften Artikel in der relativ unbekannten Zeitschrift *Quest* rief Karen die Verfasserin Hope Lampert an und verlangte ein Treffen. »Ich möchte wissen, warum niemand meinen Mann mag«, fragte sie die Lampert. Als Cohen davon Wind bekam, zwang er Karen, das Treffen abzusagen.

Kurz darauf schrieb Cohens siebzehnjährige Tochter Lauren der Lampert einen Brief, in dem sie nahezu dieselben Fragen stellte, die auch ihrer Mutter auf der Zunge gelegen hatten. Die negativen Zeitungsartikel »zerstören mein Leben«, schrieb Lauren.

Cohen fühlte sich zunehmend einsamer und isolierter. Bei früheren Krisen hatte Cohen oft den Rat seines Vaters gesucht. Sidney Cohen war für seinen Sohn während dessen Wall-Street-Karriere Freund und Beichtvater gewesen. 1987 war er gestorben. Zwar hatte ihn der Tod des Vaters damals schon sehr getroffen, doch erst jetzt vermochte Cohen die Tiefe des Verlusts zu ermessen.

Gegen Ende des Jahres 1989 war nicht mehr zu übersehen, daß Shearson geradewegs auf eine Katastrophe zusteuerte. Die Verluste stiegen an und fraßen das Kapital der Firma auf. Die höchst einflußreichen Bond-Rating-Agenturen an der Wall Street begannen Fragen zu stellen. In Briefen, Telefonaten und Sitzungen hinter verschlossenen Türen warnten Vertreter von Moody's Investors Services, daß die Kreditwürdigkeit von Shearson herabgesetzt werde, falls die finanzielle Lage der Firma nicht abgestützt werde – möglichst durch eine Rieseninvestition seitens des Mutterunternehmens. Schließlich setzte Moody's Shearson auf seine »Beobachtungsliste« für Firmen, deren Kreditbewertungen auf eine mögliche Herabsetzung überprüft werden.

Das finanzielle Ausbluten von Shearson warf sogar ernsthafte Fragen nach dem finanziellen Fundament von American Express auf. Nahezu täglich berichtete das *Wall Street Journal* über die sich verschlimmernden Wehwehchen des Brokerhauses. Dieses starke öffentliche Interesse tat den Aktien von American Express nicht gut. Der Wert der Aktien näherte sich bereits dem Handelspreis von vor fünf Jahren. Die Aktionäre rebellierten. Sogar die gewöhnlich entgegenkommenden Direktoren machten Robinson zunehmend die Hölle heiß. Sie verlangten nach einer Lösung.

Cohen hatte monatelang an einem eigenen Plan zur Kapitalaufstockung gearbeitet – Project Spring (Projekt Frühjahr) hatte er ihn optimistisch genannt. Er beabsichtigte, mehr Aktien für den freien Verkehr auszugeben und so das Kapital von Shearson aufzufrischen. Er führte seinen Plan nie durch. Und Robinson konnte nicht mehr länger warten.

Der AmEx-Chef wurde wirkungsvoll daran gehindert, die noch verbliebenen Firmenanteile an Shearson zu verkaufen. Wenn der Anteil von AmEx an dem Brokerhaus unter 40 Prozent fiel, hatte Nippon das Recht, seine Shearson-Anteile an American Express wieder zu verkaufen – zum ursprünglichen Preis von 34 Dollar je Aktie. Zu jenem Zeitpunkt standen die Shearson-Aktien unter 20 Dollar.

Robinson suchte verzweifelt nach einem Partner. Er hatte sogar auf ein Geschäft mit der First Executive Corporation gedrängt. Es spielte keine Rolle, daß diese Versicherungsgesellschaft aus Los Angeles in ihren Büchern Junk-Bonds im Wert von über 3 Milliarden Dollar stehen hatte. Der AmEx-Verwaltungsrat sträubte sich gegen diesen Vorschlag.

»Sie meinen dieses Miststück?« knurrte das Verwaltungsratsmitglied Richard M. Furland, der Präsident von Bristol-Myers Squibb, als Robinson den Vorschlag unterbreitete.

Als nächstes wandte sich Robinson an Ronald O. Perelman. Als erfahrener, mit allen Wassern gewaschener AG-Spekulant hatte sich Perelman einige Jahre zuvor selbst zum CEO von Revlon ernannt, nachdem er den Leveraged Buyout der riesigen Kosmetikfirma federführend geleitet hatte. Doch ihn zog es noch immer an die Wall Street. Erst zwei Jahre zuvor hatte er sich vergeblich bei Salomon Brothers Inc. beworben.

Als enger Freund von Robinson und dessen Frau Linda, die im Verwaltungsrat von Revlon saß, bot Perelman an, 250 Millionen Dollar in Shearson zu investieren. Den ganzen November hindurch fanden Gespräche statt. Die Robinsons verbrachten sogar zwei Wochenenden hintereinander auf Perelmans Anwesen in East Hampton, wo sie die Einzelheiten aushandelten. Ein Deal schien einfach, und Robinson hatte das Gefühl, er könne seinen Kopf so aus der Schlinge ziehen.

Doch die Investmentbankiers von Shearson reagierten entsetzt. Sich mit einem bekannten Raider wie Perelman zusammenzutun, werde ihre Firmenkunden vergraulen, behaupteten sie. Viele drohten mit der Kündigung.

Cohen allerdings blieb überraschend passiv. Auch er war der Ansicht, ein Geschäft mit Perelman würde Shearsons Glaubwürdigkeit zerstören. Doch er fürchtete, eine Auseinandersetzung mit Robinson über diesen Punkt würde ihn den Job kosten.

»Wir sollten uns darüber unterhalten«, sagte Cohen zu Robinson.

Wie sich herausstellte, sollte die Zeit dazu nicht reichen. Robinson hatte gehofft, die Verhandlungen geheimhalten und so eine Massenabwanderung bei Shearson und eine negative Reaktion von anderen Shearson-Aktionären verhindern zu können. Doch innerhalb weniger Tage hatte *The New York Times* Wind von der Geschichte bekommen.

Als ein Reporter Robinson telefonisch um einen Kommentar dazu bat, geriet der AmEx-CEO in Rage. Er glaubte, Cohen habe die Sache mit Absicht ausgeplaudert, um den Deal platzen zu lassen. Unmittelbar nach dem Gespräch mit dem *Times*-Reporter rief er Cohen zu Hause an.

»Jim, das war ich nicht«, sagte Cohen.

»Verflucht, Peter, ich weiß, daß Sie es waren«, schrie Robinson. »Damit ist alles vermasselt!«

Der Artikel in der *Times* erschien am 7. Dezember. Natürlich endeten mit diesem Tag auch die Verhandlungen mit Perelman.

Nur Tage später legte Cohen einen Alternativplan zur Rettung von Shearson vor. Eine Zweitplazierung von Shearson-Stammaktien zu 14 Dollar je Aktie könne die 250 Millionen Dollar einbringen, die Perelman geboten hatte, beharrte er.

Der Plan war nicht sehr realitätsnah. Die Öffentlichkeit hatte keinen erkennbaren Appetit auf mehr Shearson-Aktien. Der gnadenlose Niedergang der Aktien hatte sich auch das Jahr 1989 hindurch fortgesetzt. Anfang 1990 waren sie auf einen Tiefstand von 10 Dollar abgesackt, auf nahezu ein Drittel des Wertes, auf dem sie nach dem Börsenkrach gestanden hatten.

Dennoch billigte Robinson Cohens Plan. Die Offerte wurde am 14. Dezember bekanntgegeben. In der Öffentlichkeit warb Robinson sogar dafür, als Cohen zu einer dreiwöchigen Besuchsreise bei institutionellen Anlegern in den Vereinigten Staaten und Europa aufbrach. Tief im Innern muß der CEO von AmEx allerdings gelacht haben. Zumindest hatte er Cohen vom Hals. Das war seine Chance, in Sachen Shearson etwas zu unternehmen.

12

Primerica und der Preis der Eitelkeit

Nun, da Cohen weit vom Schuß war, machte sich Robinson an die Arbeit. Eines wußte der AmEx-Chef: Von Perelman einmal abgesehen, würde es schwierig werden, einen Käufer zu finden, der genug Interesse aufbrachte, daß er auch bereitwillig die Probleme von Shearson in Kauf nehmen würde. Die Wall Street hatte sich eine Abmagerungskur verordnet. Alle Firmen gingen daran abzuspecken. Shearson aber hatte damit noch keineswegs begonnen. Und trotzdem, so glaubte Robinson, gab es einen möglichen Käufer, einen alten Bekannten, der schwach wurde, sobald es um Firmenkäufe ging: Sandy Weill.

Wie der Zufall es wollte, hatte Weill Mitte Januar 1990 bei Robinson angerufen und sich erkundigt, wie das Geschäft laufe. Die beiden plauderten des öfteren miteinander über das Geschäft, denn Weill mochte derartige Gespräche, und er fand sie zudem nützlich.

1988 hatte Weill Primerica erworben und war damit auf einen Schlag wieder in der Wall Street aktiv geworden. Primerica war ein höchst rentabler Finanzkonzern, dem es allerdings noch merklich an Vornehmheit mangelte. Rund 95 Prozent der Firmenerträge entfielen auf Allerweltsprodukte wie Autofinanzierung und Mobile-home-Hypotheken, die Commercial Credit, die Finanzierungstochter, anbot. Und das Brokerhaus von Primerica, Smith Barney, Harris Upham & Co. Inc., wurde von den Branchengrößen wie Merrill Lynch weit auf die hinteren Plätze verwiesen.

Robinson erzählte des langen und breiten von Shearsons Wehwehchen, und Weill hörte ihm aufmerksam zu. Er äußerte Mitgefühl, als Robinson sich über die jüngsten Seitenhiebe der Finanzpresse beklagte und über die mißtrauischen Kommentare, die Wertpapierspekulanten ausgestreut hatten. Er fragte, wann die Krise wohl ausgestanden sei. Dann verblüffte Robinson Weill mit einer Frage:

»Vielleicht sollten wir etwas mit Ihnen zusammen machen. Sind Sie an einer Unterhaltung interessiert?«

Weill am anderen Ende schwieg. Er war sich nicht sicher, ob Robinson scherzte oder es ernst meinte. Von Zeit zu Zeit hatte er an eine Zusammenlegung von Shearson mit Smith Barney gedacht. Doch er glaubte nicht, daß Robinson sich auf etwas derart Radikales einlassen würde.

»Hört sich gut an. Reden wir«, antwortete Weill rasch.

Robinson verlor keine Zeit. Er wies Clark, seine rechte Hand, an, die Shearson-Zahlen genau zu prüfen, und zwar mit der Erklärung, AmEx könne eventuell etwas mit Weill austüfteln. Die Unterredungen mit Weill mußten vertraulich behandelt werden. Er wollte nicht noch einmal das gleiche wie bei Perelman erleben.

Zum Wochenende des 27./28. Januar, an dem die Super Bowl ausgespielt wurde, waren American Express und Primerica soweit, ernsthafte Verhandlungen zu führen. Es war ein geschäftiges Wochenende für Shearson. Da Moody's und Standard & Poor's so starken Druck ausübten, hatte Robert Druskin, der Finanzchef von Shearson, den Auftrag, irgendwie mehr Kapital in der Firmenbilanz vorzuweisen zum Beweis dafür, daß Shearson noch Reserven besäße, auf die man zurückgreifen könne. Die Kreditbewertungsagenturen waren nicht überzeugt, daß Shearson über ausreichend Barmittel verfüge, um seine Schuldverschreibungen einlösen zu können. Shearson hatte Aktivposten im Wert von nahezu 80 Milliarden Dollar in den Büchern stehen, doch nicht einmal eine Milliarde Dollar in flüssigem Kapital und anderen liquiden Posten, die sich zu Geld machen ließen. Druskin hatte fast stündlich die finanzielle Lage von Shearson aufgezeichnet und war sicher, er könne irgendwo noch einige zusätzliche Millionen auftreiben. Er hatte sich an diese Notfallsituation mittlerweile gewöhnt. Während der Woche hatte sich sein bisher zehnstündiger Arbeitstag auf fünfzehn Stunden pro Tag ausgedehnt. Auch Wochenendarbeit war für ihn nichts Neues mehr.

Mit vierundvierzig Jahren galt Druskin bei Shearson als langjähriger Mitarbeiter. Er gehörte zu den Veteranen, die seit den Tagen von Sandy Weill für die Firma tätig waren. Mit seinem dicken braunen Schnauzbart und dem Gesicht mit den harten Zügen war Druskin als der beste Zahlenkünstler in der Firma geachtet. Er war ruhig, konzentriert und an Unternehmenspolitik nicht sonderlich interessiert. Das machte ihn bei Shearson zu einem Sonderling, da unter Cohens spannungsgeladener Führung Verleumdung und Machtkämpfe zum allgemeinen Zeitvertreib geworden waren. Es brachte ihm aber auch bei AmEx Anerkennung ein. Nur eine Handvoll von Führungsleuten bei AmEx wußten über die Gespräche mit Primerica Bescheid. Keiner von ihnen kannte sich so gut aus wie Druskin, was die Finanzen von Shearson anlangte. Sie benötigten mindestens eine Person, die Shearson gut kannte und ihnen bei dem Geschäft unter die Arme greifen konnte. Und diese Person war Druskin.

Es war bereits Abend geworden, als ein erschöpfter Druskin an diesem Samstag seine Akten zusammenräumte und gerade nach Hause nach New Jersey fahren wollte, als Clark ihn beiseite nahm.

»Bringen Sie morgen einen Anzug mit, Bob. Sie werden bei der Verwaltungsratssitzung auftreten«, sagte Clark.

Nichts Neues, dachte Druskin bei sich. *Ich werde wieder einmal ausgequetscht.* Das hatte er bereits ein halbes dutzendmal hinter sich. Der Verwaltungsrat würde ihn über die Zahlen von Shearson ausfragen, seine Besorgnis kundtun und ihn wieder heimschicken.

Wie befohlen, meldete sich Druskin am Sonntagmorgen bei Shearson zur Arbeit, einen dunkelblauen Anzug hatte er bei sich. Clark und Druskin arbeiteten bis zum frühen Nachmittag durch. Sie hatten gerade die gesamten 400 Millionen Dollar an Aktivposten aufgespürt, die sie den Bond-Rating-Agenturen vorzeigen mußten. Dann schlug Clark eine Pause vor. Sie gingen nach unten, um in einem der Straßencafés beim World Financial Center ein paar Hamburger zu verspeisen. Dort verriet Clark, daß es eine kleine Änderung im Terminplan gebe. Vor der Verwaltungsratssitzung wolle Robinson kurz mit Druskin in den Kanzleiräumen von Skadden Arps über Shearson sprechen.

Nach dem Mittagessen warf sich Druskin in seinen Anzug. Er griff sich das Bündel vertraulicher Unterlagen über die Shearson-Finanzen und folgte Clark nach unten in eine schwarze Firmenlimousine.

Als der Wagen durch die leeren Straßen Manhattans schaukelte, wandte sich Clark an Druskin und ließ die Bombe platzen.

»Ich habe Ihnen nicht die ganze Wahrheit gesagt«, gestand Clark.

Druskin warf ihm einen verblüfften Blick zu. *Die ganze Wahrheit über was?* fragte er sich.

»Sie sind der einzige, der es erfährt«, sagte Clark, wobei er Druskin direkt in die Augen sah und betonte: »Und Sie dürfen es niemandem erzählen, in Ordnung?«

Druskin nickte. »Okay, um was geht es?«

»Wir reden mit Sandy Weill über eine Fusion von Shearson mit Smith Barney«, sagte Clark.

Druskin schwieg. Erst in diesem Moment erfuhr überhaupt einer der Leute Shearsons etwas von dem Deal.

Als die beiden ihren Bestimmungsort erreichten, war Druskin wieder ein bißchen munterer. Er gab Robinson rasch einen Überblick über die Ergebnisse seiner Wochenendarbeit. »Gute Arbeit, Bob«, sagte Robinson. Doch es gab noch etwas, das Druskin tun sollte. Robinson fragte Druskin, ob Clark ihn aufgeklärt habe, was gerade vor sich gehe. Druskin nickte.

»Dann gehen Sie zu Primerica. Sprechen Sie mit Sandy«, sagte Robinson.

Dem CEO von AmEx war nicht wohl bei dem Gedanken, die Probleme von Shearson mit jemandem, der so erfahren und gründlich war wie Weill, bereden zu müssen. Und er wußte, daß Druskin und Weill eine ganze Menge Achtung voreinander hatten. Das würde dem Geschäft nur zugute kommen.

Einige Minuten später saß Druskin in den Büroräumen von Primerica. Weill begrüßte ihn mit einer herzlichen Umarmung. Weill hatte Druskin Anfang der siebziger Jahre noch für die alte Firma Shearson Hammill angeworben und freute sich, den langjährigen Freund zu sehen. Druskin setzte Weill über den Stand der Dinge in Kenntnis und beantwortete in den folgenden drei Stunden eine scheinbar endlose Liste von Fragen. Weills Informationen über Shearson waren ausgezeichnet. Seine Fragen trafen den Kern. Als sie fertig waren, drückte Weill Druskin herzlich und strahlend die Hand.

»Bob, ich freue mich wirklich, daß wir wieder zusammenarbeiten werden«, sagte Weill.

Genau auf diese Art der Zuneigung hatte Robinson bei Weill gesetzt. Viele von Weills Freunden und Kollegen waren der Ansicht, daß er den damaligen Verkauf von Shearson an American Express bereute. Robinson setzte darauf, daß Weills gefühlsmäßige Bindungen noch stark genug waren, das Geschäft durchzuziehen.

Weills Begeisterung für Shearson war kein Geheimnis. Man nannte Primerica »Shearson-Nord«, da Weill so viele Führungskräfte von Shearson abgeworben hatte. Sowohl Weills Sohn wie auch seine Tochter arbeiteten in der Vermögensverwaltungsfirma von Shearson, und sogar sein dreiundachtzigjähriger Vater Mac war noch in der Filiale des Brokerhauses in Miami auf Teilzeitbasis tätig.

Für Weill war das Geschäft verlockend. Mit sechsundfünfzig Jahren hatte er sich den Ruf, einer der Großen an der Wall Street zu sein, aufgebaut, ihn verloren, und nun erstand er wieder auf. Wenn er die Kontrolle über Shearson erlangen konnte, war er mit Sicherheit erneut ganz oben. Shearson war sein Baby, vielleicht der größte Erfolg seines Lebens. Und nun war er drauf und dran, sich die Firma erneut zu schnappen, bevor ihr AmEx noch mehr Schaden zufügen konnte.

Seit er 1985 bei AmEx ausgeschieden war, war Weill ständig von einer verpaßten Gelegenheit zur nächsten gestolpert, hatte es nie geschafft, seinen ursprünglichen Erfolg mit Shearson auch nur annähernd zu wiederholen. Bei einer besonders schmerzlichen und weithin bekanntgewordenen Gelegenheit im März 1986 hatte Weill einen ausgefuchsten Finanzierungsplan ausgearbeitet, mit dem der in Schwierigkeiten geratenen Bank of America eine Kapitalspritze in Höhe von einer Milliarde Dollar ermöglicht werden sollte. Als Gegenleistung sollte er die Kontrolle über die riesige Bank aus San Francisco übernehmen. Doch die Bankdirektoren sprachen sich einstimmig gegen den von Weill vorgeschlagenen Plan aus. Statt dessen entschieden sie, selbst das Kapital aufzutreiben. Diese Niederlage tat Weill weh.

Mit dem Kauf von Primerica im Jahr 1988 unternahm Weill seinen ersten großen Schritt zurück an die Wall Street. Doch er kam nur sehr langsam voran. Smith Barney hatte sich zwar den Ruf eines schlauen Bondhandelshauses erworben, doch gemessen an den Standards der Wall Street war die Firma noch kümmerlich. Was das Geschäft mit privaten Aktienanlegern anging, hinkte Smith Barney hinter den anderen her.

Und was das Effektengeschäft betraf, galt das Brokerhaus von Primerica nur als chronischer Mitläufer. Goldman, Sachs & Co. und Morgan Stanley schöpften das feinste Geschäft ab. Sie waren die Lieblinge der Fortune 500. Was noch übrigblieb, waren recht kleine Krümel. Supermärkte, Discounter und die gelegentlichen Fusionen von Einzelhandelsketten bildeten den Großteil des Restgeschäfts. Und selbst da hatte Smith Barney noch Probleme, gegenüber der Konkurrenz zu bestehen. Ende 1989 war nicht einmal klar, ob sich Primerica als Emissionshaus qualifizieren konnte.

Der Kauf von Shearson konnte Weill wieder an die Spitze bringen. Nachdem er im Laufe der Jahre eine Reihe von Firmen erstanden hatte, die in Schwierigkeiten steckten, hatte Weill den Dreh raus, wie man Problemfirmen rettet. Durch Kürzung der Ausgaben, Personaleinsparung und Abschaffung der kleineren Sondervergütungen war es Weill gelungen, noch aus einigen der schlimmsten Wracks, die die Wall Street jemals gesehen hatte, Profite herauszuholen. Weill war zuversichtlich, daß er Shearson auf ähnliche Weise retten könne.

»Wir alle haben diesen Punkt heftig diskutiert«, sagte ein geschäftsführender Direktor von Primerica. »Wir wollten sichergehen, daß wir das Ganze nicht aus rein selbstsüchtigen und persönlichen Gründen unternahmen.«

Der Deal, den Robinson Weill anbot, war einfach genug, das, was an der Wall Street als »simpel gestrickt« bezeichnet wird. AmEx würde Shearson mit Smith Barney, Harris Upham & Co. fusionieren. Die Firmen würden jeweils 40 Prozent der Anteile an dem neuen Unternehmen halten, während das verbliebene Aktienpaket der Nippon Life Insurance Company verkauft werden sollte. Der Versicherungsriese aus Tokio besaß noch immer einen 13prozentigen Anteil an Shearson, den er 1987 erworben hatte, und die Japaner hatten durchblicken lassen, daß sie an einem Fortbestand der Geschäftsbeziehung interessiert seien.

Durch die Zusammenlegung würde ein neuer Finanzriese entstehen. Mit 14 000 Börsenmaklern und einer 3000 Mann starken Legion von Investmentbankern würde der Konzern Shearson-Smith-Barney die Wall Street beherrschen. Für Robinson hatte sich ein noch größerer Vorteil ergeben: Die Beteiligung von AmEx an Shearson würde von 61 auf 40 Prozent sinken, womit Robinson Shearson aus den Firmenbüchern hätte streichen können. Von nun an hätte American Express nur noch eine Minderheitsbeteiligung, die kaum noch die eigene Ertragslage beeinflussen würde.

Zunächst sah es danach aus, daß man an diesem Super-Bowl-Wochenende zu einer raschen Einigung kommen könnte. Nachdem Weill Druskin ausgequetscht hatte, begannen die Gespräche zwischen Weill und Robinson. Es wurde vereinbart, daß Robinson Shearson anbieten würde, während Primerica Smith Barney beisteuerte. Weill würde der CEO der neuen Firma, und ihm würde Frank Zarb, der Chef von Smith Barney, als Präsident unterstellt.

Dann wandten sich die Verhandlungen der Geldfrage zu. Zwischen Robinson und Weill entbrannte ein Streit über die möglichen Verbindlichkeiten von Shearson. An diesem Punkt gerieten die Verhandlungen ins Stocken. Den größten Anlaß zur Besorgnis bot Weill ein Überbrückungskredit in Höhe von 500 Millionen Dollar, den Shearson zur Finanzierung der Übernahme der Prime Computer Inc. aus Massachusetts im vorausgegangenen Sommer bewilligt hatte. Prime sollte den Kredit nach der Ausgabe von Junk-Bonds zurückzahlen, doch der Markt für Junk-Bonds war zusammengebrochen. Shearson hing in der Luft. Und dann war da noch Balcor. Die Immobilienfirma aus Chicago, die Shearson 1983 zugekauft hatte, wurde schlecht bewertet. Sie hatte 114 Millionen Dollar in wackeligen Krediten für Gewerbe-Immobilien und an Reserven nur 50 Millionen Dollar.

»Ihr Brokerhaus ist schrecklich«, teilte Weill ihm unverblümt mit. »Shearson ist in fürchterlicher Verfassung.«

Weill wollte Zusicherungen haben, daß American Express frisches Kapital einschießen würde, falls das neue Unternehmen in Schwierigkeiten gerate. Sie diskutierten über die zusätzliche Summe von einer Milliarde Dollar. Doch das war Robinson zu viel. Am Sonntagabend war der anfängliche Optimismus verflogen. Der Abschluß verzögerte sich. Dennoch war es für Robinson, dem das Ausmaß der Probleme bei Shearson die Sprache verschlug, eine wertvolle Erfahrung. Am nächsten Tag beschloß Robinson, sich Peter Cohen vorzuknöpfen.

Als der CEO von Shearson von seinem Kapitalbeschaffungstrip am Montag, dem 29. Januar, zurückkehrte, brodelte die Wall Street von Gerüchten, daß Peter Cohen gefeuert würde. Cohen selbst hatte schon seit einigen Wochen immer wieder das Gerede von seiner bevorstehenden Entlassung gehört. Arthur Levitt, der kurz zuvor als Vorsitzender der American Stock Exchange in den Ruhestand getreten war, teilte Cohen insgeheim mit, Robinson habe sich mit ihm über die Spitzenposition bei Shearson unterhalten. Levitt fühlte sich geschmeichelt, doch er sagte Cohen: »Ich brauche das nicht.«

Cohen hatte noch immer keine Ahnung von der Sache mit Shearson-Smith Barney. Doch auch er spürte, daß seine Tage gezählt waren. Ironischerweise traf sich Cohen just zu dem Zeitpunkt, als Robinson und Weill miteinander verhandelten, mit seinen Anwälten Jack Nusbaum und Martin Lipton, um über das Abfindungspaket zu sprechen, das er verlangen sollte.

»Warten Sie nicht länger. Das macht Sie tot«, riet Nusbaum, ein langjähriger Freund von Cohen.

An jenem Montag berief Robinson im Sitzungsraum des AmEx-Verwaltungsrates ein Treffen ein. Durch die mageren Aussichten des Plans zur Kapitalauftreibung, den Cohen zuvor dargelegt hatte, frustriert, erklärte Robinson diesen für gestorben.

»Das Kerngeschäft von Shearson ist in Ordnung, und die Branche wird sich erholen«, sagte Robinson zuversichtlich. Dann setzte er mit einem Blick zu Cohen hinzu: »Das Problem von Shearson ist die Geschäftsführung.«

Cohen war am Boden zerstört. Doch noch immer vermochte der CEO von Shearson nicht ganz zu begreifen, was Robinson damit sagen wollte. Angesichts der Größe der Probleme bei Shearson, meinte er, werde es Robinson schwerfallen, einen entsprechenden Ersatzmann aufzutreiben. In sein Büro zurückgekehrt, rief er Robinson an, entschlossen, diese Frage zu forcieren.

»Ich vermute, Sie wollen mich sehen«, sagte er.

»Seien Sie um 16.00 Uhr hier«, antwortete Robinson brüsk.

Als Cohen das Büro Robinsons erreichte, war er verwirrt, in seinem Kopf herrschte ein Chaos gegensätzlicher Emotionen. Verstandesmäßig wußte er, was ihm blühte. Cohen hieß das Ende fast willkommen. Der fortwährende Druck auf ihm und seiner Familie war dann vorbei. Doch nach beinahe fünf Jahren an der Spitze von Shearson konnte Cohen es gefühlsmäßig nicht akzeptieren, so einfach beiseite geschoben zu werden.

»Jim, warum?« fragte Cohen Robinson. Seiner Meinung nach war die Art, wie Robinson ihn zuvor im Sitzungsraum des Verwaltungsrates behandelt hatte, zu schroff und unnötig gewesen. Robinson hätte mit ihm unter vier Augen reden können.

Dann, beinahe wie in einem Reflex, bat er Robinson, ihm sein Vertrauen auszusprechen.

»Ich muß wissen, daß Sie hinter mir stehen«, sagte Cohen.

Robinson blieb bewegungslos hinter seinem Schreibtisch sitzen.

»Peter, mein Vertrauen in Sie ist zerstört worden. Ich will Veränderungen vornehmen. Ich denke daran, Howard zum Präsidenten und geschäftsführenden Direktor zu ernennen.«

Cohen wurde wütend. Er hatte früher schon vorgeschlagen, daß man Howard Clark jr., den Finanzchef von AmEx, zu Shearson abstellen solle, doch Robinson hatte das abgelehnt.

»Jim, das habe ich Ihnen bereits vor sechs Monaten gesagt«, erwiderte Cohen.

Der Chef von AmEx ignorierte ihn.

»Das ist noch nicht alles«, fuhr er im gleichen ruhigen Tonfall fort. »Vielleicht brauchen wir einen neuen Vorsitzenden.«

»Was meinen Sie mit einem neuen Vorsitzenden? Was meinen Sie damit?« schrie Cohen.

Diese Reaktion war mehr von Emotionen denn von der Vernunft getragen. Cohen hatten die Worte von Robinson nicht überrascht. Sie *laut ausgesprochen zu hören* war allerdings etwas anderes. Cohen setzte zu einem letzten Versuch an, den CEO von AmEx zum Einlenken zu überreden.

»Jim«, argumentierte Cohen. »Wenn Sie das machen, wird sich die Presse freuen.«

Robinson war das gleichgültig. Nicht einmal schlechte Publicity zählte noch. Cohen war weg vom Fenster.

Um nach außen hin den Schein zu wahren, durfte Cohen bis zum 1. März CEO bleiben. Der Investmentbankier F. Warren Hellman aus San Francisco würde seinen Platz einnehmen. Als ehemaliger Partner bei Lehman Brothers hatte Hellman auch groß in Shearson investiert und Robinson seit Jahren beraten.

In den folgenden Monaten handelten AmEx und Cohen ein kompliziertes Abfindungspaket aus. Die Trennung gestaltete sich alles andere als einfach. Cohen betraute Safras Anwalt, Stanley Arkin, mit der Wahrung seiner Rechte. AmEx brachte den Rechtsanwalt Arthur Liman ins Spiel, den juristischen Berater des Senatsausschusses, der den Iran-Skandal untersucht hatte.

Im Juni kamen beide Seiten zu einer Verständigung. Cohen würde bis zum November 1991 weiter bei Shearson als Berater auf der Gehaltsliste stehen und ein Büro und eine Sekretärin behalten, die American Express bezahlen würde. Cohens Abfindung, zu der zahlreiche Aktienoptionen gehörten, wurde auf weit über 10 Millionen Dollar geschätzt. Selbst nach dem Standard der Wall Street erschien die Vereinbarung großzügig. Mehr noch, sie beinhaltete zudem einen Vorbehalt, demgemäß es Cohen untersagt war, Direktoren oder Manager von AmEx und deren Familien gerichtlich zu belangen. Ein derartiger Schutz vor Haftbarmachung ist nichts Besonders, doch daß er sich auch auf die Familienangehörigen erstreckt, ist höchst ungewöhnlich. Nur Tage nach der Vereinbarung wurde spekuliert, daß damit Linda Robinson geschützt werden sollte, die seit den Tagen von RJR Nabisco Cohen eindeutig Rache geschworen hatte.

Bis zum Februar hatte das Geschäft mit Weill und Primerica wochenlang im Dornröschenschlaf gelegen. Weill und seine Frau Joan begaben sich in Urlaub. Weill schaffte es sogar, beim Bing-Crosby-ProAm-Golfturnier in Pebble Beach, Kalifornien, mitzuspielen. In der Zwischenzeit befaßte sich Robinson mit weniger angenehmen Aufgaben. Nachdem Cohen und dessen mißglückten Aktienpläne hinter ihm lagen, begann Robinson, vorsichtig nach einer anderen Lösung für die Probleme bei Shearson zu suchen.

Bald hatte Robinson noch mehr Grund zur Sorge. Am 13. Februar meldete Drexel Burnham Lambert, das Haus der Junk-Bonds, Konkurs an. Es war das erste Mal in neuerer Zeit, daß eine Wall-Street-Firma Konkurs gegangen war. In der Finanzwelt griff Panik um sich.

Nachdem diese Neuigkeit bekannt geworden war, erkannten Robinson und Weill schnell, was das für Shearson bedeutete. Drei Tage nach dem Bankrott von Drexel telefonierte Weill mit Robinson. Das Gespräch drehte sich im wesentlichen um das Drexel-Desaster. Zwar zählte keiner der beiden Drexels den König der Junk-Bonds, Michael Milken, zu seinen Freunden, doch sie hatten ihn im Laufe der Jahre jeweils ab und an getroffen. Sie diskutierten darüber, in welchem Grad er wohl für den Sturz von Drexel verantwortlich sei. Der eigene Deal wurde von beiden Seiten mit keinem einzigen Wort erwähnt, doch sie hatten ihn im Hinterkopf. Dann erzählte Weill Robinson, daß er und Joan am bevorstehenden Wochenende, an dem Washingtons Geburtstag gefeiert wurde, in Palm Beach sein würden. Wie sich herausstellte, beabsichtigten Jim und Linda Robinson, das Wochenende auf ihrem Feriensitz im Palm Beach Polo and Country Club zu verbringen.

»Großartig«, sagte Robinson, stets der angenehme Gastgeber. »Kommen Sie doch zum Abendessen. Wir werden unter uns sein.«

Es sollte ein rein privates Treffen werden. Keinerlei Gespräche übers Geschäft. Die Wall Street zählte nicht gerade zu den Lieblingsthemen von Weills Frau Joan. Seit siebenundzwanzig Jahren war sie mit Sandy verheiratet. Sie war eine kluge und belesene Frau. Man sagte, daß ihr Ehemann ihren Rat schätzte. Auf ihrem Nachttisch lag stets der neueste Bestseller. Es war sogar bekannt, daß sie auch das *Wall Street Journal* las.

Wie üblich begrüßten sich die vier herzlich und umarmten sich, als sie sich in einem der vier Restaurants auf dem Gelände des Clubs bei Hummer und Garnelen trafen. Zunächst sprachen sie ein bißchen angestrengt über das Wetter. Doch der plötzliche Konkurs von Drexel erwies sich als ein überaus dankbares Gesprächsthema. Allen am Tisch war klar, daß die durch Drexel verursachte Panik schnell Shearson überwältigen könnte.

Weill ergriff die Gelegenheit und schlug vor, sie sollten einen neuen Versuch unternehmen, sich auf einen Deal zu einigen. »Das wäre durchaus möglich«, sagte er. »Wir waren schon so nah dran.«

Robinson, der an den ersten fehlgeschlagenen Versuch und vor allem an den untragbaren Aufschlag von einer Milliarde Dollar dachte, zögerte. Die Investmentbanker und Anwälte von AmEx hätten ihm von dem Geschäft abgeraten, sagte Robinson. Und dadurch sei die Zustimmung des Verwaltungsrates in noch weitere Ferne gerückt.

»Ich kann einfach nicht. Die Anwälte sind absolut dagegen«, sagte Robinson.

Sein Tonfall vermittelte den Eindruck, die Sache sei chancenlos. Weill jedoch hegte den Verdacht, Robinson versuche lediglich den Preis zu drücken. Er meinte, Robinson brauche nur einen kleinen Ansporn.

»Das können Sie nicht wissen, wenn Sie es nicht versuchen«, warf Weill ein.

Als Robinson am folgenden Dienstag wieder im Büro erschien, herrschte an der Wall Street trübe Stimmung. Die Atmosphäre bei Shearson war noch düsterer. Seit dem Konkurs von Drexel war eine Woche vergangen, und die Finanzwelt wartete darauf, daß es noch weitere Opfer geben werde. Seit dem Börsenkrach von 1987 war die Wall Street nicht mehr so erschüttert gewesen. Es war eine Qual, untätig auf die Folgen warten zu müssen. Zur Mittagszeit waren die gängigen Lokale auffallend leer. Nur die Bars machten abends ein gutes Geschäft. Sekretärinnen und Börsenmakler standen an den Trinkwasserspendern herum und spekulierten über Büroschließungen und Entlassungen. Es hatte den Anschein, als würde alle Welt Resümee ziehen.

Für Shearson dämmerte eine Krise herauf. Nach Meinung der meisten Topleute der Wall Street war Shearson die nächste Firma, die zusammenbrechen würde. Überall glaubten die Börsenmakler, das Brokerhaus stehe am Rande des Bankrotts. Viele überlegten zweimal, bevor sie mit Shearson Geschäfte machten. Die allgegenwärtige Gerüchteküche der Wall Street begann sich auf Shearson einzuschießen. *Was unterscheidet Drexel von Shearson? Ungefähr sechs Monate.*

Die Panik weitete sich bald aus. Plötzlich fragten der Zentralbankrat und die Börsenaufsicht Robinson, ob Shearson seinen Verbindlichkeiten nachkommen könne. Selbst die New York Stock Exchange bedrängte Robinson wegen der Kapitalkraft von Shearson. Auch die Gläubiger waren nervös. Die Fidelity Investments Company, eine riesige Investmentgesellschaft, zeigte sich besorgt wegen Shearson Commercial Paper.* Genauso alarmiert waren die Banken von Shearson. Die größten Banken der Welt gewährten üblicherweise den Wall-Street-Firmen Milliarden von Dollar, mit denen diese alles von Bonds bis zu Währungen handeln konnten. Doch nach dem Zusammenbruch von Drexel drohten ausländische Banken, den Kreditrahmen von Shearson zu kürzen. Die amerikanischen Banken wurden gleichfalls zunehmend argwöhnischer. Insbesondere die Chase Manhattan und Manufacturers

* Commercial Papers (CPs) sind kurzfristige, nicht an der Börse gehandelte Inhaberschuldverschreibungen. (A. d. Ü.)

Hanover Trust weigerten sich, Shearson weiter Kredite zu geben.

Nicht einmal Robinsons Bereitschaft, zur Stützung von Shearson die finanziellen Reserven von American Express aufzubieten, vermochte die sich rasch ausbreitende Alarmstimmung zu verbessern. Robinson, der kein zupackender Manager war, mußte sich plötzlich fast nur noch mit Shearsons immer größer werdenden Problemen auseinandersetzen. Die Führungsetage von AmEx wurde von der Krise erfaßt. Robinson hatte sein Büro in ein Generalstabszimmer verwandelt. Bogenweise Computerausdrucke lagen auf dem Boden seines Büros im World Financial Center, und sein normalerweise aufgeräumter Schreibtisch bog sich unter Faxkopien und Memos. Gewöhnlich sprach Robinson nur ein- bis zweimal im Jahr mit der Finanzabteilung von Shearson, jetzt tat er es mehrmals am Tag.

»Was machen die Kreditmärkte? Kann ich irgend jemanden anrufen und beruhigen?« fragte Robinson, während seine Angst mit jeder Antwort, die er erhielt, weiter wuchs.

Als ihm schließlich keinerlei Spielraum mehr blieb, tätigte er den Anruf, der, wie er hoffte, Hilfe bringen konnte. Er rief Weill an. Sie kamen überein, sich am folgenden Samstag zu treffen. Der Deal war wieder aktuell.

Es war ein winterlicher Samstagmorgen. Der CEO von AmEx saß in einem dicken schwarzen Wollmantel und mit einem um den Hals geschlungenen beigen Schal zusammengesunken auf dem Rücksitz seines Wagens. Robinson wirkte melancholisch, fast gequält. In seinem Schoß lag ein Stapel Akten und Memoranden über eine neue Krise von Shearson.

Die Fahrt von Robinsons Midtown gelegenem Apartment zu den Kanzleiräumen von Skadden, Arps, Slate, Meagher & Flom an der East Side war kurz. Normalerweise brauchte man dazu zehn Minuten, doch heute dauerte die Fahrt nur fünf Minuten. Ein gutes Omen, dachte Robinson. Er hoffte, der Rest des Tages würde genauso einfach werden. An diesem Nachmittag hatte er ein Treffen mit Weill für 14.00 Uhr bei Primerica vereinbart. Doch zuvor wollte er von seinen Beratern bei Skadden Arps noch einmal präpariert werden, bevor er zur Kraftprobe mit Weill fuhr.

Der Empfangsraum lag verlassen da, als Robinson den Aufzug im siebenundzwanzigsten Stock, wo die Büros von Skadden lagen, verließ. Er folgte dem Geräusch von Stimmen, schritt vorbei an den leeren Schreibtischen der Sekretärinnen, bis er zum Eckbüro von Joseph Flom gelangte. Dort diskutierten gerade James Wolfensohn, der liebenswerte australische Investmentbanker, Howard Clark jr. und Gary Beller, der Chef der AmEx-Rechtsabteilung, angeregt über Verhandlungstaktiken. In den schwarzen Ledersessel zurückgelehnt saß Flom hinter seinem Schreibtisch.

Fünfundsechzig Jahre alt, mit vollem weißem Haar, war der bärbeißige Flom Seniorchef von Skadden Arps und vermutlich der skrupelloseste Übernahmefachmann der Kanzlei. Flom war einer der erfahrensten Verhandlungstaktiker der Wall Street. Für ihn war das Verhandeln eine Kunst. Nach seinen Abschlüssen am City College of New York und an der Harvard Law School hatte Flom in den fünfziger Jahren Pionierarbeit auf dem Gebiet von Fusionen und Aufkäufen geleistet. Flom kannte den CEO von AmEx schon seit Robinsons mißglücktem Versuch, McGraw-Hill zu schlucken. Seit einem Jahrzehnt stand er Robinson zur Seite. Seit Harry Freeman ausgeschieden war, war er zum engsten Berater Robinsons aufgestiegen.

Nach dem Austausch von Höflichkeitsfloskeln kam Flom zur Sache. Er nahm kein Blatt vor den Mund. Er hegte seine Zweifel. Wie Flom sehr wohl wußte, galt Weill bei den Kritikern der Wall Street als Aasgeier, der stets nach in Schwierigkeiten geratenen Firmen Ausschau hielt, um sie billig aufzukaufen. Shearson war lediglich sein neuestes Opfer. Flom warnte Robinson, daß die bevorstehenden Gespräche tückisch werden würden. Weill ist verschlagen, sagte Flom. Und der Chef von Primerica hatte noch immer viele Freunde bei Shearson, so daß seine Informationen mit Sicherheit äußerst zutreffend sein würden. *Seien Sie entschieden*, riet Flom Robinson. *Keinerlei Unschlüssigkeiten.*

Als Robinson mit seiner Begleitmannschaft am frühen Nachmittag bei Primerica eintraf, hatten sich Weills Leute bereits im Sitzungsraum des Verwaltungsrates von Primerica im fünfunddreißigsten Stock eingefunden.

Mit den drei Meter hohen Wänden und einem Panoramablick auf den East River unmittelbar über Queens hatte der

Verwaltungsratsraum von Primerica kaum Ähnlichkeiten mit dem von AmEx. Im Gegensatz zu der luxuriösen Täfelung und den tiefen Ledersesseln bei American Express wirkte der Saal von Primerica beinahe verwahrlost. Es gab nicht ein Gemälde an der Wand oder auch nur einen Farbklecks. Die Wände des Sitzungszimmers bei Primerica waren mit einer beigefarbenen sackleinenartigen Tapete verkleidet, deren Bahnecken sich bereits lösten. Der drei Meter lange Konferenztisch war abgenutzt, voller Zigarrenasche und eingetrockneter Kaffeeringe. Aber das war es, was Weill gefiel. Es war sein Arbeitsraum.

Sobald Robinson den Raum betrat, sprang Weill auf, um ihn zu begrüßen. Er schüttelte ihm kräftig die Hand und schlug ihm auf die Schulter. Robinson zuckte zusammen. Ihm waren derart vertrauliche Körperkontakte stets unangenehm.

»Sandy«, sagte Robinson lächelnd, »damit schließt sich der Kreis wieder. Wir haben uns getrennt. Und nun sind wir wieder zusammen.«

Weill grinste. »Ich kann es nicht erwarten, Jim.«

Trotz der Ruhe, die draußen herrschte, bestand doch ein Gefühl der Dringlichkeit, als die zweite Sitzung einberufen wurde. Die Katastrophe von Drexel hatte Machtkonstellationen geändert. Shearson machte den Eindruck, als ob es direkt auf eine Katastrophe zusteuerte. Und damit war der Vorteil auf Weills Seite. Es dauerte nicht lange, und Spannungen wurden sichtbar.

Weill hatte eine Liste der Probleme, vor die sich Shearson gestellt sah. Punkt für Punkt las er sie vor. Es waren die altbekannten Themen Balcor, Überbrückungskredite und The Boston Company. Doch diesmal klang Weills Stimme drohend.

»Dieses Zeug erschreckt mich zu Tode, Jim«, sagte Weill, womit er Robinson geradezu aufforderte, sich zu verteidigen.

Robinson starrte ihn an. »Sie suchen doch nur nach den Problemen. Und Sie überschätzen auch die Größe der Probleme.«

Joe Flom kochte vor Wut. Weill, der Aasgeier, wandte seine alten Tricks an.

»Sandy, Sie versuchen nur, den Preis zu drücken«, sagte Flom.

Weill gab nicht nach. »Joe«, sagte er. »Es sind große Probleme. Ich brauche einen Schutz.«

»Wir lassen uns nicht kleinkriegen«, erklärte Flom.

Dann legte er seine eigene Liste von Bedenken vor. Flom sagte, Weill bringe nahezu überhaupt nichts ein. Er habe keinerlei Bargeld angeboten. Und Smith Barney, wenn auch in besserer Verfassung als Shearson, sei ein recht kärgliches Geschäft. Weill verhielt sich ausweichend.

In den nächsten neun Stunden handelten Robinson und Weill mehrere Kompromisse aus. Weill ging darauf ein, mehr Aktiva in die neuen Firmen zu pumpen, darunter auch Margareten, die Hypotheken-Finanzierungsgesellschaft von Primerica. Robinson seinerseits erklärte sich bereit, ebenfalls mehr Kapital einzuschießen. Er sagte, AmEx würde am Montag die Kapitaldecke von Shearson um 750 Millionen Dollar aufstocken. Das war nicht die eine Milliarde, die Weill ursprünglich verlangt hatte. Doch es reichte aus, um den Deal abzuschließen.

Um 23.00 Uhr waren beide Seiten zufrieden. Alle waren müde und wollten nach Hause. Doch als sie sich vom Konferenztisch erhoben, stellte Robinson noch eine letzte Frage: Wie soll die neue Firma eigentlich heißen? Das schien ein nebensächlicher Punkt zu sein, doch für Robinson war er von Bedeutung. Das Image war für ihn genauso wichtig wie die Transaktion selbst. Er hoffte noch immer, am Ende wie der Sieger auszusehen.

»Shearson ist das größere der beiden Unternehmen«, hob Robinson hervor. »Shearson-Smith Barney hört sich doch gut an.«

Niemand antwortete. Die Mannschaft von Primerica spürte genau, daß dies nicht der geeignete Augenblick war, darüber zu streiten. Schließlich brach Frank Zarb das Schweigen. »Machen wir, zum Teufel, daß wir von hier raus- und nach Hause kommen. Ich kann meine Augen kaum noch offenhalten.«

Am Montagmorgen begann Weill den Tag wie üblich. Er stand um 7.30 Uhr auf, frühstückte rasch und ging schnell im Geiste seinen Terminplan durch, fast ausschließlich Routineaufgaben zur Klärung einiger noch offener Fragen für die Bilanzprüfer. Beide Seiten waren übereingekommen, daß Zarb dem Deal bei den Aufsichtsbehörden den Weg ebnen sollte. Als ehemaliger Energieminister unter Gerald Ford hatte Zarb Erfahrung im Umgang mit diesen Kreisen. Das Geschäft war perfekt – oder zumindest glaubte Weill das.

Weill verließ um 8.30 Uhr sein Apartment an der Upper East Side und begab sich in sein Büro. Um 10.00 Uhr sollten er und

Robinson die Bond-Rating-Agenturen besuchen und ihren Plan vorstellen.

Dafür wurde nicht viel Zeit veranschlagt. Wenn Moody's und S&P die neue Firma nicht für gut befanden, konnte die Fusion nicht über die Bühne gehen. Ihre Billigung war lebensnotwendig, da kein einziger Pensionsfonds oder eine Bank auch nur daran denken würde, in das Commercial Paper der neuen Firma zu investieren, wenn die Rating-Agenturen sie niedrig bewerteten.

Als erster traf Robinson bei Moody's ein, begleitet von Clark und der AmEx-Finanzchefin Joan Spero. Weill tauchte fünf Minuten später mit Jamie Dimon im Schlepptau auf. Dimon war schon seit der Zeit, als sie noch bei AmEx zusammenarbeiteten, Weills wichtigster Zuarbeiter. Dann begab man sich in ein Sitzungszimmer im elften Stock, um die Vertreter von Moody's zu treffen.

Für die Sitzung waren fünfundvierzig Minuten angesetzt. Gemäß dem Protokoll gab Robinson, der Chef des größeren Unternehmens, die erste Erklärung ab, wozu er ungefähr zehn Minuten benötigte. Er skizzierte die Fusion zwischen Shearson und Smith Barney und hob hervor, daß American Express die neue Firma mit 750 Millionen Dollar ausstatten werde. Als nächster sprach Weill und unterstrich das Potential der neuen Firma.

Dann waren die Leute von Moody's an der Reihe. Nachdem sie ihre Besucher mit einer Reihe von Fragen zu den finanziellen Verbindungen zwischen der neuen Firma und den Mutterunternehmen bombardiert hatten, fragte Moody's Vizepräsident und bester Finanzkenner Christopher Mahoney Robinson: »Sagen Sie, welche Rolle wird Ihr Unternehmen weiterhin in dem neuen Konzern spielen?«

Robinson sagte zunächst nichts. Er war bei improvisierten Sitzungen wie dieser nie gut. In den dreizehn Jahren, die er nun AmEx als CEO leitete, hatte er nur selten die Rating-Agenturen aufgesucht. Mahoney wollte lediglich hören, daß AmEx im Notfall bereit sei, dem Unternehmen finanziell unter die Arme zu greifen, falls es Probleme gäbe. Ein Kreditbrief oder auch nur eine weitreichende Verpflichtungserklärung seitens Robinsons hätte gereicht.

Doch Robinson hatte mehr Interesse daran, Shearson loszuwerden, als die engen Verbindungen weiterhin aufrechtzuerhalten.

»Die neue Firma muß allein zurechtkommen«, antwortete er. Dann, nach kurzem Zögern, fügte er vorsichtig hinzu: »Wir werden da sein, falls wir gebraucht werden.«

Alle schauten überrascht. Das war kaum die Art direkter, vertrauensvoller Unterstützungserklärung, die Moody's erwartete. Eine Stunde später gab Robinson eine ähnlich zögerliche Vorstellung bei S&P. *O Gott, das gibt Schwierigkeiten*, dachte Weill bei sich.

Im Laufe des Tages verschlechterten sich die Aussichten für eine Abschluß weiter. Am Nachmittag verlangte Tom Hill, der Chef der Emissionsbank von Shearson, ein Treffen mit Robinson. Da Hill Shearsons Spitzenmann für Fusionen und sein Bereich den größten Einkommensanteil brachte, erklärte sich Robinson dazu bereit.

Tage zuvor hatte Hill einen Hinweis auf den Deal mit Primerica erhalten. Doch er sagte nichts, in der Hoffnung, die Gespräche würden im Sande verlaufen. Nun, als der Deal kurz vor dem Abschluß zu stehen schien, wußte er, daß er sofort etwas unternehmen mußte. Hill, körperlich fit, leidenschaftlich und ein bißchen pompös, war äußerst ehrgeizig. Kein Geschäft war zu groß, keine Aufgabe jenseits seiner Möglichkeiten. Seit Jahren hatte er begehrliche Blicke auf den Spitzenjob geworfen. Das war sein Ziel im Unternehmen. Als Cohen entthront worden war, hatte er gehofft, an dessen Stelle treten zu können. Er hatte bereits eine Kampagne für den neuen Job eingeleitet. Flom und Linda Robinson waren seine mächtigsten Förderer. Nun, ganz plötzlich, stand ihm Weill im Weg.

Hill sagte Robinson, das Ganze sei ein tollkühnes Geschäft. Robinson stehe damit da wie ein unglückliches Opfer, das von dem gerissenen Weill gerettet werde. Hill warnte auch davor, daß die Investmentbanker von Shearson eine Übernahme durch Weill nicht akzeptieren würden. Es sei bereits die Rede von Massenkündigungen, ja von einem Leveraged Buyout, um Shearson den Fängen Weills zu entreißen.

Robinson wurde spürbar nervös. Das letzte, was er brauchen konnte, waren weitere Peinlichkeiten. Die Vorstellung, daß Shearsons Spitzentalente kündigten, würde das Image der Firma noch mehr schädigen.

Robinson fing an, die Sache noch einmal zu überdenken.

Zwei Tage später wurde das auch für Weill spürbar. Nachdem er am Mittwochmorgen früh aufgestanden war, schaltete Weill sein Fernsehgerät auf das Cable News Network (CNN) an, um zu hören, was in der Nacht auf den Finanzmärkten in London und Tokio passiert war. Zu seinem Erstaunen zitierte Stuart Varney, der Co-Redakteur der Sendung »Business Day« auf CNN, einen Artikel aus der Londoner *Financial Times*, in dem behauptet wurde, Primerica und American Express würden über eine Fusion von Shearson verhandeln. In einem Interview mit zwei Reportern von der *FT* am vorigen Tag hatte Robinson eingeräumt, daß darüber Gespräche geführt würden.

Bis zu diesem Zeitpunkt hatte Weill sich und Robinson dafür gepriesen, wie gut es beiden gelang, den ganzen Deal geheimzuhalten. In der Wall Street wurde darüber nicht einmal hinter vorgehaltener Hand gesprochen. Und das war von entscheidender Bedeutung. Er wußte aus Erfahrung, daß nichts einen Deal schneller zum Scheitern bringen konnte als die neugierigen Augen der Öffentlichkeit. Die Aktionäre, Mitglieder des Verwaltungsrates, selbst die Mitarbeiter geraten in panische Angst. Immerhin bedeuten Fusionen stets auch eine neue Machtkonstellation. Leitende Manager werden ausgetauscht; Arbeitsplätze gehen verloren.

Als Weill um 9.00 Uhr an seinem Schreibtisch eintraf, war bereits das Schlimmste eingetreten. Die Beschäftigten der sechsundneunzig Zweigstellen von Smith Barney befanden sich im Aufstand. Nachdem Weill Smith Barney drei Jahre lang hochgepäppelt hatte, dachten viele seiner Börsenmakler, mache er nun das Geschäft kaputt, indem er es mit der viel größeren Firma Shearson verbandele. Viele hatten den Verdacht, Weill werde von purem Egoismus getrieben und von der Befriedigung, erneut Shearson leiten zu können. Nur Minuten, bevor der Markt um 9.30 Uhr eröffnet wurde, griff Weill zur Rundsprechanlage der Firma, um die bibbernden Mitarbeiter zu beruhigen. Es half nichts.

Um 10.00 Uhr rief ein wütender Weill bei Robinson an.

»Also was zur Hölle geht da vor, Jim?« fragte Weill.

Robinson sagte, er habe das *FT*-Interview am Dienstag zugesagt, im Glauben, es werde bis Donnerstag zurückgehalten, wenn die meisten noch offenen Fragen zu dem Deal gelöst seien. Er habe nicht ahnen können, daß es so bald veröffentlicht würde.

»Sandy«, sagte er entschuldigend, »ich wollte nicht, daß die Geschichte in der Zeitung so herauskommt. Das müssen Sie mir glauben.«

Sie redeten noch einige Minuten, doch die Wärme, die in

ihrer Beziehung eindeutig vorhanden gewesen war, war verschwunden. Als er den Hörer auflegte, hegte Weill den Verdacht, Robinson versuche, den Deal platzen zu lassen. Trotzdem unternahm er noch einen Versuch.

Später an jenem Mittwoch trafen sich Weill, Robinson, Flom und Zarb in Weills Bibliothek bei Primerica. Zur Besänftigung der Rating-Agenturen wurde beschlossen, daß AmEx finanziell noch höher einsteigen müsse. Unter den veränderten Umständen sollte American Express The Boston Company behalten und daneben auch den Überbrückungskredit für Prime Computer. Das waren recht harte Bedingungen, doch selbst Robinson räumte ein, daß dies die einzige Möglichkeit war, sich der Zustimmung von Moody's und S&P zu versichern. In diesem Augenblick schien alles wieder planmäßig zu laufen.

Dann jedoch versetzte Robinson seinen Gastgebern von Primerica einen Schock. Fast, als sei es ihm gerade erst eingefallen, teilte Robinson Weill mit, er erwäge, Shearson durch den Kauf der 39 Prozent an der Firma, die AmEx noch nicht besaß, zu stärken. Als Teil dieses Planes werde er dafür eine volle Milliarde Dollar hinblättern müssen. Das war eine radikale Lösung, doch Robinson sagte, das sei er dem Verwaltungsrat schuldig, damit dieser zumindest zwei Möglichkeiten in Betracht ziehen könne.

Weill war wie vor den Kopf geschlagen. Er warf Zarb einen schnellen Blick zu, der den Kopf schüttelte. Weill war in Rage, doch er beherrschte sich.

»Was immer Sie für das Beste halten, Jim«, sagte Weill, während er herauszufinden versuchte, welche Motive Robinson leiteten. »Aber wir haben immer noch einen guten Deal. Lassen Sie ihn nicht fallen.«

Am nächsten Tag wurde auch die letzte Hoffnung, die Weill noch hatte, zerstört, als er die *New York Times* durchblätterte. Mitten beim Frühstück überflog er die Titelseite. Zu seinem Entsetzen war dort in der rechten unteren Ecke ein Bild von ihm abgedruckt. Er erstarrte und las dann laut die Überschrift vor: »An dem Shearson-Deal ist der Mann beteiligt, der die Firma aufbaute.« Der Artikel gab einen lobenden Überblick über Weills Karriere und seine Rückkehr an die Wall Street. Schlimmer noch, der Artikel vermittelte den Anschein, Weill sei dabei, Robinson zu retten.

»Bei AmEx meinte man nach dem Artikel in der *New York*

Times: ›Diese Schweine von Primerica. Die trampeln auf uns herum‹«, erinnerte sich ein an den Verhandlungen beteiligter Investmentbanker.

Beide Seiten stritten ab, die Sache an die *Times* gegeben zu haben. Doch das war zu jenem Zeitpunkt nur noch von untergeordneter Bedeutung. Weill erkannte, daß die Sache damit gestorben war. Er wußte, Robinson würde die Einschätzung nicht ertragen, daß er freigekauft werden sollte, und das von seinem früheren Spitzenmanager Nummer zwei. Trotzdem wollte er von Robinson nicht an die Seite gedrängt werden. Wenn die Fusion gestoppt werden mußte, so wollte er derjenige sein, der das tat. Kurz vor der Verwaltungsratssitzung bei AmEx am 4. März faxte Weill an Robinson einen Brief. Primerica sei an der Fortsetzung der Transaktion nicht interessiert.

An diesem Abend gab American Express bekannt, daß man die restlichen Shearson-Anteile kaufen würde, die noch nicht dem Unternehmen gehörten. Ferner enthüllte Robinson Pläne, eine Milliarde Dollar in Shearson zu pumpen und den größten Teil des Betrages durch ein neues Angebot von AmEx-Aktien aufzubringen. Das war ein Schritt, der viele Großaktionäre der Firma verärgerte. Doch Robinson fühlte sich erleichtert. Er mußte sich so keine Andeutungen anhören, daß Weill ihn freigekauft habe. Nur Stunden später begann die gut geschmierte PR-Maschinerie von AmEx Geschichten darüber auszuspucken, wie Robinson Shearson gerettet hatte. Der CEO von AmEx ernannte Howard Clark jr. zum neuen Vorsitzenden von Shearson. Sprecher von AmEx sagten, das sei eine Frage der Integrität. Jim glaubt daran, daß die Probleme von AmEx gelöst werden können. Das war der Kern dessen, was sie in den nächsten Tagen mehrfach wiederholten. An der Wall Street sah man die Sache anders: Robinson hat die Sache vermasselt. Sein Stolz hatte einem Deal im Weg gestanden, mit dem er eine quälende Last des Unternehmens losgeworden wäre. Trotz der Kapitalaufstockung blieb Shearson auch weiterhin ein Problemfall für Robinson. Was die Sache noch verschlimmerte: Es gingen bereits Gerüchte um, daß es bei AmEx auch an anderer Stelle große Schwierigkeiten gebe. Das vielgepriesene Kartengeschäft, das Herzstück und die Seele des Konzerns, sollte als nächstes für Riesenüberschriften in den Zeitungen und für äußerste Peinlichkeit sorgen.

13

Ansehen und Glaubwürdigkeit

Obwohl Robinson mit seinen Anstrengungen, Shearson loszuwerden, ins Schleudern geriet, versuchte er weiterhin, sich anderer ungeliebter Firmen von AmEx zu entledigen. Nur Tage, nachdem er den Deal mit Sandy Weill abgebrochen hatte, stieß Robinson die TDB ab, womit eine schmerzliche Geschichte in seiner Laufbahn abgeschlossen wurde.

Die Firma gab am 4. März bekannt, daß sie die TDB an eine andere Privatbank aus der Schweiz verkauft habe. Im vergangenen Dezember hatte AmEx einen Vorvertrag mit der in Genf ansässigen Compagnie de Banque et d'Investissement abgeschlossen, doch es hatte noch mehrere Monate gedauert, bis die Verträge ausgearbeitet und die schweizer Genehmigungen eingeholt waren.

Robinson stritt ab, daß der Erfolg der neuen Bank von Safra, die dieser acht Monate nach seinem Ausscheiden bei AmEx gegründet hatte, irgend etwas mit dem Verkauf der TDB zu tun habe. American Express hatte damit geprahlt, man habe unter der eigenen Regie die Aktiva TDB auf 12 Milliarden Dollar verdoppelt.

Dennoch war die Entscheidung von AmEx, sich der TDB zu entledigen, nur für wenige in der Welt der Banken eine Überraschung. AmEx hatte noch nie als ernstzunehmender Mitkonkurrent bei Privatbanken gegolten. Der »Synergieeffekt«, den sich Robinson von der Verknüpfung der TDB mit dem Rest von AmEx erhoffte, hatte sich nie eingestellt. Genau wie Safra gewarnt hatte, hatten die an Diskretion interessierten Klienten der TDB für die Versuche seitens AmEx, Karten und Anlageprodukte zu vermarkten, nur Spott übrig. Mehr noch, AmEx konnte den Riesen im Privatgeschäft, wie etwa Crédit Suisse oder dem Schweizerischen Bankverein, nicht das Wasser reichen. Die Publicitymaschinerie von AmEx versuchte die strategische Niederlage zu verschleiern, indem sie den Endverkaufspreis in Höhe von einer Milliarde Dollar – fast das Doppelte des Preises, zu dem AmEx die TDB erworben hatte – in den Vordergrund schob.

Doch die stetig größer werdenden Probleme bei Shearson ließen Robinson nur wenig Zeit, sich selbst zu beglückwünschen. Im ersten Quartal 1990 schrieb Shearson rote Zahlen von mittlerweile 915 Millionen Dollar. Diese atemberaubende Summe überwältigte die Muttergesellschaft. American Express verbuchte einen Verlust von 620 Millionen Dollar, den höchsten Quartalsverlust in der einhundertvierzigjährigen Geschichte von American Express.

Daraufhin bat Robinson den Verwaltungsrat, ihn zum »Chief Quality Officer« zu ernennen, als Zeichen dafür, daß der CEO von AmEx sich weiterhin herausragender Qualität verschrieben habe. Doch für derartige Publicitytricks war es bereits zu spät. Der AmEx-Chef brauchte eine Lösung. Umfangreiche Kapitalspritzen konnten das Ausbluten nicht stoppen, und es bestand kaum eine Chance, einen anderen Käufer zu finden. Für das aufgedunsene und verlustbringende Brokerhaus von AmEx interessierte sich praktisch kein Mensch. Robinson entschied, es sei an der Zeit, das Haus, das Cohen errichtet hatte, zu verkleinern.

Gemäß der Anweisungen von Robinson setzte Clark eine radikale Umorganisation in Gang. Mehr als 4000 Makler, rund ein Drittel aller Broker bei Shearson, wurden entlassen oder durch Zermürbungstaktik dazu gebracht, selbst zu kündigen. Knapp 20 Prozent der Investmentbanker der Firma ließ man ebenfalls gehen. Clark unternahm einige Schritte, das angeknackste Image von Shearson aufzupolieren. Der Name Hutton, den Clark so stolz 1987 in das Firmenlogo von Shearson aufgenommen hatte, wurde entfernt. Außerdem machte er aus einer zwei Firmen, indem er die Emissionsbank in dem vergeblichen Versuch, den Glanz der alten Gesellschaft wiederaufleben zu lassen, in Lehman Brothers umbenannte.

Clark begann auch damit, sich von den einst so geschätzten Aktiva zu trennen, die in den Achtzigern so eifrig angehäuft worden waren. Von seinem eine Milliarde Dollar werten Junk-Bond-Portfolio bis zu seinem Hypothekengeschäft in Europa verringerte Shearson am Ende das Anlagevermögen um runde 25 Milliarden Dollar. Dennoch verstummte das Gerede über einen Verkauf des Brokerhauses von AmEx nie vollständig.

»Sobald sie einen Käufer haben, ist es weg«, sagte ein Börsenspekulant.

Bei Shearson rutschte die Moral in den Keller. Seit den Verhandlungen mit Primerica nahmen nur wenige Robinson den geschworenen Treueid, Shearson zu retten, ab. Tatsächlich hatte Clark, nachdem die Verhandlungen gescheitert waren, den Börsenmaklern von Shearson rundheraus mitgeteilt, daß AmEx Smith Barney zu kaufen versucht habe. Das verstärkte das Mißtrauen noch weiter.

1991 dann wurde auch die Kreditkarte mit den nüchternen Realitäten des neuen Jahrzehnts konfrontiert. Die Börsenspekulanten sagten AmEx ein Comeback voraus, sobald sich die Wirtschaft wieder erhole. Langfristig aber sah es düster aus. Fachleute hatten gewarnt, daß die Anzahl der in Umlauf befindlichen AmEx-Karten in den Vereinigten Staaten bis zum Jahr 2000 einen Höchststand erreichen würde. Und das angepeilte Wachstum in Übersee war kaum einzuhalten. In Europa war Visa besser bekannt und wurde auch in breiteren Bevölkerungsschichten akzeptiert.

Die Verbraucher schluckten die Botschaft von AmEx nicht mehr länger. Prestige, das gleichbedeutend mit den achtziger Jahren war, paßte nicht in die genügsameren Neunziger. Die »Baby Boomers« hatten nun selbst Babys. In ihren Köpfen rangierten Collegegebühren und Ruhestand ganz oben. Wochenendtrips zu exotischen Zielen, die einmal in der Werbekampagne von AmEx eine zentrale Rolle gespielt hatten, waren nicht mehr wichtig. Auffällig Geld auszugeben war nicht mehr angesagt, Sparen war in.

Das Produkt, von dem der ehemalige AmEx-CEO Ralph Reed behauptet hatte, es würde »die amerikanische Brieftasche von ihren vielen Kreditkarten entlasten«, konnte seine Vorgabe nicht einlösen. Für 55 Dollar im Jahr war die mächtige grüne Karte von AmEx eher ein Luxus denn ein Muß. Die meisten Banken berechneten für die Visa und MasterCard 20 Dollar oder noch weniger. Mehr als vier Millionen Kartenkunden von AT & T hatten überhaupt nichts dafür bezahlt. Der Telekommunikationsriese hatte zwecks Kundenfang auf eine Gebühr verzichtet.

Schlimmer noch, der Konkurrenzkampf wurde immer härter. Ameritech, eine der kleineren Firmen, die durch die Aufteilung von AT & T entstanden waren, gab bekannt, die MasterCard anbieten zu wollen. Und Sears verklagte Visa auf das Recht, neben seiner Discover Card auch eine Bankkreditkarte herausbringen zu dürfen. Es wurde gemunkelt, der Unternehmensbereich Finanzdienstleistung von General Motors gedenke ebenfalls, ins Kartengeschäft einzusteigen. Die Verbraucher wurden mit Karten überschwemmt. Immer weniger Leute konnten da noch irgendeinen Unterschied zwischen den Karten feststellen. Das Image allein war kein ausreichender Anreiz mehr, die Karte zu benutzen. Plastik war gleich Plastik. Die Mitgliedschaft hatte nicht mehr so viele Privilegien.

Für AmEx sagten zahlreiche Börsenspekulanten und Konkurrenten weitere Senkungen beim Disagio und selbst der Mitgliedsgebühr voraus. Das Unternehmen werde in den kommenden Jahren kleiner werden, sich vielleicht nur noch auf seine »Travel and Entertainment«-Klientel konzentrieren. American Express beherrschte außerdem noch das Feld der Firmenspesen. »Eine Menge Leute meinen, man brauche keine American Express Card«, sagte ein Börsenspekulant. »Das bedeutet, das goldene Zeitalter von American Express ist vermutlich vorbei.« Ein anderer Spekulant sagte unverblümt: »Diese Firma war auf keinem Gebiet herausragend – abgesehen vom Image.«

Die gedrückte Stimmung bei TRS verschlimmerte sich im Laufe des Jahres 1991 noch. AmEx begann in bestimmten Fällen die Jahresgebühr zu senken, um Kartenbesitzer zu halten, hörte damit jedoch abrupt auf, als *The Wall Street Journal* darüber berichtete. Dann rebellierten die Vertragsunternehmen. Nach der Machtprobe in Boston hatte AmEx seine Restaurantdisagios landesweit gesenkt, eine Maßnahme, durch die dem Unternehmen Einkünfte von bis zu 30 Millionen Dollar verlorengingen. Im Juni dann wandte Ed Cooperman seine Aufmerksamkeit Optima zu, der Kreditkarte von AmEx. Da sie in einer anhaltenden Rezession steckten, hatten die Benutzer der Optima Card Schwierigkeiten, ihre Rechnungen zu begleichen. Die Zahlungsrückstände nahmen zu.

Optima hatte bei AmEx die schönsten Hoffnungen geweckt. Im Gegensatz zu den Green, Gold und Platinum Cards war Optima keine Kundenkarte, deren Belastungen allmonatlich getilgt werden mußten. Es war eine Kreditkarte in klassischem

Sinne, bei der die Benutzer ihre Rechnungen in längerem Zeitraum gegen eine Gebühr ausgleichen konnten. Um sich vor Habenichtsen und säumigen Zahlern zu schützen, hatte American Express die Optima-Karte nur an die bestehenden Besitzer von Kundenkarten ausgegeben, die hinsichtlich der Bezahlung ihrer Rechnungen als zuverlässig ausgewiesen waren.

Mit Optima sollten die Bankkreditkarten zurückgedrängt werden, vor allem deren Gold Cards. Diese von den Banken angebotene Karte besaß genausoviel Prestige wie das entsprechende Plastikgeld von AmEx und hatte massenweise Kunden angezogen, die einen Revolving-Kredit, also einen sich automatisch erneuernden Kreditrahmen, bevorzugten. Auf den ersten Blick wirkte Optima vielversprechend. Die Jahresgebühr betrug nur 15 Dollar, und die Finanzierungskosten, die anfänglich bei 13 Prozent und später bei 16 Prozent standen, waren weitaus niedriger als die saftigen 19,8 Prozent, die die großen Banken berechneten.

Kaum einer hegte Zweifel an dieser Taktik. Die leitenden Mitarbeiter von American Express stützten die Ansicht, Optima werde vom Publikum gut aufgenommen und lege rasch zu. 1989 sagte Michael Goldstein von Sanford C. Bernstein & Co. voraus, das Optimaprogramm werde bis 1993 nahezu 20 Prozent der TRS-Gewinne oder umgerechnet 400 Millionen Dollar ausmachen.

1991 befanden sich mehr als drei Millionen Optima Cards im Umlauf, deren Außenstände sich auf 7 Milliarden Dollar beliefen. Es war sogar davon die Rede, landesweit mit den Bankkreditkarten gleichzuziehen. Bis zu jenem Zeitpunkt hatte es Robinson klugerweise vermieden, die Optima Card einem breiten Publikum anzubieten, und konnte so eine direkte Konfrontation mit den Banken umgehen, die den überwiegenden Anteil der AmEx-Reiseschecks verkauften. Doch als man nun davon ausging, daß die Optima-Erträge in einigen Jahren die Gewinne der Reiseschecks um das Dreifache übersteigen würden, schien eine solche Vorsicht nicht mehr länger geboten. Zum Jahresende 1990 und zu Anfang des Jahres 1991 hegten die Konkurrenten den Verdacht, daß AmEx millionenfach Optima-Anträge versende. Die meisten gingen an Haushalte im Mittleren Westen, wo die regionale Wirtschaft noch relativ stabil war.

Im Juni beauftragte Cooperman eine Gruppe von Revisoren und Anwälten, die herausfinden sollten, wie groß die Probleme in der Optima-Zentrale in Jacksonville, Florida, wirklich waren. Im Laufe des Sommers stießen sie auf Belege, daß Abschreibungen (zweifelhafter Forderungen) vorsätzlich hinausgeschoben wurden. Wenn Kreditkartenrechnungen nach 180 Tagen noch nicht beglichen sind, werden die Konten automatisch abgeschrieben und die ausstehenden Summen Inkassobüros abgetreten. »Das war nicht ungesetzlich«, sagte ein leitender Direktor von AmEx. »Sie dachten, wenn sie die Meldung der Probleme hinausschieben könnten, würden sich diese von selbst lösen, sobald sich die Konjunktur wieder erholte.«

Dennoch reagierten die Börsenspezialisten der Wall Street und die Mehrheit der Öffentlichkeit völlig überrascht, als sie am 2. Oktober ihren Zeitungen entnahmen, daß AmEx einen Einbruch in Höhe von 265 Millionen Dollar bei den Gewinnen des dritten Quartals seiner TRS-Firma hinzunehmen habe. Knapp 8 Prozent der Außenstände bei der Optima Card müßten abgetreten werden. »Optima schlägt auf American Express zurück«, lautete die Überschrift im *Wall Street Journal*. Optima wurde innerhalb der Finanzwelt spöttisch in Pessima umbenannt.

Bestürzt erklärten die AmEx-Manager, sie würden Geld beiseite legen müssen, um den Zahlungsverzug bei der Optima-Kreditkarte auszugleichen und eine Neuorganisation des Kundenkartengeschäfts zu finanzieren. Rund 1700 TRS-Mitarbeiter, 3 Prozent des Personals der Firma, würde entlassen werden. Die Abschreibung werde im dritten Quartal zu einem Verlust in Höhe von 88 Millionen Dollar führen, dem ersten Quartalsverlust in der Geschichte von TRS. AmEx als Ganzes werde einen Gewinneinbruch von 93 Prozent verbuchen. Ironischerweise schrieb Shearson einen Gewinnzuwachs von 23 Prozent auf 63 Millionen Dollar in diesem Quartal.

Obwohl AmEx hartnäckig darauf beharrte, daß die Probleme lediglich Optima beträfen, teilten an der Wall Street diese Ansicht nur wenige. Sofort konzentrierte sich die Besorgnis auf die Green, Gold und Platinum Cards. Da nur bereits akzeptierte AmEx-Karteninhaber in das Optimaprogramm aufgenommen wurden, war die Ungläubigkeit verständlich. Und Robinson trug nur noch zur Verwirrung bei. Als er vom *Wall Street Journal* gefragt wurde, warum die AmEx-Kunden die Rechnungen ihrer Kundenkarten beglichen, nicht jedoch die der Optima Card, gab Robinson zur Antwort: »Das weiß ich nicht.«

Wall Street reagierte beunruhigt auf diese Anzeichen für die geringe Beachtung, die Robinson dem Kerngeschäft schenkte, und auf die erstaunliche Verlautbarung der Firma. Die AmEx-Aktien fielen auf 21 Dollar, den tiefsten Stand seit sechs Jahren. Bald setzte Moody's die Einstufung der langfristigen Verbindlichkeiten des Unternehmens in Höhe von etwa 7 Milliarden Dollar herunter. Dieser unerwartete Schritt war ebenfalls auf die Probleme von TRS zurückzuführen.

Zunächst meinten die Konkurrenten, es läge an der schlechten Kreditwürdigkeitsprüfung von AmEx. Tatsächlich waren die Raten für den Zahlungsverzug bei den Bankkreditkarten nur halb so hoch. Die Konkurrenz verwies schnell darauf, daß viele Kundenkarten von AmEx von Geschäftsleuten für ihre Firmenspesen eingesetzt wurden. Die meisten bezahlten ihre Kartenrechnungen pünktlich, da sie ja zurückerstattet wurden. Im Gegensatz dazu war die Optima Card ein Verbraucherprodukt, das für Freizeit- und Haushaltsausgaben benutzt werden sollte.

Zwei Tage später räumte AmEx ein, daß einige Mitarbeiter die säumigen Außenstände nicht schnell genug abgeschrieben hätten. Die Firma beauftragte Skadden Arps, die unabhängige Anwaltskanzlei von American Express, die Fälle von säumigen Zahlern bei Optima zu untersuchen. Auch die Bankprüfer der Federal Deposit Insurance Corporation, der amerikanischen Einlagenabsicherungsbehörde, begannen sich mit der Angelegenheit zu befassen. Da der Revolving-Kredit von Optima im Grunde ein Darlehen war, wurde er von der Centurion Bank von AmEx eingeräumt. Letztendlich sollten mehrere leitende Angestellte von AmEx ihren Job verlieren.

Die Optima-Affäre nährte nur noch den Verdacht, daß American Express in den kommenden Jahren wesentlich kleiner werden würde. Bei einer Telefonkonferenz mit Börsenspezialisten im Anschluß an die Optima-Enthüllung deuteten AmEx-Manager an, daß andere Teile des Unternehmens verkauft werden könnten. Tatsächlich gab AmEx im Zuge der Neuorganisation bekannt, daß man die Merchandising-Aktionen stark zurückschrauben werde. Die Firma war einmal der fünftgrößte Versand-Merchandiser des Landes gewesen und hatte den Karteninhabern alles vom Computer bis zu Kaschmirpullovern verkauft. AmEx versuchte zudem, seine Printmedien an eine Gruppe unter Führung von Henry Kravis abzustoßen; der Deal scheiterte.

»Nur eines ist heilig, und das ist TRS«, sagte Harvey Golub. Der ehemalige CEO von IDS, der Finanzdienstleistungsfirma von AmEx mit Sitz in Minneapolis, war am 21. Juli zum Präsidenten von AmEx ernannt worden. Golub hatte auch die Leitung von TRS übernommen. Cooperman sollte später ausscheiden und für Sandy Weill bei Primerica tätig werden.

»Selbst IDS?« fragte ein Börsenspekulant.

»Ich habe meine Erklärung soeben abgegeben«, erwiderte Golub.

Im Herbst 1991 befand sich AmEx im Belagerungszustand. Robinson war keine gefeierte Unternehmerpersönlichkeit mehr. Die Spezialisten der Wall Street stellten hinter vorgehaltener Hand seine Fähigkeiten in Frage, die Presse zog seine Taktiken in Zweifel. Die Firmenmaschinerie, die er teils zufällig, teils planmäßig während der achtziger Jahre aufgebaut hatte, funktionierte nun schlechter. Zahlreiche Konkurrenten von AmEx, die meinten, Robinson sei bislang trotz seiner schlechten Geschäftsleitung einer Kritik entgangen, zeigten sich hocherfreut. »Ganz plötzlich kann man verfolgen, wie dem lächelnden Mr. Teflon aus Atlanta die Geduld ausgeht«, sagte der CEO einer konkurrierenden Wall-Street-Firma.

Auch Linda sah sich vor eine schwierige Aufgabe, nämlich die Anpassung an die neue Ära, gestellt. Nachdem einige Leute ihr Vorgehen bei der PR für Ross Johnson während der LBO-Schlacht um RJR Nabisco in Frage gestellt hatten, galt sie nicht mehr als die geistreiche und schicke Sprecherin der Übernahmeexperten der Wall Street. Seit das Geschäft mit Firmenaufkäufen nicht mehr gut ging, trat ihre Firma nicht mehr so stark in Erscheinung, war ihre Beratung weniger gefragt.

Ihre früheren Verbindungen verfolgten sie immer noch. Im April 1990 hatte sich Michael Milken, der größte zahlende Klient von Robinson Lake während der achtziger Jahre, des Wertpapierbetrugs für schuldig bekannt. Milken wurde zu zehn Jahren Gefängnis verurteilt. Doch die amtliche Untersuchung war damit noch lange nicht abgeschlossen. Die Federal Deposit Insurance Corporation reichte gegen Milken in Zusammenhang mit der Vermarktung von Junk-Bonds an die Bausparvereine Zivilklage ein. Im September bedrängten Cravath, Swaine & Moore, die angesehene New Yorker Anwaltskanzlei und auch juristische Beraterin der FDIC, Robinson Lake wegen einer Herausgabe von Dokumenten über Milken. Die Anwälte von Cravath wurden hinsichtlich der, wie sie es bezeichneten, mangelnden Bereitschaft zur Zusammenarbeit seitens der Firma immer frustrierter.

Außerhalb des Büros tauchten die Robinsons nicht mehr soviel in der Öffentlichkeit auf. Seit sie im Berufsleben unter Druck standen, scheuten beide die Publicity, die sie früher gesucht hatten. Bei offiziellen Anlässen waren sie nur noch selten anzutreffen. In den Klatschspalten wurden ihre Namen kaum mehr genannt.

Die Optima-Sache gab auch Spekulationen über Robinsons Zukunft neue Nahrung. 1992 beging er sein fünfzehnjähriges Jubiläum als CEO von American Express. Dieser Zeitraum war ungewöhnlich lang, und zahlreiche Experten vertraten die Ansicht, American Express brauche eine neue Geschäftsführung.

Seit Sandy Weill 1985 ausgeschieden war, hatte niemand mehr ernsthaft über einen Nachfolger für Robinson gesprochen. Selbst die Safra-Affäre, die zwar die Integrität von AmEx angeschlagen hatte, galt nicht als so schwerwiegend, daß die Robinson gegenüber loyalen Verwaltungsratsmitglieder ihren Wohltäter entfernt hätten.

Eine weitere Frage war die Ertragslage. Da die Firma in den kommenden Jahren vor hohen Hürden stand, wurde in der Wall Street offen darüber diskutiert, wer Robinsons Nachfolger werden könne. »Wenn ich Jim Robinson wäre, würde ich für meine Firma das Beste wollen«, sagte ein Kenner. »Ich würde mich morgen zurückziehen. Generell hat man den Eindruck, daß er American Express schlecht geführt hat.«

Auch der Verwaltungsrat wurde, nach Aussage von AmEx-Kennern, zunehmend ungeduldiger. Obwohl im Verwaltungsrat nach wie vor Anhänger und Freunde von Robinson saßen, so etwa Drew Lewis, Henry Kissinger und Beverly Sills, waren die AmEx-Direktoren nicht mehr so nachsichtig.

Im Anschluß an die Safra-Affäre hatte der Verwaltungsrat Robinson gewarnt. *Wir können uns keine weiteren Fehltritte mehr leisten.* Doch die Verschlechterung des Kerngeschäfts von AmEx führte zu neuer Beunruhigung. Insbesondere die Rebellion der Vertragspartner in Boston gab zu Besorgnis Anlaß. Der vielleicht härteste Kritiker von Robinson im Verwaltungsrat war Roger S. Penske. Der Präsident der Penske Corporation äußerte sich auch lautstark über die wachsenden Probleme von AmEx. Bei einer Verwaltungsratssitzung im Juni nahm er Robinson scharf ins Gebet. *»Was passiert da mit unserem Geschäft? Warum hat sich niemand früher um das Problem in Boston gekümmert? Wird es noch weitere Überraschungen geben?«*

Bei derselben Sitzung sprach der Verwaltungsrat auch über mögliche Nachfolger für Robinson. Das Gespräch konzentrierte sich auf Golub. Mit zweiundfünfzig Jahren galt er weithin als der beste Manager, den AmEx jemals hatte. Als Leiter von IDS hatte Golub die AmEx-Tochter in einen Stützpfeiler der Aktiengesellschaft umgeformt. Im Gegensatz zu Robinson war Golub hartgesotten und zupackend, der die Eigenschaften von Weill und Gerstner in sich verband. Golub stammte, wie sein früherer Mentor Weill, ebenfalls aus Brooklyn. Er war außerdem, wie Gerstner, bei McKinsey in die Lehre gegangen. Er war zwar ein vielversprechender Kandidat, doch der Verwaltungsrat befand dennoch, »Harvey brauche noch mehr Erfahrung«, wie eine dem Verwaltungsrat nahestehende Quelle sagt. Wenn das der Fall sei, so spekulierten die Topmanager bei AmEx, könne Penske Interims-Vorsitzender werden, bis Golub soweit sei.

Robinson stritt ab, daß er Rücktrittspläne habe. Tatsächlich wurde bei American Express weithin gemunkelt, er fördere Golub widerstrebend erst, seitdem er vom Verwaltungsrat in dieser Hinsicht unter Druck gesetzt worden sei. Dennoch ist Robinsons Spielraum vermutlich stark eingeschränkt worden. Am 1. August hatte Warren Buffet, der Partner in Weills Plan für den Aufkauf der Fireman's Fund, 300 Millionen Dollar an so dringend benötigtem Kapital in American Express investiert. Buffets Vorzugsaktien konnten später gegen eine Beteiligung an AmEx in Höhe von $2^1/_2$ Prozent und ein größeres Mitbestimmungsrecht bei der Unternehmensleitung getauscht werden.

An der Wall Street glaubten viele, daß Buffet bei AmEx eine aktivere Rolle spielen werde, wenn er die Probleme bei Salomon Brothers ins reine gebracht habe. Buffet, dessen Berkshire Hathaway einen Anteil von 14 Prozent an Salomon besitzt, folgte im August Gutfreund nach, als die Regierung bei Salomon Unregelmäßigkeiten im Handel mit Staatsobligationen aufdeckte.

Kaum jemand in der Wall Street ging davon aus, daß Robinson so bald zur Seite geschoben würde. Um dem Image nicht zu schaden, mußte Robinson erst einmal einen anderen Job finden, bevor er gehen konnte. Und das würde nicht einfach werden. Der Chef von AmEx hatte nur geringe Aussichten auf einen Posten in Washington. Jim Baker war kaum als sein Freund anzusehen. Schlimmer noch, die Safra-Affäre hatte Robinsons Ruf geschadet. Und angesichts seiner schwankenden Leistung bei American Express bestand nur geringe Wahrscheinlichkeit, daß ihm die Leitung eines anderen Unternehmens angeboten würde. Viele Leute in der Wall Street glaubten, Robinson werde schließlich als Botschafter oder Direktor einer großen Universität enden. Beide Möglichkeiten würden einen Gesichtsverlust verhindern und gleichzeitig Robinson ein öffentliches Forum geben.

In der Zwischenzeit durchlief Robinsons Imperium einen Schrumpfungsprozeß. Und zum erstenmal, seit er 1977 CEO geworden war, befand sich das Kerngeschäft von AmEx in ernster Gefahr. Trotz der erschreckenden Probleme, mit denen er sich konfrontiert sah, schien Robinson in seinem Büro des American Express Tower zunehmend stärker isoliert. Er war umgeben von einer Gruppe konturloser Untergebener, die noch die Wirtschaftshochschule besuchten, als Robinson darangging, sein Imperium aufzubauen.

Die Personen, die in den achtziger Jahren Robinson angeleitet und ihm geholfen hatten, AmEx zu formen, waren schon vor langer Zeit weitergezogen. Sandy Weill steigerte stetig die Gewinne von Primerica. Peter Cohen hatte seine eigene kleine M&A-Firma in Manhattan aufgemacht. Lou Gerstner regierte als CEO RJR Nabisco. Harry Freeman hatte in Washington eine Beratungsfirma eröffnet. In Genf wuchs das Bankenimperium von Edmond Safra. Auch diese Leute waren an den größer werdenden Problemen von AmEx nicht unschuldig. Jeder hatte sein Teil beigetragen. Alle hatten sie ihre eigenen Ziele verfolgt. Ein jeder hatte seinen Herrschaftsbereich ausgedehnt. Das Abwägen der Vorteile für American Express und seine Aktionäre hatte für sie nicht im Vordergrund, sondern erst an zweiter Stelle gestanden.

Doch das war keine Entschuldigung für Robinson. Seine Eitelkeit und seine Imagebesessenheit waren im Boom der achtziger Jahre, einer Zeit bisher nicht dagewesener Exzesse, nicht unbedingt von Nachteil. Doch die kommenden Jahre würden entschieden nüchterner sein. Ohne eine klar umrissene

Strategie und die Kraft, ein gemeinsam handelndes Managementteam aus unterschiedlichen Mitgliedern zu formen, war Robinsons Vision für American Express eher illusorisch denn real. Am Ende war American Express eine Ansammlung von aufgekauften Firmen und Persönlichkeiten und nicht eine fest zusammenhaltende Aktiengesellschaft.

Zum Jahresende 1991 war AmEx vom Pfad abgekommen. Früher in jenem Jahr hatte AmEx Werbezeit im Wert von 2 Millionen Dollar bei der Übertragung der World Series gekauft. Aber zwei Wochen vor dem Eröffnungsspiel am 23. Oktober mußte das Unternehmen erst noch eine annehmbare Werbekampagne zusammenstellen, um die Zeit überhaupt füllen zu können. Die Firma, die »Do You Know Me?«, »Don't Leave Home Without It« und »Membership Has Its Privileges« kreiert hatte, schien vorübergehend sprachlos, ihre Richtung schien unklar.

In vielerlei Hinsicht rangierte das Marketing erst an zweiter Stelle. Die Aufgaben, die American Express meistern mußte, konnten nicht mit schmissigen Slogans bewältigt werden. Robinson brauchte mehr als Worte. Er benötigte eine vollkommen neue Strategie, um in den neunziger Jahren erfolgreich bestehen zu können. Als erstes mußte er herausfinden, wie er den Schaden, den er in den achtziger Jahren American Express angetan hatte, wiedergutmachen konnte.

Robinsons jüngste Schwierigkeiten ließen die bittere Szene des vergangenen Frühjahrs beinahe nebensächlich erscheinen, als die Karte von einem Restaurantbesitzer aufgespießt wurde. Die unsicheren Erträge von AmEx, seine lausige Kreditlage und sein besudelter Ruf hatten an der Wall Street eine häßliche kleine Frage aufgeworfen: Wenn American Express ein Mensch wäre und nicht diese riesige taumelnde AG, wäre dieser dann überhaupt für eine der wertvollen grünen Karten qualifiziert?